MonLab | L'apprentissage optimisé

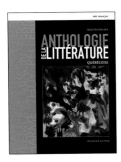

MonLab, c'est l'environnement numérique de votre manuel. Il vous connecte aux exercices interactifs ainsi qu'aux documents complémentaires de l'ouvrage. De plus, il vous permet de suivre la progression de vos résultats ainsi que le calendrier des activités à venir. **MonLab** vous accompagne vers l'atteinte de vos objectifs tout simplement!

D0869364

INSCRIPTION de l'étudiant

❶ Rendez-vous à l'adresse de connexion **http://mabiblio.pearsonerpi.com**

❷ Cliquez sur « **Pas encore d'accès ?** » et suivez les instructions à l'écran.

❸ Vous pouvez retourner en tout temps à l'adresse de connexion pour consulter MonLab.

L'accès est valide pendant 12 MOIS à compter de la date de votre inscription.

CODE D'ACCÈS DE L'ÉTUDIANT

LQ12ST-FROMM-SAROD-COTAN-HAMZA-ROUSE

AVERTISSEMENT: Ce livre NE PEUT ÊTRE RETOURNÉ si la case ci-dessus est découverte.

ACCÈS de l'enseignant

Du matériel complémentaire à l'usage exclusif de l'enseignant est offert sur adoption de l'ouvrage. Certaines conditions s'appliquent. **Demandez votre code d'accès à information@pearsonerpi.com**

1 800 263-3678 option 2
http://assistance.pearsonerpi.com

@AidePearsonERPI

20684W (A38040)

DEUXIÈME ÉDITION

ANTHOLOGIE
DE LA LITTÉRATURE
QUÉBÉCOISE

ERPI FRANÇAIS

DEUXIÈME ÉDITION

ANTHOLOGIE
DE LA LITTÉRATURE
QUÉBÉCOISE

SERGE PROVENCHER

PEARSON

Montréal Toronto Boston Columbus Indianapolis New York San Francisco Upper Saddle River
Amsterdam Le Cap Dubaï Londres Madrid Milan Munich Paris
Delhi México São Paulo Sydney Hong-Kong Séoul Singapour Taipei Tōkyō

Développement éditorial
Marie-Claude Côté

Gestion de projet
Yasmine Mazani

Révision linguistique
Philippe Gauthier

Correction d'épreuves
Diane Plouffe

Recherche iconographique
Chantal Bordeleau

Direction artistique
Hélène Cousineau

Coordination de la production
Estelle Cuillerier

Conception graphique
Martin Tremblay et Isabel Lafleur

Couverture
Martin Tremblay

Édition électronique
Isabel Lafleur

Image de la couverture

Paul-Émile Borduas (1905-1960). *Joie lacustre* (1948). Huile sur toile, 47 x 54,6 cm. Collection : Musée national des beaux-arts du Québec (1950.37), Québec, Québec.

Dépôt légal – Bibliothèque et Archives nationales du Québec, 2016
Dépôt légal – Bibliothèque et Archives Canada, 2016

Imprimé au Canada
ISBN 978-2-7613-5509-4

123456789 SO 19 18 17 16
20684 ABCD SA12

AVANT-PROPOS

À Mathilde et à Camilien

La présente *Anthologie de la littérature québécoise* correspond au rêve d'offrir une anthologie succincte, facile d'accès et susceptible d'éveiller l'intérêt de quiconque l'accueille. En même temps, elle est pensée pour offrir un portrait assez complet de la littérature québécoise d'hier et d'aujourd'hui. L'information qu'on y retrouve est cependant morcelée, c'est-à-dire livrée en de courts blocs, de façon à ce que ces segments créent un rythme jeune, efficace, rapide, dynamique, énergisant.

Comme n'importe quel ouvrage de ce genre, cela dit, impossible de plaire à tout le monde. C'est que, par définition, une anthologie repose sur des choix à la fois personnels et subjectifs. Bien sûr, certains auteurs ou certaines œuvres s'imposent d'emblée, mais une sélection parfois déchirante doit être faite. Des excuses s'imposent donc dans le cas où auraient été omis des noms ou des textes importants. Pour limiter les dégâts, un certain nombre d'enseignants et amis ont été mis à contribution. Leurs suggestions n'ont évidemment pu toujours être retenues pour des raisons d'espace, d'autant qu'il importait de produire un livre le moins cher possible.

Tout au long de sa conception, par ailleurs, l'anthologie s'est construite sur une volonté d'être utile, il va sans dire, pour le cours *Littérature québécoise*, si important dans le cursus des élèves du collégial. Il s'agissait de leur donner le goût de découvrir, de lire et d'en savoir plus long sur notre littérature, voire notre culture, en lien avec l'identité dont ils ont à prendre conscience. À cela s'ajoute la volonté de bien les préparer à l'Épreuve uniforme (ÉUF), d'où les quelques remarques et exercices pour les aider.

Remerciements

La deuxième édition de cette *Anthologie de la littérature québécoise* n'aurait pas été possible sans l'apport de plusieurs personnes, étant entendu qu'elles ne sauraient être tenues responsables des erreurs ou défauts qui s'y trouveraient. De chaleureux remerciements s'adressent d'abord à nos ex-collègues du Département de français du Cégep de Saint-Jérôme, en particulier Mylène Benoit, Julie Blanchette, Anne-Marie Charland, Mariève Desjardins, Nancy Desjardins, Anne-Catherine Gagné, Line Gallant, Charles Gill, François Guénette, Alexandre Lefebvre, Mélanie Plourde, Nathalie Prud'Homme, Nancy Roy, Louis-Alexandre Saumur, Chantale Savard, Marie-Pascale Tardif et Carine Tremblay. L'équipe de Pearson ERPI mérite également notre reconnaissance. Chantal Bordeleau (recherchiste), Marie-Claude Côté (chef du développement éditorial), Isabel Lafleur (graphiste), Yasmine Mazani (gestionnaire de projets éditoriaux), Diane Plouffe (correctrice) et Philippe Gauthier (réviseur) ont été des maîtres d'œuvre importants du début à la fin. Un clin d'œil et un merci tout spécial à Pierre Desautels, en outre, sans qui l'anthologie n'aurait pas eu le même visage. Enfin, une pensée pour Lise Chalut, notre bien-aimée, dont la patience proverbiale nous a beaucoup aidé.

Serge Provencher

GUIDE VISUEL

Chaque chapitre commence par un survol du contexte historique
et du contexte littéraire (courants).

Les courants littéraires majeurs sont décrits ici de façon claire et concise.

Chacun d'entre eux est présenté à l'aide des éléments suivants :

- Origines
- Définition
- Thèmes
- Genres
- Exemple
- Commentaire

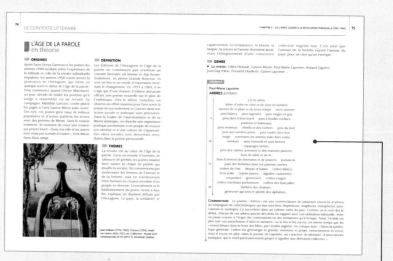

Un exemple commenté illustre chaque courant littéraire, ce qui permet
de rendre vivante et concrète l'explication lue précédemment.

Chaque texte proposé est précédé d'une brève mise en contexte, qui inclut notamment une présentation de son auteur.

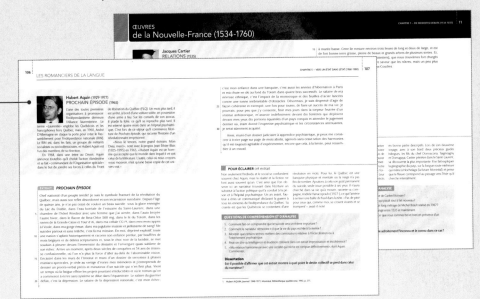

Chaque texte est suivi d'une rubrique courte et pointue intitulée « **Pour éclairer cet extrait** ». L'extrait est expliqué et mis en contexte brièvement pour amener l'étudiant à en saisir l'importance et l'intérêt. Il pourra peut-être lui donner le goût d'en savoir davantage sur ce texte ou cet auteur.

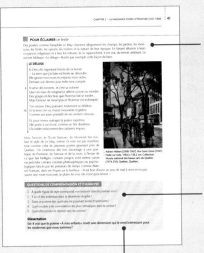

Chaque rubrique « Pour éclairer cet extrait » est suivie de cinq « **Questions de compréhension et d'analyse** » qui aideront l'étudiant à repérer les subtilités du texte permettant l'analyse et à se préparer plus simplement à réussir l'ÉUF.

Chaque rubrique « Questions de compréhension et d'analyse » est suivie d'un **sujet de dissertation**, auquel l'étudiant peut répondre individuellement ou en classe.

Cette anthologie comporte des œuvres artistiques qui permettront à l'étudiant de se plonger dans l'époque qui lui est racontée.

Enfin, pour faciliter le travail de l'étudiant, nous lui proposons en **annexe** un outil précieux : un guide méthodologique sur la **dissertation critique**.

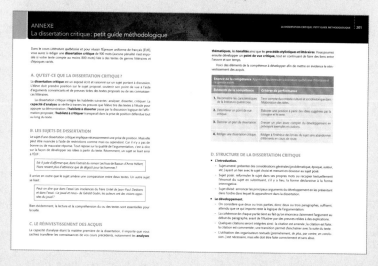

La plateforme **MonLab**, l'apprentissage optimisé

Découvrez notre plateforme MonLab, un environnement numérique conçu sur mesure pour l'enseignement et l'apprentissage. La plateforme comporte deux volets – **MonLab | exercices** et **MonLab | documents** – dont l'utilisation est simple et intuitive.

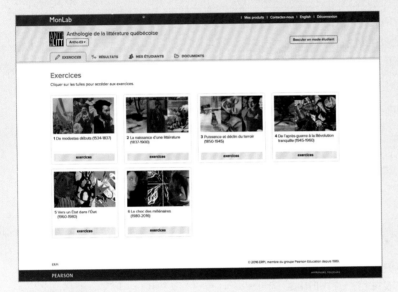

MonLab | exercices

Étudiants

- Des exercices formatifs interactifs
- Une correction en ligne des exercices

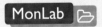

MonLab | documents

Étudiants

- Un exemple de dissertation par chapitre

Enseignants

- Une série de questions sur les contextes historique et littéraire pour chaque chapitre
- Une série de questions pour une sélection d'extraits littéraires présentés dans l'ouvrage
- Un texte de la littérature mondiale relié à l'un des extraits pour chaque chapitre
- Une présentation PowerPoint comportant l'analyse d'un extrait de l'ouvrage pour chaque chapitre

Table des matières

CHAPITRE 1

DE MODESTES DÉBUTS (1534–1837)

Jean-Baptiste Lagacé (1868-1946).
Carton du vitrail représentant
Jacques Cartier lisant l'Évangile à
Agohanna mourant, en 1535 (1929).
Aquarelle et encre sur papier. Collection
des Prêtres de Saint-Sulpice de Montréal
(1976.1595), Montréal, Québec.

Quand la littérature québécoise est-elle née ? Certains soutiennent qu'elle remonte seulement à 1837 ou même au XXᵉ siècle, tandis que d'autres estiment qu'elle date des écrits de Jacques Cartier. C'est cette dernière hypothèse que nous retiendrons. Les récits de voyage de Jacques Cartier se révèlent en outre passionnants.

Après que l'Espagne et le Portugal eurent chargé des explorateurs de découvrir une route occidentale vers les Indes, et la découverte du Nouveau Monde par Christophe Colomb qui en a résulté en 1492, François Iᵉʳ fait appel au marin de Saint-Malo pour trouver une route vers l'Asie. Il lui demande aussi de découvrir des îles et des pays riches en or ou en métaux précieux.

Le 23 juillet 1534, Jacques Cartier met pied à terre près de Gaspé, dresse une croix de dix mètres de hauteur et revendique la baie au nom du roi de France. Il note ses faits et gestes dans son journal de bord, qui constitue le premier texte écrit en français en Amérique du Nord. Dès lors, la Nouvelle-France existe. L'appellation montre bien que les Français veulent créer «une autre France, semblable autant que possible à l'ancienne[1]». Mais les débuts de la colonie sont difficiles. Rien n'y est identique à ce qui existe là-bas.

D'abord, il y a la rudesse du climat. Elle entraîne une mortalité terrible chez les colons. Pendant que, plus au sud, la colonie anglaise se développe rapidement pour atteindre 251 000 colons en 1700, la Nouvelle-France n'en compte alors que 14 000. Entre 1665 et 1673, Louis XIV envoie donc 750 jeunes filles sans famille, les Filles du Roy, pour qu'elles épousent des colons et peuplent la colonie. La mesure s'avère hautement efficace.

Par ailleurs, la Nouvelle-France n'échappe pas aux conflits, qu'ils soient locaux ou liés à la rivalité entre la France et l'Angleterre. Les Amérindiens qui occupent le territoire possèdent déjà une véritable tradition guerrière et les Français s'y frottent très tôt. Ainsi, dès 1608, Champlain prend position dans la guerre qui oppose les Iroquois et les Hurons-Algonquins : il s'allie avec les seconds. De plus, tout au long des XVIIᵉ et XVIIIᵉ siècles, la France et l'Angleterre s'affrontent à la fois en Europe et dans les colonies pour asseoir leur domination. En 1763, le traité de Paris met un terme à la guerre de Sept Ans : la France cède à l'Angleterre la Nouvelle-France. Suit l'Acte de Québec en 1774, remplacé par l'Acte constitutionnel en 1791. La Province de Québec est alors divisée en deux provinces, le Haut-Canada (l'Ontario actuel) et le Bas-Canada (le Québec actuel), qui doivent affronter les Américains dans la guerre de 1812.

Bref, les nombreux conflits survenus avec les peuples autochtones ont profondément marqué le Régime français, même si des aventuriers comme Jolliet ont écrit qu'ils se trouvaient dans le plus beau pays qui se puisse voir sur la Terre et n'ont pas eu de problèmes avec les Indiens. À ce choc des civilisations s'ajoute aussi celui, énorme, de la Conquête anglaise de 1760.

Dès lors, le Canada est une colonie britannique parmi d'autres. Son territoire jadis immense n'est plus qu'un rectangle étroit dans la vallée du Saint-Laurent. La propriété y est reconnue, mais le statut de la religion catholique et de la langue française est incertain. La monnaie est dévaluée, l'économie et l'agriculture sont en ruine. Heureusement pour les Canadiens français, la révolte gronde dans les colonies britanniques au sud. Pour dissuader les Canadiens français de joindre les rangs de la Révolution américaine, qui mènera à la création des États-Unis, les auto-

Marc-Aurèle de Foy Suzor-Côté (1869-1937). *Jacques Cartier rencontre les Indiens à Stadaconé, 1535* (1907). Huile sur toile, 266 x 401 cm. Collection: Musée national des beaux-arts du Québec (1934.12), Québec, Québec.

rités britanniques leur reconnaissent en 1774 le droit de pratiquer la religion catholique et de parler français. Elles leur concèdent aussi les lois civiles françaises. Mais les Canadiens français ne disposent encore d'aucun pouvoir politique.

Dans ce contexte, l'organisation religieuse et civile devient un facteur important de survivance culturelle. Les prêtres vont bien au-delà de leur rôle religieux. Sur le plan social, entre autres, ils déploient des efforts rigoureux pour éviter l'assimilation des Canadiens français par les Anglais. L'Église veille aussi à maintenir les institutions civiles, notamment en prenant en charge l'éducation et les organisations charitables. La période de l'Après-conquête va être marquée par l'épanouissement de la littérature orale et l'émergence du journalisme.

La littérature orale, qui comprend les chansons, les légendes et les contes transmis de bouche à oreille, devient plus populaire encore qu'elle ne l'était auparavant auprès d'une population canadienne-française majoritairement analphabète. Quant au journalisme, les manuels d'histoire littéraire le qualifient de «berceau des lettres canadiennes» pour la période allant de 1760 à 1837. Quoi qu'il en soit, ce journalisme joue un rôle dans la survie des Canadiens français face aux présences anglaise et américaine.

C'est que les journaux de cette période, particulièrement *Le Canadien*, exhortent toute une classe politique à se détacher du pouvoir établi et, au surplus, à surmonter la honte issue de la Conquête afin d'affirmer une véritable conscience nationale. Les Patriotes apparaissent donc porteurs d'idées révolutionnaires d'inspiration américaine et française comme l'égalité, la liberté, la démocratie et les droits fondamentaux de l'être humain, ce qui nous amène tout droit à la Rébellion de 1837.

La période 1534-1837 est composée de trois courants littéraires majeurs qui recoupent la presque totalité des œuvres alors produites au Québec :

- les écrits coloniaux ;
- la littérature orale ;
- le romantisme patriotique libéral.

LES ÉCRITS COLONIAUX
en théorie

ORIGINES

Après la découverte de l'Amérique par Christophe Colomb en 1492, les principales puissances européennes comme l'Espagne, le Portugal, la Hollande et l'Angleterre entreprennent l'exploration et le développement de colonies hors de l'Europe continentale. La France veut aussi étendre son empire. La Nouvelle-France y contribue. On y cherche en vain de l'or et des diamants : on en extrait plutôt du bois et des pelleteries. Les premiers textes nés ici sont l'œuvre d'explorateurs ou de religieux français désireux de faire vivre le Nouveau Monde. Ces écrits profitent d'abord des Lumières de la Renaissance, qui a eu lieu dans la Métropole. Ils s'inscrivent ensuite davantage dans la religion catholique et la soumission qu'elle commande.

DÉFINITION

Les écrits coloniaux regroupent l'ensemble des textes rédigés à l'époque de la Nouvelle-France. Ce sont les textes fondateurs de notre littérature. Évidemment, tous seront publiés en France, l'imprimerie étant inexistante durant toute la période du Régime français. Leur style en est souvent « très simple, tout naturel, en somme agréable », comme le dit Camille Roy de l'*Histoire naturelle des mœurs et productions du pays de la Nouvelle-France*, ouvrage commandé par Louis XIV et publié en 1664 à Paris par Pierre Boucher. Récits de voyage ou correspondances, chacun de ces documents renferme également des renseignements précieux sur ce qui se passe dans ce territoire inconnu, mais appelé à changer très rapidement.

Henri Beau (1863-1949). *L'Arrivée de Champlain à Québec* (1903). Huile sur toile, 329 x 598 cm. Collection : Musée national des beaux-arts du Québec (1937.54), Québec, Québec.

Le premier groupe de thèmes des écrits coloniaux concerne le voyage et le pays neuf qu'on découvre. Chaque jour amène surprises et étonnement dans une Nouvelle-France s'étendant à l'époque bien au-delà du lac Supérieur et de la baie d'Hudson, jusqu'au golfe du Mexique. Les autochtones et les colons forment le deuxième groupe de thèmes. Les Amérindiens ont leur culture ; les Français tentent de s'adapter. Il y a ensuite le groupe des thèmes plus particuliers découlant des deux premiers. On parle par exemple de la flore et de la faune, lesquelles diffèrent beaucoup de celles de France. On parle aussi, pour ne citer qu'un autre exemple, des tentatives d'évangélisation énergiques des religieux auprès des Indiens. Le choc des civilisations est impressionnant à cet égard : tout semble les opposer.

GENRES

- **LE RÉCIT DE VOYAGE :** Jacques Cartier, Samuel de Champlain, Marc Lescarbot, Gabriel Sagard, Louis Jolliet, Pierre Le Moyne d'Iberville…
- **LA CORRESPONDANCE :** Marie de l'Incarnation, les jésuites, Marguerite Bourgeoys, Pierre Boucher, Élisabeth Bégon…

EXEMPLE

Samuel de Champlain
DES SAUVAGES (EXTRAIT)

[Les Sauvages] ont aussi une forme de mariage, qui est que quand une fille est en l'âge de quatorze ou quinze ans, elle aura plusieurs serviteurs et amis et aura compagnie [avoir compagnie : avoir des rapports sexuels] avec tous ceux que bon lui semblera ; puis au bout de quelque cinq ou six ans, elle prendra lequel il lui plaira pour
5 son mari, et ils vivront ainsi ensemble jusqu'à la fin de leur vie, si ce n'est qu'après avoir été quelque temps ensemble, s'ils n'ont pas d'enfants, l'homme se pourra démarier et prendre autre femme, disant que la sienne ne vaut rien : ainsi les filles sont plus libres que les femmes. Or depuis qu'elles sont mariées, elles sont chastes, et leurs maris sont la plupart jaloux, lesquels donnent des présents au père ou
10 parents de la fille qu'ils auront épousée. Voilà la cérémonie et façon qu'ils usent en leurs mariages.

COMMENTAIRE Quand Samuel de Champlain demande à un chef indien comment ils ont été créés, ce dernier lui raconte que, après avoir fait toutes choses, Dieu prit quantité de flèches et les mit en terre. Il en sortit des hommes et des femmes qui se sont ensuite multipliés. En bon chrétien, Champlain répond que c'est faux. Il reprend alors le récit de la Genèse avec l'histoire d'Adam et Ève. Cette anecdote résume le choc des cultures que vivent longtemps Amérindiens et Français. Les croyances diffèrent et il en va de même pour les modes de vie. C'est ainsi que les explorateurs prennent bonne note des us et coutumes des autochtones, le problème étant qu'ils feront tout de suite beaucoup d'efforts pour les évangéliser et les civiliser. Toutes les questions relatives aux bonnes mœurs occuperont d'ailleurs beaucoup de place à cet effet. Le démariage évoqué plus haut va à l'encontre de ce que prône l'Église. Leur habitude de vivre nu est condamnée par d'autres explorateurs comme Lescarbot, Le Jeune ou Sagard.

LA LITTÉRATURE ORALE
en théorie

ORIGINES

Très peu de gens savent lire et écrire sous le Régime français et après. En 1826, à la fin de la période, une pétition en faveur de Louis-Joseph Papineau contre le gouvernement de Dalhousie recueille 87 000 signatures, ce qui est énorme, sauf que 78 000 d'entre elles ne sont en vérité que des croix. La Conquête anglaise de 1760, bien sûr, a nettement aggravé cette situation. La plupart des notables et des personnes instruites décident en effet de retourner en France. Ceux qui restent n'ont plus accès au réseau d'écoles, presque démantelé. Les Anglais, eux, s'installent surtout en ville et les francophones restent dans leur campagne. Se développe alors une vie de voisinage. Toutes les occasions sont bonnes pour organiser ce qu'on appelle des veillées.

DÉFINITION

La littérature orale est l'ensemble des contes, légendes et chansons se transmettant de bouche à oreille. Beaucoup de ces histoires proviennent des différentes régions de France d'où sont partis les premiers colons. Elles évoluent parfois tant pour les textes que la musique, et nous en possédons plusieurs variantes. Les influences irlandaise et écossaise se font sentir après la Conquête. Les Canadiens français étant plus friands de ces légendes et contes que les Canadiens anglais, on peut formuler l'hypothèse qu'ils s'y accrochent dans un mouvement de survie. La littérature orale permet en effet de préserver et de transmettre la culture et les traditions dans une société où l'écrit est très rare.

THÈMES

La religion catholique colore presque chacun de ces récits. La littérature orale renforce ainsi la morale chrétienne, fondement de la société canadienne-française. On y évoque diables, fantômes, revenants, spectres, âmes damnées, loups-garous, marionnettes,

Charles Huot (1855-1930).
La Veillée du diable (v. 1900).
Huile sur toile, 329 x 598 cm.
Collection : Musée national des beaux-arts du Québec (1934.04), Québec, Québec.

feux follets, enfer, limbes, purgatoire ainsi qu'êtres et phénomènes surnaturels. Les gens sont crédules. On en abuse. Il faut dire que la religion de l'époque en est une axée sur la peur et la punition. Les interdits sont nombreux, et il y a un lourd prix à payer si l'on en déroge. L'exemple de la danse est typique. Elle est fortement déconseillée et parfois même interdite en Nouvelle-France par monseigneur de Laval, même si, dans les faits, danse et musique accompagnent toujours la vie des pionniers. D'où plusieurs textes ou gravures où nous voyons des jeunes gens se faire surprendre à danser par Satan en personne, surtout le samedi soir après minuit.

▨ GENRES

- **LE CONTE:** forestiers, voyageurs, fêtards, habitants…
- **LA LÉGENDE:** forestiers, voyageurs, fêtards, habitants…
- **LA CHANSON:** forestiers, voyageurs, fêtards, habitants…

EXEMPLE

Anonyme
LA PLAINTE DU COUREUR DE BOIS (EXTRAIT)

> Le six de mai, l'anné' dernier'
> Là-haut, je me suis engagé (bis)
> Pour y faire un long voyage,
> Aller aux pays hauts,
> 5   Parmi tous les sauvages.
> Ah! que l'hiver est long,
> Que le temps est ennuyant!
> Nuit et jour, mon cœur soupire,
> De voir venir le doux printemps,
> 10   Le beau et doux printemps
> Car c'est lui qui console
> Les malheureux amants,
> Avec leurs amours folles. […]

COMMENTAIRE « Il n'y a pas, dans tout notre répertoire, de chanson plus canadienne que *La plainte du coureur de bois*, et il ne s'en trouve guère dont la mélodie soit plus captivante. Elle est belle dans sa rusticité[1] », note l'ethnologue Marius Barbeau. Le thème du départ dans les chantiers est en effet typique. On dit même que c'est en abandonnant le canot que les Canadiens français abandonneront la chanson. Le voyage, les saisons, l'amour s'y retrouvent souvent, dans une sorte de simplicité qui émeut. Des variantes apparaissent parfois. Une chanson comme *Trois beaux canards*, dit-on, donne lieu à quelque 90 versions du texte et 50 mélodies différentes selon la région où l'on est. À l'époque, une seule chanson populaire sur vingt est originaire d'ici.

---

1. Pierre de GRANDPRÉ, *Histoire de la littérature française au Québec*, Montréal, Beauchemin, 1967, Tome I, p. 89.

LE ROMANTISME PATRIOTIQUE LIBÉRAL
en théorie

ORIGINES

Le romantisme patriotique libéral est un courant artistique apparu au Québec, entre autres lieux, dans la première moitié du XIXe siècle. Le principal fondement du courant repose sur la contestation de la religion dans les foyers et, bien sûr, sur l'influence de la Révolution américaine de 1776 et celle de la France en 1789. L'influence des écrivains français, le caractère sentimental de l'Américain du Nord et l'affirmation d'un nationalisme canadien-français préparent le terrain à l'avènement d'une littérature vraiment nationale. « La littérature canadienne s'affranchit lentement, il faut bien le dire, de tous ses langes de l'enfance. Elle laisse la voie de l'imitation pour s'individualiser, se nationaliser », note James Huston.

DÉFINITION

Ce romantisme patriotique libéral est essentiellement une littérature militante et engagée pour la cause de la nation. Surtout sous l'influence du romantisme français, le *je* lyrique s'associe au *nous* du peuple pour le défendre, comme on le verra dans les œuvres de Victor Hugo. C'est surtout dans la seconde moitié du XIXe siècle que rayonnera ici ce courant, dans la foulée du document *Les quatre-vingt-douze résolutions proposées à la Chambre d'Assemblée du Bas-Canada*, publié en 1834. Louis-Joseph Papineau, député de Montréal-Ouest, est à l'origine de ce texte rédigé par un collègue : Augustin-Norbert Morin. Il s'agit là d'un manifeste autour de l'état de crise politique, économique et sociale qui prévaut dans le Bas-Canada. On veut le faire parvenir au roi du Royaume-Uni afin de réclamer certains changements.

THÈMES

La politique est probablement le thème prédominant du romantisme patriotique libéral. D'autres en découlent naturellement, comme la langue, le peuple, la survie, l'ave-

Charles Alexander (1864-1915). *L'Assemblée des six comtés à Saint-Charles-sur-Richelieu, en 1837* (1891). Huile sur toile, 300 x 690 cm. Collection : Musée national des beaux-arts du Québec (1937.54), Québec, Québec.

nir et un certain retour sur le passé. Des jeunes y voient le moyen d'exprimer une dissidence à laquelle les convient leur passion pour l'art et leur attachement aux idées libérales. C'est une nette montée de la liberté d'expression et d'une certaine forme d'anticléricalisme. La religion, chez plusieurs, perd de son lustre. L'âme du peuple cana-dien-français est ébranlée. On parvient mal à s'adapter aux institutions britanniques. La littérature porte la marque d'une lutte pour l'émancipation politique. L'éloquence, le journalisme et l'histoire en seront des porteurs, des formes mieux adaptées aux revendications que la poésie, par exemple.

GENRES

- L'ESSAI : André Ouimet, Louis-Antoine Dessaules, Arthur Buies…
- LE DISCOURS POLITIQUE : Louis-Joseph Papineau, Louis-Hippolyte La Fontaine…
- LE JOURNALISME : Étienne Parent, Napoléon Aubin…
- LA CORRESPONDANCE : Julie Papineau, Chevalier de Lorimier…

EXEMPLE

Étienne Parent
ADRESSE AU PUBLIC CANADIEN (EXTRAIT)

Canadiens de toutes les classes, de tous les métiers, de toutes les professions, qui avez à conserver des lois, des coutumes et des institutions qui vous sont chères, permettez-nous de répéter qu'une presse canadienne est le plus puissant moyen que vous puissiez mettre en usage. […] De toutes les presses, la presse périodique est
5 celle qui convient le mieux au peuple, c'est de fait la seule bibliothèque du peuple. Mais dans un nouveau pays comme le nôtre, pour que la presse réussisse et fasse tout le bien qu'elle est susceptible de produire, il faut que tous ceux qui en connaissent les avantages s'y intéressent particulièrement, qu'ils s'efforcent, chacun dans le cercle de son influence, de procurer des lecteurs ; et en cela ils peuvent se flatter de travail-
10 ler pour le bien de leur pays ; car le savoir est une puissance, et chaque nouveau lecteur ajoute à la force populaire.

COMMENTAIRE   Paru le 7 mai 1831, l'article d'Étienne Parent dont est tiré cet extrait marque ses débuts comme copropriétaire du journal *Le Canadien*. On y trouve juste avant ce qu'on peut appeler son credo politique. Celui-ci gravite autour de tous les éléments pouvant maintenir parmi nous ce qui constitue notre essence comme peuple. Il s'agit ainsi de réveiller d'abord l'attention de ses concitoyens. Il se propose ensuite d'accroître les connaissances de ses lecteurs en matière d'affaires publiques et de politique étrangère. «Nos institutions, notre langue et nos lois !» devient le mot d'ordre qu'il veut répandre. «Le nom *Canadien* légué sans souillure par nos pères, écrit-il, c'est à la génération croissante de le retransmettre aussi beau qu'elle l'a reçu. Ils l'ont soutenu sur le champ de bataille et il ne faut pas l'oublier, surtout si nous voulons nous gouverner nous-mêmes pour ne pas devenir des esclaves.»

Jacques Cartier
RELATIONS (1535)

De 1534, année du premier voyage de Jacques Cartier, à 1760, date de la capitulation des troupes françaises menées par le marquis de Vaudreuil, c'est l'ère de la Nouvelle-France. Plusieurs textes écrits alors gagnent à être lus de nos jours, ne serait-ce que pour mieux comprendre d'où nous venons.

Le territoire qui deviendra la Nouvelle-France constitue en quelque sorte une réalité tout à fait différente de ce à quoi s'attendent les Français, notamment Jacques Cartier (1491-1557), le premier auteur de ce qu'on appelle les écrits coloniaux. Car les récits de ses trois voyages constituent les premiers textes de la Nouvelle-France. Plusieurs soutiennent qu'il ne les a pas rédigés lui-même — le marin Jehan Poullet en serait le véritable auteur —, mais le tout se lit merveilleusement bien aujourd'hui encore.

Cartier s'attend à rencontrer des monstres de toutes sortes — serpents géants, sirènes, griffons ou hommes à tête de chien. La réalité est moins fantastique. Dans ses récits, il nous livre des descriptions factuelles et sans fioritures de tout ce qui est nouveau pour lui. Les détails concernant la flore et la faune y occupent une place de choix. Viennent ensuite les observations sur les Indiens qu'il côtoie et avec qui il conclut des marchés. Mais ce qui retient le plus son attention, c'est le grand fleuve, cet axe de pénétration du continent américain qu'il baptise «Saint-Laurent». Ainsi, en 1535, dans son journal de bord, Cartier décrit sa rencontre avec des bélugas à l'embouchure du Saguenay.

Preuve de l'importance de ses récits de voyage, l'influence de Cartier se fera sentir jusque dans les années 1960, lorsque le cinéaste et écrivain Pierre Perrault (1927-1999) produira pour l'Office national du film trois chefs-d'œuvre plus ou moins liés à Cartier, au fleuve et à l'Île-aux-Coudres : *Pour la suite du monde, Le règne du jour* et *Les voitures d'eau.*

EXTRAIT   *RELATIONS*

Le lendemain matin, nous fîmes voile et appareillâmes pour passer outre et eûmes connaissance d'une sorte de poisson que, de mémoire d'homme, on n'avait jamais vu et dont on n'avait jamais entendu parler. Lesdits poissons sont gros comme marsouins, sans avoir de corne, et sont plutôt faits par le corps et tête de la façon d'un
5   lévrier, aussi blancs comme neige, sans aucune tache, et il y en a en fort grand nombre dans ledit fleuve qui vivent entre la mer et l'eau douce. Les gens du pays les nomment marsouins blancs, et ils nous ont dit qu'ils sont fort bons à manger, et ils nous ont affirmé qu'il n'y en avait en tout qu'en cet endroit dans ledit fleuve.

Le sixième jour du même mois, avec un bon vent, nous parcourûmes en amont
10   dudit fleuve environ quinze lieues et arrivâmes à une île, qui est au bord de la terre du nord qui fait une petite baie et anse de terre, où il y a un nombre inestimable de grandes tortues, lesquelles sont aux environs de ladite île. Pareillement, par ceux du pays, se fait aux environs de celle-ci une grande pêche de ces marsouins blancs. Il y a aussi beaucoup de courant aux environs de ladite île, comme devant Bordeaux

à marée basse. Cette île mesure environ trois lieues de long et deux de large, et est de fort bonne terre grasse, pleine de beaux et grands arbres de plusieurs sortes. Et, entre autres, il y a plusieurs coudriers [noisetiers], que nous trouvâmes fort chargés de noisettes aussi grosses et de meilleure saveur que les nôtres, mais un peu plus dures, et pour cela la nommâmes l'Île-aux-Coudres.

POUR ÉCLAIRER cet extrait

Ce n'est qu'au XIXe siècle que les écrits de Cartier accèdent au statut de textes fondateurs de notre histoire et de notre culture. C'est qu'en 1867, lors de la Confédération canadienne, on essaie de trouver des figures emblématiques et des héros qui permettront de marquer l'imagination et d'embellir notre histoire. Perdues, puis retrouvées, les *Relations* forment pourtant une œuvre intéressante en soi. Leur écriture tient en haleine, même s'il s'agit de récits en bonne partie descriptifs. Lors de son deuxième voyage, avec à son bord deux précieux guides bilingues, les fils du chef Donnacona, Taignoagny et Domagaya, Cartier pénètre dans le Saint-Laurent, sa découverte la plus importante. Il se fait expliquer la géographie du pays, sur la longue route intérieure qui mène à Hochelaga (la future Montréal), et pense que le fleuve correspond au passage vers l'Asie qu'il cherche intensément.

QUESTIONS DE COMPRÉHENSION ET D'ANALYSE

1. Quelle formule reflète une certaine prudence de Cartier l'écrivain?
2. Comment l'auteur en arrive-t-il à décrire ce qui paraît tout à fait nouveau?
3. Quel est le passage qui deviendra le titre d'un long métrage de Michel Brault réalisé en 1967?
4. Donner un exemple concret de ce qui a changé entre 1535 et maintenant.
5. Repérer quelques détails permettant de savoir que nous sommes bel et bien en présence d'un explorateur français.

Dissertation

Est-ce que la relation de Jacques Cartier allie adroitement l'inconnu et le connu dans ce cas?

Les relations des jésuites (1632-1672)
RELATIONS DE 1632 (1632)

Le missionnaire récollet Gabriel Sagard (1600-1650?) séjourne en Nouvelle-France en 1623 et en 1624, et, de retour en France, publie le *Grand voyage au pays des Hurons* en 1632. Après avoir passé un an en pays huron, le religieux propose un regard ethnographique sur la société dans laquelle il a vécu. D'autres voyageurs — Samuel de Champlain (1570-1635), Marc Lescarbot (1570-1642), Louis Jolliet (1645-1700), Pierre Le Moyne d'Iberville (1661-1706)... — rédigent aussi des récits de voyage entre 1600 et 1760.

Si les 13 000 lettres rédigées par Marie de l'Incarnation (1599-1672) sont un apport non négligeable à la littérature de Nouvelle-France, l'œuvre la plus importante sous le Régime français demeure toutefois les *Relations des jésuites*, une compilation en 41 volumes des rapports que les jésuites ont adressés à leurs supérieurs en France pendant quatre décennies.

EXTRAIT ***RELATION DE 1632 DU PÈRE PAUL LE JEUNE***

Voici donc comment ils les traitèrent.

Ils leur avaient arraché les ongles avec les dents sitôt qu'ils furent pris. Ils leur coupèrent les doigts le jour de leur supplice, puis leur lièrent les deux bras ensemble par le poignet de la main avec un cordeau, et deux hommes de part et d'autre le tiraient
5   tant qu'ils pouvaient, et ce cordeau entrait dans la chair et brisait les os de ces pauvres misérables, qui criaient horriblement. Ayant les mains ainsi accommodées, on les attacha à des poteaux, et les filles et les femmes donnaient des présents aux hommes afin qu'ils les laissent tourmenter à leur gré ces pauvres victimes. Je n'assistai point à ce supplice, je n'aurais pu supporter cette cruauté diabolique : mais ceux
10   qui étaient présents me dirent, sitôt que nous fûmes arrivés, qu'ils n'avaient jamais vu rien de semblable. Si vous aviez vu ces femmes enragées, criant, hurlant, leur appliquer des feux aux parties les plus sensibles et les plus intimes, les piquer avec des lances, les mordre à belles dents, comme des furies, leur fendre la chair avec des couteaux, bref, exercer tout ce que la rage peut suggérer à une femme. Elles
15   jetaient sur eux du feu, des cendres brûlantes, du sable tout ardent, et quand les suppliciés jetaient quelques cris, tous les autres criaient encore plus fort, afin qu'on n'entendît point leurs gémissements et qu'on ne fût touché de compassion. On leur coupa le haut du front avec un couteau, puis enleva la peau de la tête, et on jeta du sable ardent sur la tête découverte. Maintenant, il y a des Sauvages qui portent ces
20   peaux couvertes de leurs cheveux et moustaches par bravade ; on voit encore plus de deux cents coups de lances dans ces peaux : bref, ils exercent sur eux toutes les cruautés que j'ai dites ci-dessus parlant de ce que j'avais vu à Tadoussac, et plusieurs autres, dont je ne me souviens pas maintenant. Quand on leur fait remarquer que

25 | ces cruautés sont horribles et indignes d'un homme, ils répondent : «Tu n'as point
de courage de laisser vivre tes ennemis ; quand les Iroquois nous prennent, ils nous
font encore pis : voilà pourquoi nous les traitons le plus mal qu'il nous est possible.»
Ils firent mourir un chef de bande iroquois, homme puissant et courageux. […]
Après qu'on lui eut coupé les doigts, brisé les os des bras, arraché la peau de la tête,
30 | qu'on l'eut rôti et brûlé de tous côtés, on le détacha, et ce pauvre misérable courut
droit à la rivière, qui n'était pas loin de là, pour se rafraîchir. Ils le reprirent, lui firent
encore endurer le feu une autre fois ; il était tout noir, tout grillé, la graisse fondait
et sortait de son corps, et avec tout cela, il s'enfuit encore pour la seconde fois, et
l'ayant repris, ils le brûlèrent pour la troisième fois ; enfin, il mourut dans ces tour-
35 | ments. Comme ils le voyaient tomber, ils lui ouvrirent la poitrine, lui arrachant le
cœur, et le donnèrent à manger à leurs petits enfants, le reste étant pour eux. Voilà
une étrange barbarie.

POUR ÉCLAIRER cet extrait

Des pères jésuites tels que Paul Le Jeune (1591-1664) ou Jean de Brébeuf (1593-1649), qui sera martyrisé et canonisé, donnent des récits détaillés et précis de sujets très divers : la traversée de l'Atlantique, les mœurs des différentes tribus amérindiennes, les guerres avec les Iroquois, les rigueurs de l'hiver, les curiosités de la faune, tel le porc-épic, ou les événements historiques marquants de la Nouvelle-France. Mais, à coup sûr, les passages les plus mémorables des *Relations des jésuites* demeurent ceux qui montrent les dégâts que l'adoption de mœurs et de coutumes étrangères — par exemple, la consommation d'alcool — cause aux Indiens. Mentionnons également les descriptions des tortures que ces derniers infligent aux religieux ou aux ennemis, passages qui atteignent parfois des sommets dans l'horreur.

QUESTIONS DE COMPRÉHENSION ET D'ANALYSE

1. Par quelle figure de style la cruauté des Hurons passe-t-elle surtout ?
2. Pourquoi peut-on dire qu'on assiste ici à une véritable fête ?
3. Quelle est la seule loi qui semble prévaloir dans ce cas précis ?
4. Laquelle de ces atrocités pourrait surtout prendre valeur de symbole ?
5. Des jugements sont-ils portés sur ces agissements ?

Dissertation
Peut-on affirmer que la relation du père Le Jeune a tout pour attirer de nouvelles recrues désirant aller au Paradis ?

LITTÉRATURE ORALE : LA CHANSON
LES RAFTSMEN (±1800)

Les légendes d'ici fleurissent et remontent parfois à très loin. Elles prennent souvent la forme de souvenirs personnels, ce qui leur donne une apparence de vérité. Il s'agit de récits oraux évoquant un passé où l'on croyait aux revenants, aux feux follets et aux jeteurs de sorts.

La légende la plus célèbre est celle de la chasse-galerie : après avoir conclu un pacte avec le diable, des bûcherons se transportent dans le ciel en canot, frôlant le clocher des églises. D'autres légendes s'inspirent d'Homère, de Rabelais ou de Shakespeare, avec, chaque fois, une touche locale qui les rend plus crédibles. Le père de Brébeuf entend même raconter trois fois, par les Hurons, l'histoire d'Orphée et d'Eurydice.

La légende de la Corriveau marque également les esprits. Née en 1733, Marie-Josephte Corriveau, jugée coupable de l'assassinat de son second mari, est pendue le 27 janvier 1763 à Québec près des plaines d'Abraham. Son cadavre est ensuite exposé dans une cage de fer pendant une quarantaine de jours à Lévis. Il en naît toutes sortes de craintes et de rumeurs, évoquées par Monique Pariseau (1948-) dans *La fiancée du vent*, un roman qui réhabilite le personnage de Marie-Josephte Corriveau. On aura voulu donner un exemple de la puissance de la justice anglaise.

Aujourd'hui, enfin, grâce à des ethnologues comme Marius Barbeau et Luc Lacourcière, non seulement connaissons-nous mieux toute la richesse de la littérature orale, mais nous possédons aussi des archives écrites et sonores fiables. Des chansons comme *À la claire fontaine* ou *Envoyons d'l'avant nos gens*, et leurs variantes, subsistent encore. Mais beaucoup d'autres ne sont plus chantées. C'est le cas de *La plainte du coureur de bois* et des *Raftsmen*, qui se sont éteintes avec l'abandon du canot ou la disparition de la drave.

CHANSON *LES RAFTSMEN*

1. Où sont allés tous les raftsmen ?
   Dedans Bytown sont arrêtés,
   Où sont allés tous les raftsmen ?
   Bing sur le ring,
5 Laissez passer les raftsmen ;
   Bing sur le ring, bing bang !

2. Dedans Bytown ils sont allés.
3. Dans les chantiers il faut monter.
4. Des provisions ont apporté.
10 5. Vers l'Outaouais s'sont dirigés.
6. En canots d'écorce embarqués.
7. Dans les chantiers sont arrivés.
8. Des manch's de haches ont fabriqué.
9. Ils ont joué de la cogné'.
15 10. À grands coups de hache trempé'.
11. Pour leur estomac restaurer.

12. Des pork and beans ils ont mangé.

13. Après avoir fort bien dîné.

14. Une pip' de plât' ils ont fumée.

15. Quand le chantier fut terminé.

16. S'sont mis à fair' du bois carré.

17. Pour leur radeau bien emmancher.

18. En plein courant se sont lancés.

19. Su' l'ch'min d'Aylmer ils sont passés.

20. Avec leur argent bien gagné.

21. Sont allés voir la mèr' Gauthier.

22. Et les gross' filles ont demandé.

23. Ont pris du rhum à leur coucher.

24. Et leur gousset ont déchargé.

25. Et leur gousset ont déchargé,
Le médecin ont consulté.
Où sont allés tous les raftsmen ?
Bing sur le ring,
Laissez passer les raftsmen ;
Bing sur le ring, bing bang !

POUR ÉCLAIRER ce texte

Les raftsmen du XIXᵉ siècle sont en réalité nos draveurs. La présente chanson remonte aux années 1800 et est enregistrée pour la première fois par le folkloriste Jacques Labrecque en 1949. La coupe du bois effectuée, les bûcherons confient les arbres à ces draveurs qui les acheminent jusqu'au fleuve. Dans la chanson *Le retour des bois carrés*, le bois transite par la rivière des Outaouais jusqu'à Québec via le Saint-Laurent. Comme toujours, les versions différentes pullulent. Les vers «Au Lac-à-Beauc', Rivière-aux-Rats / Tit-Zim Gravel qui fait chantier là» font par exemple partie d'une version des *Raftsmen* inspirée de la Saint-Maurice. Dans tous les cas, les multiples répétitions et vers, doublés de l'air entraînant, visent à tuer le temps, mais aussi à se donner un surcroît d'énergie, pour travailler ensemble. Et l'anglais n'est jamais bien loin.

QUESTIONS DE COMPRÉHENSION ET D'ANALYSE

1. Par quelle figure de style capte-t-on notre attention dès le tout début ?
2. Quelle conséquence sur le langage auront les lieux où se passe l'histoire ?
3. Pourrait-on dire qu'il y a de l'humour dans cette chanson ?
4. En quoi une chanson comme celle-ci peut-elle agir comme stimulant ?
5. Quel est le passage permettant de dire qu'il s'agit là du genre d'œuvre pouvant être condamné par l'Église ?

Dissertation
Est-il possible de ressentir à quel point l'époque s'avère dure à travers la chanson *Les raftsmen* ?

ÉLOQUENCE POLITIQUE : Chevalier de Lorimier
TESTAMENT POLITIQUE (1839)

Le premier journal montréalais paraît en 1778. Il s'agit de la *Gazette du commerce et littéraire*. Son existence est toutefois éphémère. En 1785 naît *La Gazette de Montréal / The Montreal Gazette*, journal qui fait écho aux idées de la Révolution française. Enfin, en 1806, *Le Canadien* est fondé pour contrecarrer les pressions des Anglais qui songent à «défranciser» la colonie. Le gouverneur Craig fait saisir ses presses, mais il réapparaît. Le combat en faveur de la langue française est engagé. Étienne Parent (1802-1874) demeure le journaliste le plus célèbre du temps.

Louis-Joseph Papineau va exploiter ce sentiment nationaliste. Il prend la direction du mouvement de contestation du peuple. Malgré les appels à la prudence de Parent, la révolte éclate en 1837. Les Fils de la liberté se réunissent autour d'un mât de liberté portant l'inscription : «À Papineau, ses compatriotes reconnaissants.» Ils jurent fidélité à la patrie, promettant de mourir si nécessaire. Les troubles éclatent, jusqu'à ce que soient pendus des Patriotes comme Chevalier de Lorimier (1803-1839) à la prison du Pied-du-Courant, à Montréal.

EXTRAIT   *TESTAMENT POLITIQUE*

Prison de Montréal 14 février 1839 à 11 heures du soir

Le public et mes amis en particulier attendent peut-être une déclaration sincère de mes sentiments. À l'heure fatale qui doit nous séparer de la terre, les opinions sont toujours regardées et reçues avec plus d'impartialité. L'homme chrétien se dépouille en ce moment du voile qui a obscurci beaucoup de ses actions, pour se laisser voir
5   au plein jour. L'intérêt et les passions expirent avec son âme. Pour ma part, à la veille de rendre mon esprit à mon créateur, je ne désire que faire connaître ce que je ressens et ce que je pense. [...]

Je meurs sans remords. Je ne désirais que le bien de mon pays dans l'insurrection, et son indépendance ; mes vues et mes actions étaient sincères, n'ont été entachées
10   d'aucuns crimes qui déshonorent l'humanité et qui ne sont que trop communs dans l'effervescence des passions déchaînées. Depuis dix-sept ou dix-huit ans, j'ai pris une part active dans presque toutes les mesures populaires, et toujours avec conviction et sincérité. Mes efforts ont été pour l'indépendance de mes compatriotes.

Nous avons été malheureux jusqu'à ce jour. La mort a déjà décimé plusieurs de mes
15   collaborateurs. Beaucoup sont dans les fers, un plus grand nombre sur la terre de l'exil, avec leurs propriétés détruites et leurs familles abandonnées — sans ressources — à la rigueur des froids d'un hiver canadien. Malgré tant d'infortunes, mon cœur entretient son courage et des espérances pour l'avenir. Mes amis et mes enfants verront de meilleurs jours ; ils seront libres, un pressentiment certain,

20 ma conscience tranquille me l'assurent. Voilà ce qui me remplit de joie, lorsque tout n'est que désolation et douleur autour de moi. Les plaies de mon pays se cicatriseront; après les malheurs de l'anarchie et d'une révolution sanglante, le paisible Canadien verra le bonheur et la liberté sur le St. Laurent. Tout concourt à ce but, les exécutions mêmes. Le sang et les larmes versées sur l'autel de la patrie arrosent

25 aujourd'hui les racines de l'arbre qui fera flotter le drapeau marqué des deux étoiles des Canadas.

Je laisse des enfants qui n'ont pour héritage que le souvenir de mes malheurs. Pauvres orphelins, c'est vous que je plains, c'est vous que la main sanglante et arbitraire de la loi martiale frappe par ma mort. […] Pauvres enfants, vous n'aurez plus

30 qu'une mère désolée, tendre et affectionnée pour appui, et si ma mort et mes sacrifices vous réduisent à l'indigence, demandez quelquefois en mon nom le pain de la vie. Je ne fus pas insensible aux malheurs de l'infortune.

Quant à vous, mes compatriotes, puisse mon exécution et celle de mes compagnons d'infortune vous être utile. Je n'ai plus que quelques heures à vivre, mais j'ai voulu

35 partager mon temps entre mes devoirs religieux et mes devoirs envers mes compatriotes. Pour eux je meurs sur le gibet, de la mort infâme du meurtrier; pour eux je me sépare de mes jeunes enfants, de mon épouse chérie, sans autre appui que mon industrie; et pour eux je meurs en m'écriant: Vive la Liberté! Vive l'Indépendance!

POUR ÉCLAIRER cet extrait

Né à Saint-Cuthbert, mais descendant d'une vieille famille aristocratique française, François-Marie-Thomas Chevalier de Lorimier devient notaire et s'intéresse rapidement à la politique. Son idéalisme et sa soif de liberté l'amènent à appuyer Louis-Joseph Papineau et le Parti canadien, puis il prend part à toutes les manifestations au service du nationalisme. Très engagé dans la Rébellion de 1837-1838, il est reconnu coupable, avec plusieurs compagnons, de haute trahison et condamné à être pendu. Le film *15 février 1839*, de Pierre Falardeau, raconte admirablement ses derniers moments. Considérée comme son testament politique, sa dernière lettre est conservée aux Archives nationales. Il fut «un citoyen intègre, doué d'un noble caractère et d'une belle âme», dit l'historien Thomas Chapais.

QUESTIONS DE COMPRÉHENSION ET D'ANALYSE

1. À qui paraît s'adresser Chevalier de Lorimier?
2. Quelle place Chevalier de Lorimier accorde-t-il ici à la religion?
3. L'auteur de cette lettre fait-il des allusions directes aux Anglais?
4. Le texte est-il, malgré tout, porteur d'espoir?
5. La finale de ce *Testament politique* débouche-t-elle sur une intention?

Dissertation

Peut-on affirmer que le texte de Chevalier de Lorimier est capable de rallier ses compatriotes pour la suite des choses?

Alexandre S. Giffard (actif à Québec entre 1863 et 1879), d'après Cornelius Krieghoff. *Scène populaire chez Jolifou* (détail) (v. 1870). Huile sur toile, 50,8 x 61,4 cm. Collection : Musée national des beaux-arts du Québec (1956.347), Québec, Québec.

CHAPITRE **2**

LA NAISSANCE D'UNE LITTÉRATURE (1837–1900)

Trois événements importants marquent les années 1837-1840: la Rébellion des Patriotes, le Rapport Durham et l'Acte d'Union des deux Canadas. Chaque fois, les Canadiens français se sentent humiliés par les Anglais.

En 1837-1838, la province vit de graves tensions. La population des villes craint de se faire voler ses emplois par les nombreux immigrants britanniques. Le choléra de 1832 a emporté 7 500 personnes à Montréal et à Québec. L'agriculture est en crise. Les terres n'assurent plus la survie de leurs occupants, qui émigrent vers les villes. À la Chambre d'assemblée du Bas-Canada, les députés élus n'ont aucun pouvoir. Ce sont des dirigeants anglais, non élus, qui décident des lois et des dépenses.

Après des années de revendications infructueuses, les Patriotes de Louis-Joseph Papineau se révoltent. Menés par des avocats, des médecins, des notaires et d'autres membres de professions libérales, parmi lesquels se trouvent des anglophones, les rebelles prennent les armes. Après une victoire à Saint-Denis, ils sont écrasés par les troupes anglaises à Saint-Charles, à Saint-Eustache et à Saint-Benoît. Douze Patriotes — dont Chevalier de Lorimier, qui cria «Vive la liberté, vive l'indépendance!» — sont pendus haut et court à la prison du Pied-du-Courant.

Chargé de faire la lumière sur les événements, lord Durham écrit que les descendants des Français forment «un peuple sans histoire et sans littérature». Pour tirer les Canadiens français d'une «infériorité sans espoir», il recommande de les assimiler en faisant du Haut-Canada (l'Ontario actuel) et du Bas-Canada (le Québec actuel) une seule colonie — le Canada-Uni — dotée d'un parlement commun où ils seront en minorité. L'Acte d'Union entre en vigueur en 1840. Cependant, en 1842, les réformistes modérés des deux provinces, menés par Louis-Hippolyte Lafontaine et Robert Baldwin, s'allient au parlement et forment un gouvernement qui lutte notamment en faveur de la langue française, ce que réclamaient les Patriotes.

Après 1840, le paysage politique est marqué par la rivalité entre le parti Rouge, qui défend des principes républicains et démocratiques, et le clergé, partisan de valeurs traditionnelles idéalisant le terroir. En toile de fond, la population est de plus en plus aux prises avec la pauvreté, et l'on note une très forte émigration vers les villes et les États-Unis.

En somme, la société est divisée en deux tendances. Un premier courant de pensée, le libéralisme, aspire à un idéal démocratique et au progrès. Il rejoint le mouvement du romantisme révolutionnaire qui se propage alors sur d'autres continents. Un second courant, conservateur et ultramontain, c'est-à-dire très religieux, est conduit par l'Église qui cherche à contrôler les esprits, en particulier dans les campagnes.

Pendant un certain temps, la religion prend le dessus. Elle devient carrément omniprésente. En outre, après la Rébellion des Patriotes, inspirée par le mouvement ultramontain opposé aux Rouges, l'Église catholique augmente considérablement ses effectifs et assoit plus solidement sa présence. On compte par exemple une religieuse pour 150 fidèles.

Dès la naissance, les rites se succèdent, comme le baptême ou «marcher au catéchisme». La vie quotidienne est rythmée par le catholicisme. Les usages et les noms en sont imprégnés. La toponymie actuelle en garde d'ailleurs des traces, ce qui fait dire à l'historien Guy Laperrière: «Apparemment, tous les

Lord Charles Beauclerk (1813-1842). *Vue arrière de l'église Saint-Eustache* (1840). Musée McCord, Montréal, Québec.

saints du paradis se sont donné rendez-vous sur la carte du Québec[1]. »

Les contes et récits triomphent tout ce temps. Très souvent issus de la tradition orale, ces contes et récits du XIXe siècle sont tout bonnement fascinants. Ils recourent à tout ce que l'imagerie catholique contient de revenants, de loups-garous, de diables, de spectres et de marionnettes – les aurores boréales. Le choix de contes et de récits est également vaste, puisqu'ils paraissent dans les journaux et les revues. Mais la religion n'est pas leur seule source d'inspiration. L'Anglais, l'étranger et le protestant viennent aussi hanter nos histoires.

En 1895, coup de théâtre : l'École littéraire de Montréal est fondée dans la foulée de l'idéal démocratique et républicain s'opposant au conservatisme. Cet événement marque la fin d'une sorte de repli sur soi qui paralysait

la littérature d'ici. À ses débuts, l'École littéraire de Montréal rassemble quatre avocats, un graveur, deux journalistes, un médecin, un libraire, quelques étudiants, un notaire et un peintre, selon le poète Charles Gill (1871-1918). Ils se réunissent au château Ramezay. L'École fait rapidement parler d'elle, car elle organise des séances publiques au cours desquelles on déclame des poèmes. C'est lors d'une de ces soirées, en 1899, qu'Émile Nelligan (1879-1941) récite « La romance du vin », avant d'être porté en triomphe. C'est le début de l'idéalisme. Mais à l'orée de ses vingt ans, sombrant « dans l'abîme du Rêve », pour reprendre la fin du « Vaisseau d'or », Émile Nelligan est interné à la Retraite Saint-Benoît, où il restera jusqu'en 1925, puis à l'hôpital psychiatrique Saint-Jean-de-Dieu, devenu depuis l'hôpital Louis-Hippolyte-Lafontaine. Un grand mythe est né.

1. Yves FRENETTE, *Brève histoire des Canadiens français*, Montréal, Boréal, 1998, p. 101.

En plus de la littérature orale, du romantisme patriotique libéral et du début du terroir, définis dans le chapitre précédent ou le chapitre suivant, la période 1837-1900 est composée de deux courants littéraires majeurs qui recoupent la presque totalité des œuvres alors produites au Québec :

- le romantisme patriotique ultramontain ;
- l'idéalisme.

LE ROMANTISME PATRIOTIQUE ULTRAMONTAIN en théorie

ORIGINES

L'ultramontanisme est à l'origine une orientation favorable à la primauté spirituelle et juridictionnelle du pape sur le pouvoir politique en France à compter du XVIe siècle. À la suite de l'échec du projet national et libéral des Patriotes, tandis que partout le libéralisme triomphe et que l'État se laïcise, les communautés religieuses arrivant au Québec après 1840 se réclament de cette idéologie catholique radicale. L'autorité du pape à Rome doit pouvoir aller au-delà (*ultra*) des montagnes (*montanisme*). Son infaillibilité en matière de doctrine est d'ailleurs décrétée en 1870. Les ultramontains proclament la supériorité du spirituel sur le temporel. Ils défendent aussi, comme Mgr Ignace Bourget, une totale obéissance à la hiérarchie religieuse en place.

DÉFINITION

Le romantisme patriotique ultramontain est influencé un peu par le romantisme français — qu'on trouve trop anticlérical —, mais surtout par le classicisme, défenseur du bien, du beau et du vrai. Il consiste essentiellement à promouvoir une littérature mettant de l'avant le pays et les valeurs religieuses. La domination du clergé y est telle que la censure des textes littéraires est partout. L'abbé Casgrain (1831-1905) se permet par exemple de changer le titre de romans, d'en modifier le vocabulaire ou de supprimer divers passages. Les résultats nous amènent ainsi aux portes du terroir. L'*Histoire du Canada* de François-Xavier Garneau (1809-1866) reste un modèle, porteuse d'une synthèse historique fidèle aux valeurs de l'Église.

Joseph Légaré (1795-1855), d'après Daniel Hallé.
La Vision de saint Antoine de Padoue (détail) (v. 1825).
Huile sur toile, 181 x 135 cm. Collection : Musée national des beaux-arts du Québec (1973.221), Québec, Québec.

THÈMES

Les principaux thèmes du romantisme patriotique ultramontain demeurent la religion, la foi, le pays, le patriotisme, le bien, le beau, le vrai, la vie et la nature. Cela dit, on peut en dénombrer beaucoup d'autres, pourvu que les écrits soient patriotes et moraux. C'est ainsi que, durant les années 1880, Jules-Paul Tardivel (1851-1905), auteur du premier roman d'anticipation, propose même que le Québec devienne souverain et fonde une grande théocratie catholique dirigée par son clergé. Mais l'appartenance religieuse prime nettement la survie nationale. Celle de la langue, des mœurs ou des traditions françaises ne constitue donc pas une fin en soi, mais tout au plus un instrument servant à la préservation nécessaire du catholicisme.

GENRES

- **L'ESSAI:** François-Xavier Garneau, abbé Jean-Baptiste-Antoine Ferland, abbé Henri-Raymond Casgrain, Antoine Gérin-Lajoie, Benjamin Sulte…
- **LE ROMAN:** Philippe Aubert de Gaspé fils, Philippe Aubert de Gaspé père, Jules-Paul Tardivel…
- **LA POÉSIE:** Octave Crémazie, Louis Fréchette, Alfred Garneau, Pamphile Le May, Nérée Beauchemin…

EXEMPLE

Octave Crémazie
LE DRAPEAU DE CARILLON (EXTRAIT)

[…] Ô radieux débris d'une grande épopée!
Héroïque bannière au naufrage échappée!
Tu restes sur nos bords comme un témoin vivant
Des glorieux exploits d'une race guerrière;
5 Et, sur les jours passés répandant ta lumière,
Tu viens rendre à son nom un hommage éclatant.

Ah! bientôt puissions-nous, ô drapeau de nos pères!
Voir tous les Canadiens, unis comme des frères,
Comme au jour du combat se serrer près de toi!
10 Puisse des souvenirs la tradition sainte,
En régnant dans leur cœur, garder de toute atteinte
Et leur langue et leur foi!

COMMENTAIRE Le drapeau de Carillon réfère à un étendard qui fut utilisé par les troupes de Montcalm lors de la bataille qui opposa les forces françaises aux forces britanniques — quatre fois plus nombreuses — en juillet 1758 au fort Carillon. Conservé au Musée de l'Amérique française à Québec, cet ancêtre du fleurdelisé est pâle et en mauvais état. Le présent extrait est composé des deux dernières strophes de la longue épopée lyrique publiée par Crémazie le 5 janvier 1858 dans le *Journal du Québec* à l'occasion du centième anniversaire de la dernière victoire remportée par Montcalm contre les Britanniques. Longtemps considéré comme un poème national, malgré son côté ampoulé, le texte demeure essentiel pour comprendre l'histoire franco-canadienne telle qu'elle se développe dans la seconde moitié du XIXe siècle.

L'IDÉALISME
en théorie

ORIGINES

Multiples sont les sources de l'idéalisme. Il y a d'abord la bohème. La bohème est une façon de vivre au jour le jour dans la pauvreté, mais aussi dans l'insouciance. Elle correspond à un mouvement littéraire et artistique du XIXe siècle en marge du mouvement romantique au caractère plus «aristocratique». «La bohème! Ce mot était pour lui un idéal», écrit Louis Dantin (1865-1945) à propos de Nelligan. Il y a aussi le symbolisme des poètes maudits. Plusieurs poèmes de Baudelaire, de Verlaine et de Rimbaud influencent le poète sans tuer son originalité. Du «Bateau ivre», de Rimbaud, découle ainsi «Le vaisseau d'or», de Nelligan. Enfin, il y a indiscutablement dans l'idéalisme un rejet du terroir, né en 1846. On veut en finir avec une littérature servile et utilitaire.

DÉFINITION

L'idéalisme se définit comme un mouvement où l'art doit être libre et privilégier un universalisme à l'opposé du terroir et de son régionalisme. C'est le règne de l'art pour l'art tel qu'inventé par les parnassiens et les symbolistes, c'est-à-dire d'une littérature n'ayant d'autre finalité qu'elle-même. Il n'est plus question de mettre l'art au service de la nation. On suggère plutôt qu'on nomme grâce au symbole représentant l'invisible et les pensées, les mouvements intérieurs et ce qui relève de l'esprit. Ses auteurs sont vite ostracisés: ils explorent leur monde intérieur dans une société peu encline à les comprendre. Les parnassiens visent une perfection formelle; les symbolistes, eux, innovent et bousculent grandement les traditions.

Joseph Saint-Charles (1868-1956). *L'Approche du printemps* (v. 1910). Huile sur panneau de fibre de bois, 21,7 x 27 cm. Collection: Musée national des beaux-arts du Québec (1978.53), Québec, Québec.

THÈMES

Les thèmes de prédilection de l'idéalisme sont le *je,* la vie intérieure, la subjectivité, l'esprit, l'introspection, l'amour, la liberté et l'art. Par exemple, en rapport avec ce dernier, la musique surgit tant dans les thèmes utilisés que dans les sonorités que doivent faire naître les mots ou les rimes. On rejette les thèmes patriotiques pour s'appliquer davantage à traduire les sentiments de l'âme dans le cadre, très souvent, d'une poésie empreinte de psychologie. Les textes sont donc plus intimistes, tout en étant plus artistiques. On voit même des poètes comme Nérée Beauchemin, un notable, se renouveler, passant du romantisme patriotique ultramontain à l'idéalisme. Car si l'idéalisme commence à la fin du XIXᵉ siècle avec l'École littéraire de Montréal, il faut se rappeler qu'il sera florissant jusqu'aux années 1940.

GENRE

- **LA POÉSIE :** Alfred Garneau, Nérée Beauchemin, Éva Circé-Côté, Charles Gill, Jean Charbonneau, Albert Lozeau, Émile Nelligan…

EXEMPLE

Émile Nelligan
LE VAISSEAU D'OR

Ce fut un grand Vaisseau taillé dans l'or massif :
Ses mâts touchaient l'azur, sur des mers inconnues ;
La Cyprine d'amour, cheveux épars, chairs nues,
S'étalait à sa proue, au soleil excessif.

5   Mais il vint une nuit frapper le grand écueil
Dans l'Océan trompeur où chantait la Sirène,
Et le naufrage horrible inclina sa carène
Aux profondeurs du Gouffre, immuable cercueil.

Ce fut un Vaisseau d'Or, dont les flancs diaphanes
10   Révélaient des trésors que les marins profanes,
Dégoût, Haine et Névrose, entre eux ont disputés.

Que reste-t-il de lui dans la tempête brève ?
Qu'est devenu mon cœur, navire déserté ?
Hélas ! Il a sombré dans l'abîme du Rêve !

COMMENTAIRE   Le plus célèbre des poèmes de Nelligan est l'exemple typique de ce qu'est son œuvre. En partant de la forme générale, qui est ici un sonnet, l'auteur s'engage dans une poursuite de la perfection formelle recoupant tous les détails. À la fois symbole et métaphore filée, le vaisseau représente ainsi le poète et son parcours dans un texte qui n'est pas simple. Le vocabulaire recherché, l'esthétique et le ton lyrique renvoient à la gravité de ce qu'il veut exprimer. On songe ainsi à la marginalisation, voire au rejet du poète dans sa société fermée, d'autant qu'il est question ici de sentiments intérieurs. Connaissant le destin à la fois unique et tragique de Nelligan, le côté prémonitoire de ces vers touche évidemment le public de toutes les époques. L'idéalisme peut donc parfois revêtir un côté spectaculaire.

François-Xavier Garneau (1809-1866)
HISTOIRE DU CANADA (1845-1848)

Avant même le Rapport de lord Durham, François-Xavier Garneau a à cœur l'histoire des Canadiens français. Clerc dans une étude de notaire où il rencontre souvent de jeunes Anglais, il réplique à ceux qui reprochent aux Canadiens français de ne pas avoir d'histoire : «Je vous prouverai que nous avons une histoire, je vais moi-même la raconter.»

Quinze années d'études sérieuses et de patientes recherches le conduisent à faire paraître trois volumes en 1845, en 1846 et en 1848. Pour Garneau, écrire l'*Histoire du Canada* n'est pas une fantaisie. Il n'est pas non plus avide de gloire ou poussé par l'appât du gain. Ce qu'il veut, c'est réhabiliter la nation et corriger l'image de peuple inférieur et vaincu associée aux Canadiens français.

Garneau réussit à déclencher l'émotion chez le lecteur : il déploie un style qui révèle un authentique écrivain. De plus, le contenu informatif de son texte est exhaustif : descriptions topographiques du pays et des progrès matériels et moraux de la colonie, histoire et mœurs des Indiens, peinture des conflits et de la vie politique en général. Une fois achevé ce travail considérable, Garneau se lance aussitôt dans une imposante refonte à laquelle aucun paragraphe n'échappe. Il y aura en tout trois éditions de son *Histoire du Canada*.

EXTRAIT   *HISTOIRE DU CANADA : PORTRAIT DE MONTCALM*

Montcalm avait une très petite taille, une jolie figure qu'animaient des yeux extrêmement vifs. Un chef sauvage, étonné que celui qui faisait des prodiges ne fût pas de grande stature, s'écria la première fois qu'il le vit : «Ah, que tu es petit ! mais je vois dans tes yeux la hauteur du chêne et la vivacité des aigles.»

5   Doué d'une imagination ardente, il était plus brillant par les avantages d'une mémoire ornée que profond dans l'art de la guerre ; il était brave, mais peu entreprenant ; il négligea la discipline des troupes et ne proposa jamais aucune entreprise importante. Il ne voulait pas attaquer Oswégo ; il y fut forcé, pour ainsi dire, par les reproches que lui fit sur sa timidité M. Rigaud […] ; il aurait abandonné le siège du

10 fort William-Henri sans le chevalier de Lévis ; et, devant Québec, n'osant se flatter de pouvoir résister au premier effort du général Wolfe, il parlait de lui abandonner cette place […]. Dans des notes attribuées à M. de Bourlamarque et déposées au bureau de la guerre à Paris, il est dit que la précipitation avec laquelle Montcalm attaqua sur les plaines d'Abraham vint de la jalousie. Vaudreuil donna l'ordre

15 d'attendre qu'il eût réuni toutes les forces ; il n'en fallut pas davantage, dit M. de Bourlamarque, pour déterminer un général qui eût volontiers été jaloux de la part que le simple soldat eût pu avoir à son succès. Son ambition était que son nom seul parût partout, et cette passion ne contribua pas peu à lui faire traverser les entreprises dont il ne pouvait avoir tout l'honneur. «De ce germe de jalousie

20 naquit bientôt entre les différents corps une mésintelligence à laquelle le partage

de l'autorité dans le commandement prépara les voies pour remonter de grade en grade jusqu'aux chefs, où elle produisit les ravages dont les suites devaient être si funestes. »

25 Au reste Montcalm avait le goût du travail et possédait des connaissances étendues dans les lettres et dans les langues. Il avait conservé l'amour de la science au milieu même des travaux de la guerre. Il aimait le luxe et il était désintéressé. Il devait au trésor 10 000 écus, qu'il avait empruntés pour soutenir son rang et pour soulager ses officiers dans la disette où l'on se trouvait en Canada. Son ambition et le désir trop peu caché de supplanter M. de Vaudreuil furent en partie les causes de la désu-
30 nion à laquelle peut être attribué principalement le désastre qu'on venait d'essuyer.

▮ POUR ÉCLAIRER cet extrait

Si l'œuvre de Garneau a quelque peu vieilli, il en reste des pages intéressantes pour le lecteur du XXIe siècle. « Ce sera l'homme le mieux informé de son époque », explique un spécialiste, d'où certaines informations valant encore leur pesant d'or. C'est ainsi que, comme ici, à propos de personnages célèbres, l'historien parvient à nous fournir un éclairage parfois nouveau. Il parle ainsi généralement de Montcalm avec respect et admiration. Après tout, la France nous a envoyé un de ses meilleurs généraux. Mais il évoque aussi ses défauts personnels et ses limites sur le champ de bataille. L'histoire passionne donc Garneau, mais, on le sent, la petite histoire également. On le voit entrouvrir la porte sur toutes sortes d'événements connexes. On le voit aussi ramener à des questions de caractère et de personnalité certains épisodes déterminants pour le sort de son peuple.

QUESTIONS DE COMPRÉHENSION ET D'ANALYSE

1. Que remarque-t-on dans la façon de s'exprimer du chef indien ?
2. Qu'est-ce qui étonne dans ce portrait d'un grand héros de la colonie ?
3. Quel jugement est-il le plus déroutant de la part d'un historien ?
4. Quel état d'esprit semble-t-il régner dans l'état-major français ?
5. Un texte semblable peut-il fournir un éclairage différent à propos de l'événement historique évoqué ?

Dissertation
Peut-on conclure ici que Garneau se révèle un historien capable de peser le pour et le contre ?

Les premiers romans

Philippe Aubert de Gaspé fils (1814-1841)
LE CHERCHEUR DE TRÉSORS (1837)

Avant *Les anciens Cana-diens*, de Philippe Aubert de Gaspé père (1786-1871), le roman est peu représenté dans notre littérature, hormis quelques œuvres du terroir, porteuses de l'idéal de la survivance. En 1837 paraît le premier roman canadien-français, *L'influence d'un livre*, de Philippe Aubert de Gaspé fils (1814-1841). Le héros prétend avoir trouvé dans *Le petit Albert* des recettes pour faire fortune.

Le petit Albert est un ensemble de recettes alchimiques permettant de trouver des trésors ou de concocter divers philtres, à condition de disposer des ingrédients nécessaires (main de pendu, grosses dents de loup abattu en courant, etc.). Le roman sombre dans le fantastique. Il sera rebaptisé *Le chercheur de trésors* par l'abbé Casgrain, qui en expurge les jurons et le mot *amour*, qu'il remplace par *affection* ou *amitié*.

En 1846, c'est *La terre paternelle*, de Patrice Lacombe (1807-1863). C'est le début du roman du terroir, un genre qui va perdurer pendant un siècle. Dans la foulée de ce premier roman paysan, *Charles Guérin*, de Pierre-Joseph-Olivier Chauveau (1820-1890), et *Jean Rivard*, d'Antoine Gérin-Lajoie (1824-1882), connaissent du succès. Les deux textes gravitent autour du concept de paroisse. Mais le texte le plus important de l'époque est *Les anciens Canadiens*, que Philippe Aubert de Gaspé père publie à 77 ans.

EXTRAIT *LE CHERCHEUR DE TRÉSORS*

Il y avait autrefois un nommé Latulipe qui avait une fille dont il était fou ; en effet c'était une jolie brune que Rose Latulipe : mais elle était un peu scabreuse, pour ne pas dire éventée. Elle avait un amoureux nommé Gabriel Lepard, qu'elle aimait comme la prunelle de ses yeux ; cependant, quand d'autres l'accostaient, on dit
5 qu'elle lui en faisait passer ; elle aimait beaucoup les divertissements, si bien qu'un jour de Mardi-Gras, un jour comme aujourd'hui, il y avait plus de cinquante per-sonnes assemblées chez Latulipe ; et Rose, contre son ordinaire, quoique coquette, avait tenu, toute la soirée, fidèle compagnie à son prétendu : c'était assez naturel ; ils devaient se marier à Pâques suivant. Il pouvait être onze heures du soir, lorsque
10 tout à coup, au milieu d'un cotillon, on entendit une voiture s'arrêter devant la porte. Plusieurs personnes coururent aux fenêtres, et, frappant avec leurs poings sur les châssis, en dégagèrent la neige collée en dehors afin de voir le nouvel arrivé, car il faisait bien mauvais. « Certes ! cria quelqu'un, c'est un gros ; comptes-tu, Jean, quel beau cheval noir ; comme les yeux lui flambent ; on dirait, le diable m'emporte, qu'il
15 va grimper sur la maison. » Pendant ce discours, le monsieur était entré et avait demandé au maître de la maison la permission de se divertir un peu. « C'est trop d'honneur nous faire, avait dit Latulipe, dégrayez-vous, s'il vous plaît, nous allons faire dételer votre cheval. » L'étranger s'y refusa absolument, sous prétexte qu'il ne resterait qu'une demi-heure, étant très pressé. Il ôta cependant un superbe capot de
20 chat sauvage et parut habillé en velours noir et galonné sur tous les sens. Il garda ses

gants dans ses mains, et demanda permission de garder aussi son casque; se plai-
gnant du mal de tête.

— Monsieur prendrait bien un coup d'eau-de-vie, dit Latulipe en lui présentant
un verre.

25 L'inconnu fit une grimace infernale en l'avalant; car Latulipe, ayant manqué de
bouteilles, avait vidé l'eau bénite de celle qu'il tenait à la main, et l'avait remplie de
cette liqueur. C'était bien mal au moins. Il était beau cet étranger, si ce n'est qu'il
était très brun et avait quelque chose de sournois dans les yeux. Il s'avança vers
Rose, lui prit les deux mains et lui dit :

30 — J'espère, ma belle demoiselle, que vous serez à moi ce soir et que nous danserons
toujours ensemble.

— Certainement, dit Rose, à demi-voix et en jetant un coup d'œil timide sur le
pauvre Lepard, qui se mordit les lèvres à en faire sortir le sang.

POUR ÉCLAIRER cet extrait

Rebaptisé *Le chercheur de trésors* plutôt que *L'influence d'un livre*, vu que seule la Bible est digne
d'influencer, le roman raconte l'histoire de Charles
Amand et de ses tentatives de s'enrichir par *Le petit
Albert*. La naïveté sans instruction ressort alors: il
pense que l'alchimie le conduira à la richesse. Il
croit que des chandelles de suif de pendu peuvent,
à l'image du coudre du sourcier, pointer l'endroit
où se cache un trésor, ou encore qu'une main de
pendu permet de pénétrer où l'on veut. Le récit
constitue «le premier roman de mœurs canadien».
Il est entrecoupé de chansons, de poèmes et, surtout, d'une légende bien connue dont on compte
200 versions: celle de Rose Latulipe. Datant du
XVIIIe siècle, cette histoire est celle du diable,
déguisé en inconnu, qui, un soir de Mardi-Gras,
essaie de faire danser Rose jusqu'à l'arrivée du
carême, ce qui peut la conduire en enfer.

QUESTIONS DE COMPRÉHENSION ET D'ANALYSE

1. Donner un exemple de comparaison devenue un cliché.
2. Quels détails indiquent qu'on savait recevoir dans le Canada français?
3. À quel passage reconnaît-on que même le temps était lié à la religion?
4. Repérer quelques-uns des mots reflétant cette époque révolue.
5. Cette légende possède-t-elle une valeur pédagogique?

Dissertation
Pourrait-on dire que les contrastes sont à l'honneur dans cet extrait du *Chercheur de trésors*?

Philippe Aubert de Gaspé père (1786-1871)
LES ANCIENS CANADIENS (1863)

Dans le roman *Les anciens Canadiens*, Philippe Aubert de Gaspé père raconte les faits et gestes de deux personnages, un Canadien et un Écossais, qui nouent une solide amitié dès leurs années de collège à Québec. Lors du conflit de 1759 qui conduira à la défaite française, les deux protagonistes, Jules et Archibald, doivent s'affronter sur le champ de bataille. Plus tard, alors que Jules épouse une Anglaise, sa sœur refuse sa main au jeune Écossais, alors qu'elle l'aime, afin de ne pas trahir les siens.

Au-delà de l'intrigue amoureuse et des multiples péripéties, tout est ici prétexte à la reconstitution d'une époque, avec ce que cela implique de souvenirs personnels ou collectifs, ce qui fait dire à Hector Fabre, journaliste de ce temps : «Remercions le noble vieillard, qui est le plus jeune de nos écrivains, de nous avoir rendu ce qu'il a vu durant sa longue carrière, avec un tel aspect de vérité, un entrain si rare[1].»

Mais Philippe Aubert de Gaspé père fait aussi paraître, trois ans plus tard, un autre excellent livre : ses *Mémoires*. Cette fois, il s'agit de l'histoire de sa vie depuis sa prime enfance. C'est aussi un précieux témoignage sur les relations entre Français et Anglais, ainsi que sur le régime seigneurial en vigueur pendant ces années. Il y fait enfin preuve d'humour. Sa description d'un cultivateur de Sainte-Anne-de-la-Pérade en train de dégeler le nez d'un officier anglais avec de la neige est par exemple amusante.

EXTRAIT *LES ANCIENS CANADIENS*

— Maintenant, reprit Arché, que nous avons évoqué tant d'agréables souvenirs, asseyons-nous sur ce tertre où nous nous sommes jadis reposés tant de fois, et parlons de choses plus sérieuses. Je suis décidé à me fixer au Canada ; j'ai vendu dernièrement un héritage que m'a légué un de mes cousins. Ma fortune, quoique
5   médiocre en Europe, sera considérable, appliquée dans cette colonie, où j'ai passé mes plus beaux jours, où je me propose de vivre et de mourir auprès de mes amis. Qu'en dites-vous, Blanche ?

— Rien au monde ne pourra nous faire plus de plaisir. Oh ! que Jules, qui vous aime tant, sera heureux ! combien nous serons tous heureux !

10   — Oui, très heureux, sans doute ; mais mon bonheur ne peut être parfait, Blanche, que si vous daignez y mettre le comble en acceptant ma main. Je vous ai…

La noble fille bondit comme si une vipère l'eût mordue ; et, pâle de colère, la lèvre frémissante, elle s'écria :

— Vous m'offensez, capitaine Archibald Cameron de Locheill ! Vous n'avez donc pas
15   réfléchi à ce qu'il y a de blessant, de cruel dans l'offre que vous me faites ! Est-ce lorsque la torche incendiaire que vous et les vôtres avez promenée sur ma malheureuse patrie, est à peine éteinte, que vous me faites une telle proposition ? Est-ce

20 lorsque la fumée s'élève encore de nos masures en ruine que vous m'offrez la main d'un des incendiaires? Ce serait une ironie bien cruelle que d'allumer le flambeau de l'hyménée aux cendres fumantes de ma malheureuse patrie! On dirait, capitaine de Locheill, que, maintenant riche, vous avez acheté avec votre or la main de la pauvre fille canadienne; et jamais une d'Haberville ne consentira à une telle humiliation. Oh! Arché! Arché! Je n'aurais jamais attendu cela de vous, de vous, l'ami de mon enfance! Vous n'avez pas réfléchi à l'offre que vous me faites.

25 Et Blanche, brisée par l'émotion, se rassit en sanglotant. (Historique. Une demoiselle canadienne, dont je tairai le nom, refusa, dans de semblables circonstances, la main d'un riche officier écossais de l'armée du général Wolfe.)

Jamais la noble fille canadienne n'avait paru si belle aux yeux d'Arché qu'au moment où elle rejetait, avec un superbe dédain, l'alliance d'un des conquérants de sa 30 malheureuse patrie.

■ POUR ÉCLAIRER cet extrait

Les anciens Canadiens demeure probablement le premier best-seller — même si le terme n'existe pas à l'époque — canadien-français. Une des raisons en est probablement son caractère patriotique, allié à une ou deux histoires d'amour. L'auteur y prône ouvertement la réconciliation des «deux races», l'intrigue se déroulant autour de 1760, c'est-à-dire à l'époque de la Conquête. Les personnages de Blanche et d'Archibald de Locheill s'aiment, à n'en pas douter, mais le souvenir des ancêtres et des lieux sacrifiés retient la jeune fille. Certes, son frère, lui, a épousé une Anglaise, comme Aubert de Gaspé père l'a fait lui-même. Car ce dernier s'accommode de la présence anglaise au Québec («la cession du Canada a peut-être été, au contraire, un bienfait pour nous»). Ajoutons que l'intrigue n'est pas que linéaire: elle est entrecoupée de récits secondaires, tantôt folkloriques (la Corriveau), tantôt anecdotiques (la Saint-Jean), tantôt historiques (la bataille des plaines d'Abraham).

QUESTIONS DE COMPRÉHENSION ET D'ANALYSE

1. Quel effet produisent les dialogues dans cette page?
2. Quelle superbe comparaison trouve-t-on dans le texte?
3. Quelle est cette «offre» ou «proposition» à laquelle Blanche fait référence?
4. À qui Blanche fait-elle référence quand elle parle de «vous et les vôtres»?
5. Désigner deux passages où l'on sent bien la fierté des Canadiens français.

Dissertation

Peut-on affirmer que ce passage des *Anciens Canadiens* reflète la grande fierté de ces derniers?

---

1. Réginald HAMEL, John HARE et Paul WYCZYNSKI, *Dictionnaire des auteurs de langue française en Amérique du Nord*, Montréal, Fides, 1989, p. 42.

Georges Boucher de Boucherville (1814-1894)
UNE DE PERDUE, DEUX DE TROUVÉES (1874)

Georges Boucher de Boucherville (1814-1894) se fait remarquer par *Une de perdue, deux de trouvées*, œuvre très originale qui s'ouvre plus que les précédentes sur le monde. Il insuffle un vent de fraîcheur aux idées philosophiques et sociales de l'époque. Pour alimenter cet imposant roman qu'il fait paraître en feuilletons dans des journaux ou des revues, il s'appuie sur les nombreuses données historiques et livresques dont il dispose et sur les souvenirs de son exil en Louisiane, où il s'est réfugié après avoir été arrêté et accusé en 1837 de haute trahison pour avoir frayé avec les Patriotes.

Ce roman évoque notre histoire. On y suit les aventures de Pierre de Saint-Luc, héritier, dès le chapitre premier, de la fortune colossale du plus riche négociant de La Nouvelle-Orléans, qui comprend notamment «cinq millions de piastres». Avec son fidèle Trim, un Noir, le jeune capitaine se retrouve entre autres à Cuba et à Montréal pendant la Rébellion de 1837. L'œuvre foisonne d'idées originales, notamment à propos de l'esclavage.

EXTRAIT ***UNE DE PERDUE, DEUX DE TROUVÉES***

Bientôt apparut sur le fleuve la pirogue dans laquelle deux nègres amenaient les restes inanimés du noyé. Quand l'embarcation toucha au rivage, Trim, en voyant le cadavre, lâcha un cri déchirant et se précipita dessus, en l'étreignant dans ses bras comme s'il eût été en vie, et couvrant de baisers toutes les parties de son corps qui
5 n'avaient point été dévorées par les carancros [vautours]. Les deux nègres, qui étaient chargés de conduire le cadavre, prirent Trim pour un fou et voulurent l'arrêter ; mais celui-ci sans les écouter continua à couvrir le corps de baisers et à remplir l'air de cris déchirants. Les deux nègres ne comprenaient rien à la chose, et d'ailleurs se souciant fort peu d'engendrer querelle avec Trim, dont l'herculéenne stature leur
10 servit de calmant, s'assirent stoïquement sur le bord de la levée.

Trim, se relevant au bout de quelques instants, se croisa les bras sur la poitrine ; la tête penchée en avant, les yeux fixes et immobiles, il se mit à contempler les restes défigurés de son maître. Ses yeux ne pleuraient plus, sa bouche ne faisait plus entendre de sanglots, sa poitrine ne se soulevait plus aux battements de son cœur ;
15 on aurait dit la personnification de la douleur et du désespoir ! Tout à coup la figure de Trim s'anime, ses yeux brillent, ses narines se dilatent : il a cru remarquer que le corps est moins long que celui de son maître ! les jambes et les pieds affreusement enflés ne sont pas trop à la gêne dans les pantalons et les bottes ! Ceci peut-être ne prouve rien ; mais Trim sait que le petit doigt du pied gauche de son maître avait été
20 coupé dès son enfance. — Il ôte la botte, arrache le chausson ; tous les doigts du pied sont entiers ! Trim laissa échapper un cri de joie, mais il craignit de laisser apercevoir les soupçons qui entraient dans son esprit, et il dissimula du mieux qu'il put les

sentiments qu'il éprouvait. Il quitta le cadavre, et reprit d'un pas pressé le chemin de la ville.

25   Trim était convaincu que le cadavre du noyé n'était pas celui de son maître ; mais comment se trouvait-il vêtu de toutes ses hardes ? Par qui cet acte avait-il été commis ? Dans quel but ? Qu'était devenu son maître, qui n'était pas revenu depuis son débarquement ? Il y avait là quelque chose de mystérieux et de bien inquiétant. Peut-être que son maître était en ce moment victime de quelque horrible complot ?
30   Peut-être avait-il été assassiné, ou expirait-il sous le couteau de quelque bandit ou dans d'affreuses tortures ? Il y avait de quoi faire tourner la tête de Trim. Mille idées confuses, discordantes, noires, épouvantables se présentaient à l'esprit du pauvre esclave, ce fidèle serviteur de Pierre.

— Oh ! mon tête, mon tête, criait Trim, et il se pressait le front de ses deux mains ;
35   moué venir fou, fou, fou ! et il se mettait à courir afin de se rendre plus vite à bord du Zéphyr.

■ POUR ÉCLAIRER cet extrait

Faisant voyager ses personnages en Amérique du Sud, en Louisiane, dans les Antilles et au Canada, Boucher de Boucherville crée des situations dramatiques qui tranchent énormément sur son époque. Pour la littérature canadienne-française, des thèmes comme les Noirs et l'esclavage sortent de l'ordinaire. Il y est question par exemple d'un projet de libération des esclaves de Louisiane et d'ailleurs. En même temps, on se rend compte que les liens unissant parfois ceux-ci et leur maître peuvent être empreints de tendresse, voire d'amour. Si le roman est bien accueilli dans tous les milieux, y compris par Mgr Camille Roy, c'est que son auteur ménage conservateurs, religion et terre, ignorant presque le problème des Patriotes. Cela lui permet donc de commencer à publier son roman en tranches dans la très conservatrice et catholique *Revue canadienne*.

QUESTIONS DE COMPRÉHENSION ET D'ANALYSE

1. Quel terme répand tout de suite un parfum d'exotisme ?
2. Dès le départ, qu'est-ce que peut évoquer le prénom « Trim » ?
3. Lequel de ses traits physiques est-il ici souligné au passage ?
4. Que peut-on conclure du « cri de joie » que Trim laisse échapper ?
5. À quelle figure de style correspond l'expression « mille idées » et quel effet produit-elle ?

Dissertation
Peut-on démontrer que l'extrait du présent roman échappe à son époque tant par le contenu que par la forme ?

Honoré Beaugrand (1848-1906)
LA CHASSE-GALERIE (1900)

Si la religion et le diable sont la source première des contes du XIXᵉ siècle, des héros seront façonnés par la force amplificatrice de la légende. Louis Cyr est l'un de ceux-là. Mais, surtout, leurs exploits «prouvaient à la face du monde, et surtout à celle des Anglais, que la race canadienne-française était tissée de cœur et de sueur[1]».

Il faut ensuite évoquer les contes de Louis Fréchette (1839-1908). Celui-ci publie d'abord le remarquable *Originaux et détraqués*, où figurent les portraits de Canadiens français qui sont autant de nos archétypes. Quant aux *Contes de Jos Violon*, ce sont plutôt diables, lutins et marionnettes qui hantent ces pages en langue orale.

Les autres bons conteurs de l'époque sont surtout Joseph-Charles Taché (1820-1894), avec *Forestiers et voyageurs*, et Henri-Édouard Faucher de Saint-Maurice (1844-1897), avec *À la brunante*. Un récit de Faucher raconte l'histoire d'étudiants en médecine de McGill qui exhument en cachette un cadavre dans le cimetière de Verchères afin de le disséquer. Dans un suspense intenable, on y voit l'«énorme cruche de Molson[2]» côtoyer la folie la plus subite et cruelle. Enfin, en 1900, Honoré Beaugrand (1848-1906) propose une superbe version de *La chasse-galerie*.

EXTRAIT   *LA CHASSE-GALERIE*

Acabris! Acabras! Acabram!
Fais-nous voyager par-dessus les montagnes!

À peine avions-nous prononcé les dernières paroles que nous sentîmes le canot s'élever dans l'air à une hauteur de cinq ou six cents pieds. Il me semblait que j'étais léger
5   comme une plume et au commandement de Baptiste, nous commençâmes à nager [ramer] comme des possédés que nous étions. Aux premiers coups d'aviron le canot s'élança dans l'air comme une flèche, et c'est le cas de le dire, le diable nous emportait. Ça nous en coupait le respire et le poil en frisait sur nos bonnets de carcajou.

Nous filions plus vite que le vent. Pendant un quart d'heure, environ, nous navi-
10   guâmes au-dessus de la forêt sans apercevoir autre chose que les bouquets des grands pins noirs. Il faisait une nuit superbe et la lune, dans son plein, illuminait le firmament comme un beau soleil du midi. Il faisait un froid du tonnerre et nos moustaches étaient couvertes de givre, mais nous étions cependant tous en nage. Ça se comprend aisément puisque c'était le diable qui nous menait et je vous assure que
15   ce n'était pas sur le train de la *Blanche* [lentement]. Nous aperçûmes bientôt une éclaircie, c'était la Gatineau dont la surface glacée et polie étincelait au-dessous de

---

1. Annik-Corona OUELLETTE et Alain VÉZINA, *Contes et légendes du Québec*, Montréal, Beauchemin, «Parcours d'une œuvre», 2006, p. 9.
2. Henri-Édouard FAUCHER DE SAINT-MAURICE, *À la brunante*, présentation de Serge Provencher, Montréal, Bibliothèque québécoise, 1998, p. 79.

nous comme un immense miroir. Puis, p'tit à p'tit nous aperçûmes des lumières dans les maisons d'habitants ; puis des clochers d'églises qui reluisaient comme des baïonnettes de soldats, quand ils font l'exercice sur le champ de Mars de Montréal.

20 On passait ces clochers aussi vite qu'on passe les poteaux de télégraphe, quand on voyage en chemin de fer. Et nous filions toujours comme tous les diables, passant par-dessus les villages, les forêts, les rivières et laissant derrière nous comme une traînée d'étincelles. C'est Baptiste, le possédé, qui gouvernait, car il connaissait la route et nous arrivâmes bientôt à la rivière des Outaouais qui nous servit de guide

25 pour descendre jusqu'au lac des Deux-Montagnes.

— Attendez un peu, cria Baptiste. Nous allons raser Montréal et nous allons effrayer les coureux qui sont encore dehors à c'te heure cite. Toi, Joe ! là, en avant, éclaircis-toi le gosier et chante-nous une chanson sur l'aviron.

30 En effet, nous apercevions déjà les mille lumières de la grande ville, et Baptiste, d'un coup d'aviron, nous fit descendre à peu près au niveau des tours de Notre-Dame. J'enlevai ma chique pour ne pas l'avaler, et j'entonnai à tue-tête cette chanson de circonstance que tous les canotiers répétèrent en chœur :

Mon père n'avait fille que moi, / Canot d'écorce qui va voler, / Et dessus la mer il
35 m'envoie : / Canot d'écorce qui vole, qui vole, / Canot d'écorce qui va voler ! […].

■ POUR ÉCLAIRER cet extrait

«La chasse-galerie fait indéniablement partie de notre patrimoine, affirme Jean-Sébastien Pariseau, mais elle n'est pas née au Québec. Cette légende a des origines européennes et remonterait même jusqu'aux Vikings.» L'anthropologue raconte avoir aussi découvert une complainte relatant les malheurs d'un sieur nommé «de Gallery». Originaire du Poitou, l'homme est condamné à chasser éternellement dans le ciel pour s'être adonné à cette activité un dimanche. En Nouvelle-France, on serait ensuite passé de la «chasse de Gallery» à la «chasse-galerie». «Il est courant d'observer des variations dans les légendes de tradition orale, souligne le chercheur, car celles-ci étaient racontées de vive voix.»

QUESTIONS DE COMPRÉHENSION ET D'ANALYSE

1. Quelle incidence a sur le lecteur la formule magique du début ?
2. Y a-t-il des comparaisons dans cette partie du conte ?
3. Quels points de repère symboliques permettent de s'orienter ?
4. Quels passages indiquent que les compagnons sont sous l'emprise du diable ?
5. Donner quelques exemples de mots typiquement canadiens-français.

Dissertation

Le présent extrait de La chasse-galerie reflète-t-il le Canada français et le peuple de ce temps ?

Des essais percutants

Arthur Buies (1840-1901)
LA LANTERNE (1884)

Plusieurs essayistes s'illustrent brillamment pendant la période 1837-1900. Bon nombre d'entre eux s'inscrivent toutefois dans le cadre du romantisme patriotique ultramontain. Les François-Xavier Garneau, Jean-Baptiste-Antoine Ferland (1805-1865) et Henri-Raymond Casgrain travaillent surtout en histoire, répondant à leur manière aux critiques contenues dans le Rapport Durham à l'effet que les Canadiens français forment un peuple sans histoire ni littérature. Leur position n'est jamais éloignée de celle de la religion catholique. Ferland et Casgrain sont d'ailleurs prêtres. Depuis la défaite des Patriotes, on l'a vu, le clergé est tout-puissant, mais les réactions au Rapport Durham empruntent aussi une autre voie.

Arthur Buies (1840-1901), pour un, s'illustre de manière singulière. Dans la foulée d'une enfance et d'une jeunesse où il voyage, il se proclame très tôt libre penseur. À Paris, il a fréquenté les cafés de la Rive gauche et les radicaux, en plus d'avoir fait la campagne de Sicile dans l'armée de Garibaldi, le républicain. De retour à Montréal, il joint les rangs de l'Institut canadien, un groupe de gauche qui sera condamné. Il multiplie dès lors conférences et articles où il s'attaque au pouvoir temporel de l'Église.

Il fonde l'hebdomadaire *La lanterne* en 1868. Ses idées républicaines, anticléricales et libérales feront que le journal ne durera que quelques mois. «L'homme ne sera libre que lorsque la femme sera émancipée», écrit-il par exemple cette même année. Il devient alors chroniqueur à gauche et à droite pour gagner sa vie. Sa rencontre avec le curé Labelle en 1879 est déterminante. Il se penche à ce moment sur des sujets comme la désertion des campagnes ou la beauté de notre nature.

EXTRAIT **LA LANTERNE**

On me demande où je veux en venir. On dit «Cherchez-vous donc à détruire la religion?»

Ce que je veux, le voici.

Je veux que le peuple croie, mais non qu'il soit exploité.

5 Je veux qu'il n'y ait pas de superstition lucrative, et qu'on ne fasse pas de miracles ridicules pour en tirer de l'argent.

Ce n'est pas moi qui attaquerai une religion, quand elle sera digne de respect.

Mais j'attaquerai sans crainte et sans relâche les faux ministres de cette religion qui s'enrichissent en prêchant la pauvreté, qui trafiquent de toutes les pratiques reli-
10 gieuses, qui font servir Dieu constamment à leur ambition, à leur rapacité, à leur esprit d'accaparement et de domination, à leurs haines, à leur fanatisme de commande.

Dieu est grand! dit l'Arabe. Je ne veux pas que vous le fassiez petit, que vous le fassiez à votre image.

« Si les chevaux se faisaient des dieux, ils leur donneraient la forme d'un cheval », a
15 dit depuis longtemps Xénophane.

La religion, la vraie, a fait de grandes choses. L'ultramontanisme n'a engendré que
des hontes.

Il ne s'adresse pas à l'intelligence, mais à la crédulité, qui n'est pas la foi.

Croyez, et ne raisonnez pas. C'est absurde. Toute la raison humaine se révolte
20 contre cette théorie aveugle qui fait des hommes des automates.

Je respecte toutes les convictions, quand elles sont des convictions, et non des idées
imposées qui rejettent l'examen.

Un homme est un être intelligent et raisonnable. Voilà ma croyance. […]

Nous sommes des moutons et, qui le veut, peut nous tondre. […]

25 L'esprit public inculqué dans les masses, le voici. Il se résume en deux mots prononc-
cés, il y a deux ans, par l'évêque de Trois-Rivières :

« Dans toute matière, dit-il, et surtout en matière politique, c'est l'évêque qui juge
en dernier ressort. »

▮ POUR ÉCLAIRER cet extrait

Reconnu pour son franc-parler, sa verve et sa fougue, Arthur Buies est longtemps considéré comme un pamphlétaire extrémiste et imprudent. Dans bien des domaines, cependant, il voit clair et « mériterait d'être rangé au nombre de ces nombreux redresseurs de torts qui défendent souvent des thèses dangereuses, subversives même, sans pour autant être toujours en dehors des voies de la raison ni de celles du progrès » (Bessette *et al.*). Ses attaques irrévérencieuses contre le clergé lui valent évidemment des problèmes. Pourtant, quand on y regarde de près, il s'en prend moins à la religion qu'aux abus qu'elle occasionne. Son indéfectible attachement à la nation canadienne-française et au milieu nord-américain ressort souvent, mais pas autant que sa personnalité originale. Entre autres, partir à San Francisco à la suite d'une peine d'amour est rare à l'époque.

QUESTIONS DE COMPRÉHENSION ET D'ANALYSE

1. La question de départ est-elle lourde de conséquences ?
2. Peut-on prétendre que l'auteur est ici assis entre deux chaises ?
3. À quel mouvement politique s'en prend-il nommément ?
4. Quelle serait la conception de l'être humain qui se dégage de l'extrait ?
5. À quelles preuves se raccrocher pour soutenir que Buies mise sur les négations avant les affirmations ?

Dissertation
Peut-on conclure que l'article de Buies publié dans *La lanterne* reflète à la fois la franchise et la finesse dont il est capable ?

L'éclosion de la poésie

Émile Nelligan (1879-1941)
POÉSIES COMPLÈTES (1899)

L'apparition d'Émile Nelligan conduit la littérature québécoise à une autre étape. Voilà un garçon surgi de nulle part qui a assimilé Baudelaire, Verlaine, Rimbaud et toute la poésie européenne à l'âge de 17 ans. Ces influences transparaissent nettement dans ses poèmes, mais, malgré tout, son œuvre demeure on ne peut plus originale dans l'ensemble.

À la séance du 26 mai 1899 de l'École littéraire de Montréal, Nelligan récite avec ferveur son poème «La romance du vin», réplique passionnée aux détracteurs de la poésie. L'assistance lui réserve une ovation monstre. Il est ramené chez lui en triomphe. Malheureusement, cette apparition en public, le meilleur moment de sa vie de poète, est la dernière.

Peu de temps après, le 9 août 1899, sa santé mentale toujours chancelante bascule. Nelligan est interné au refuge Saint-Benoît à la demande de ses parents. Il montre des signes de troubles mentaux. Mais ce n'est pas clair. Ce qui est sûr, c'est qu'il y reste un quart de siècle, puis est transféré à l'hôpital psychiatrique Saint-Jean-de-Dieu. Durant ses années de réclusion, il écrit. Ce qu'il fait est toutefois un mélange d'œuvres antérieures et de poèmes qu'il a appris. Il reste à l'hôpital jusqu'à son décès, le 18 novembre 1941.

POÈME   *LA ROMANCE DU VIN*

Tout se mêle en un vif éclat de gaîté verte.
Ô le beau soir de mai! Tous les oiseaux en chœur,
Ainsi que les espoirs naguère à mon cœur,
Modulent leur prélude à ma croisée ouverte.

5   Ô le beau soir de mai! le joyeux soir de mai!
Un orgue au loin éclate en froides mélopées;
Et les rayons, ainsi que de pourpres épées,
Percent le cœur du jour qui se meurt parfumé.

Je suis gai! je suis gai! Dans le cristal qui chante,
10   Verse, verse le vin! verse encore et toujours,
Que je puisse oublier la tristesse des jours,
Dans le dédain que j'ai de la foule méchante!

Je suis gai! je suis gai! Vive le vin et l'Art!...
J'ai le rêve de faire aussi des vers célèbres,
15   Des vers qui gémiront les musiques funèbres
Des vents d'automne au loin passant dans le brouillard.

C'est le règne du rire amer et de la rage
De se savoir poète et l'objet du mépris,
De se savoir un cœur et de n'être compris
20   Que par le clair de lune et les grands soirs d'orage!

Femmes ! je bois à vous qui riez du chemin
Où l'Idéal m'appelle en ouvrant ses bras roses ;
Je bois à vous surtout, hommes aux fronts moroses
Qui dédaignez ma vie et repoussez ma main !

25 Pendant que tout l'azur s'étoile dans la gloire,
Et qu'un hymne s'entonne au renouveau doré,
Sur le jour expirant je n'ai donc pas pleuré,
Moi qui marche à tâtons dans ma jeunesse noire !

Je suis gai ! je suis gai ! Vive le soir de mai !
30 Je suis follement gai, sans être pourtant ivre !…
Serait-ce que je suis enfin heureux de vivre ;
Enfin mon cœur est-il guéri d'avoir aimé ?

Les cloches ont chanté ; le vent du soir odore…
Et pendant que le vin ruisselle à joyeux flots,
35 Je suis si gai, si gai, dans mon rire sonore,
Oh ! si gai, que j'ai peur d'éclater en sanglots !

POUR ÉCLAIRER ce texte

Quand il termine sa lecture de « La romance du vin » à l'École littéraire de Montréal, Nelligan est chaudement acclamé du château de Ramezay jusqu'à sa demeure de la rue Laval. Louis Dantin, son mentor, décrit son succès comme étant retentissant : « J'ai vu un soir Nelligan en pleine gloire… Quand l'œil flambant, le geste élargi par l'effort intime, il clama d'une voix passionnée sa "Romance du vin", une émotion vraie étreignit la salle, et les applaudissements prirent la fureur d'une ovation. » Visiblement, le poème constitue une réponse aux mauvaises réactions dont il est l'objet de la part de ses critiques qui ne comprennent pas son œuvre. Mais c'est aussi un grand cri du cœur de l'incompris dans une société fermée aux artistes. Ce cri atteste que ce contexte social est sans importance : le poète est ivre de poésie et d'art, et il entend vivre sa passion, quitte à en souffrir.

QUESTIONS DE COMPRÉHENSION ET D'ANALYSE

1. Quels thèmes l'emportent-ils dans « La romance du vin » ?
2. Comment le narrateur décrit-il son contexte social ?
3. Qu'est-ce qui se dégage ici de l'utilisation des couleurs ?
4. Quelle est la tonalité qui est tout à fait au cœur de ce poème ?
5. Pourquoi la dernière strophe revêt-elle autant d'importance ?

Dissertation

Pourrait-on dire que le poème « La romance du vin » regroupe thèmes et idées parfois aux antipodes les uns des autres ?

Pamphile Le May (1837-1918)
LES GOUTTELETTES (1904)

Non seulement Louis Fréchette est-il un conteur réputé, mais il est aussi à l'époque considéré comme le premier poète national. Surnommé «Victor Hugo le Petit» par un de ses rivaux, William Chapman (1850-1917), il prend dans le cœur des gens la relève d'Octave Crémazie (1827-1879), auteur de poèmes souvent patriotiques et guerriers, qui se voulaient représentatifs du romantisme patriotique ultramontain.

La poésie de Fréchette, dont l'œuvre principale est *La légende d'un peuple*, a les qualités et les défauts de la poésie de Victor Hugo, en France, son modèle. En d'autres termes, l'auteur abuse du grandiose, de l'hyperbole, du lyrisme, des grands sentiments, des titans et de la «trompette farouche», pour reprendre une de ses expressions. Emphatique à l'extrême, cette poésie tombe ensuite en désuétude.

Parmi les autres poètes de cette époque, citons Pamphile Le May (1837-1918), Nérée Beauchemin (1850-1931) et Albert Lozeau (1878-1924). Lozeau, alité, souffre physiquement, ce qui se sent dans ses textes; Beauchemin, médecin de Yamachiche, adhère pour sa part à la tradition française et catholique. Quant à la poésie de Le May, bibliothécaire, elle est marquée par le romantisme des années 1830, à moins qu'elle ne soit rustique ou intime, comme dans son sonnet «À mes enfants», tiré de son recueil intitulé *Les gouttelettes*.

Des poèmes du genre, ne faisons pas l'erreur de les voir comme des reliques d'une époque révolue et déconnectée de la nôtre, comme il arrive trop souvent. En les lisant attentivement, on constate très vite qu'ils portent sur la nature humaine et des thèmes éternels. Par exemple, dans «À mes enfants», il est question de bonheur ainsi que de réflexions autour de lui dont on peut encore profiter utilement.

POÈME   *À MES ENFANTS*

Vivre, enfants, c'est aimer et souffrir un instant.
Vous cherchez le plaisir et le plaisir vous lasse;
De ses mailles de fer la douleur vous enlace;
L'esprit est curieux et le cœur, inconstant.

5 Le spectacle du monde est souvent attristant.
Mainte fois le cœur chaud se heurte au cœur de glace.
L'intrigant mainte fois s'assied à votre place;
L'un se gave au banquet, l'autre n'a qu'un restant.

Mais le travail est bon. Penchez votre front blême
10 Sur la glèbe maudite ou l'aride problème;
Le travail est un bien et non un déshonneur.

Le succès vient toujours lorsque l'on persévère.
Enfants, n'ayez point peur de monter au calvaire,
L'épreuve fortifie… Ayez peur du bonheur.

▎ **POUR ÉCLAIRER** ce texte

Des poètes comme Pamphile Le May chantent allégrement les champs, les jardins, les moissons, les forêts, les saisons, les rivières et la nature de leur époque. En faisant allusion à leurs croyances religieuses et à leur foi robuste, ils se rapprochent, il est vrai, du terroir ambiant. Le sonnet biblique « Le déluge » illustre par exemple cette façon de faire.

LE DÉLUGE

Et Dieu dit, regrettant l'excès de sa bonté :
— La terre que j'ai faite est livrée au désordre ;
Elle ignore mon nom et méprise mon ordre ;
Demain son dernier jour enfin sera compté.

5   Il verse des torrents ; et c'est sa volonté
Que ces eaux de vengeance aillent couvrir ou mordre
Des gorges et des bras que l'horreur fait se tordre…
Mais l'amour ne meurt pas et l'homme est indompté.

Ton œuvre, Dieu puissant, tristement se délabre,
10 Et la terre s'en va, masse mouvante et glabre,
Comme aux jours primitifs de ses sentiers obscurs.

Et, pour mieux outrager ta justice suprême,
Elle porte à son front, comme un fier diadème,
L'horrible enlacement des cadavres impurs.

Adrien Hébert (1890-1967). *Rue Saint-Denis* (1927). Huile sur toile, 190,6 x 138,2 cm. Collection : Musée national des beaux-arts du Québec (1974.239), Québec, Québec.

Mais l'arrivée de l'École littéraire de Montréal fait évoluer le style de Le May, même s'il n'en est pas membre, tout comme celui de plusieurs poètes gravitant près de Québec. On s'intéresse dès lors davantage à une poétique de l'homme, de l'amour et de la mort, à l'instar de ce que fait Nelligan. Certains propos vont même suivre ou précéder certains constats philosophiques ou psychologiques lancés par les penseurs du temps comme Alain, un Français, dans ses *Propos sur le bonheur* : « Il est bon d'avoir un peu de mal à vivre et ne pas suivre une route tout unie. Je plains les rois s'ils n'ont qu'à désirer. »

QUESTIONS DE COMPRÉHENSION ET D'ANALYSE

1. À quelle figure de style correspond « un instant » dans le premier vers ?
2. Y a-t-il des antithèses dans la deuxième strophe ?
3. Dans ce poème dur, quel vers est pourtant teinté d'optimisme ?
4. Quel vocable a les connotations les plus catholiques dans le sonnet ?
5. Quel effet produit le dernier vers du sonnet ?

Dissertation

Est-il vrai que le poème « À mes enfants » revêt une dimension qui le rend intéressant pour les modernes que nous sommes ?

CHAPITRE 3

PUISSANCE ET DÉCLIN DU TERROIR (1850–1945)

Clarence Gagnon (1881-1942). *La Maison jaune* (détail) (1912 ou 1913). Huile sur toile, 54,2 x 73,4 cm. Collection : Musée national des beaux-arts du Québec (1934.147), Québec, Québec.

Le contexte
SOCIOHISTORIQUE (1850-1945)

Entre 1850 et 1900, le Québec traverse une crise économique. Les terres ne suffisent plus à nourrir les gens, la population urbaine double et des centaines de milliers de Canadiens français vont travailler dans des manufactures. Un grand nombre d'entre eux émigrent en Nouvelle-Angleterre, où ils constitueront bientôt 10 % de la population. D'autres partent dans des provinces comme l'Ontario ou le Manitoba, ou à Montréal. L'exode est tel que des rangs entiers se vident et que des paroisses ferment.

Cette migration se produit malgré les efforts du clergé, qui, depuis l'échec de la Rébellion de 1837, fait la promotion d'un nationalisme de survivance fondé sur des valeurs traditionnelles. Loyal aux autorités britanniques et allié de l'État, le clergé considère que, dans un environnement anglo-saxon, la survie de la nation canadienne-française passe par le repli sur soi, l'usage de la langue française, la pratique de la religion catholique et le travail de la terre.

Dans cet esprit, l'Église et l'État encouragent, à partir des années 1850, la colonisation de régions nouvelles comme moyen d'endiguer l'émigration. Il en va de la protection des valeurs traditionnelles contre la modernité et la société industrielle. Un personnage comme le curé Antoine Labelle, le « curé légendaire[1] » de Saint-Jérôme, milite avec énergie en faveur de la colonisation du Nord. Mais les nouvelles terres sont souvent impropres à l'agriculture et, pour les Canadiens français, l'attrait des manufactures et de la ville reste puissant. En 1922, pour la première fois, une majorité de Canadiens habite la ville. Cela inquiète les autorités religieuses au plus haut point.

Le mouvement de survivance se heurte aussi aux libéraux, particulièrement aux membres de l'Institut canadien de Montréal. Là se rassemblent les Rouges, qui prônent des idées républicaines et anticléricales, favorables à la séparation de l'Église et de l'État, au suffrage universel, à l'annexion de la province aux États-Unis et à l'abolition du régime seigneurial ou de la dîme.

Fondé en 1844, l'Institut possède une bibliothèque de 8 000 volumes contenant des titres condamnés par la Congrégation de l'Index du Vatican. Monseigneur Ignace Bourget, évêque de Montréal, interdit aux catholiques d'en être membres. Puis survient l'affaire Guibord, du nom d'un membre de l'Institut qui meurt en 1869 et à qui on refuse l'inhumation dans un cimetière catholique parce qu'il est membre de l'Institut. Au bout de cinq ans, après une série d'appels judiciaires, la dépouille de Joseph Guibord passe d'une terre protestante à une terre catholique sous escorte policière, car les catholiques s'y opposent. Mais Bourget a le dernier mot : il déconsacre le lot où Guibord est inhumé. L'Institut canadien de Montréal ne survivra pas. Lorsque s'amorce la période 1900-1945, un conflit ouvert entre catholicisme et libéralisme perdure depuis un demi-siècle.

De 1900 à 1945, le Québec vit des moments difficiles, en particulier après la crise économique de 1929. L'effondrement de l'économie mondiale plonge le Canada dans dix ans de marasme. En 1933, un Canadien sur quatre est sans emploi et dépend de la charité publique. Ceux qui travaillent encore doivent accepter des salaires réduits. Parmi les mesures adoptées, citons les travaux publics qui donnent du travail aux chômeurs pour un salaire presque symbolique, et les coupons de rationnement qu'on échange contre les denrées de première nécessité. La crise amène à redéfinir le rôle de l'État, celui-ci mettant en place des mesures sociales : au Québec, on adopte la loi des

Ghitta Caiserman (1923-2005). *Grève* (1947). Gouache sur carton, 21 x 37,7 cm. Collection : Musée national des beaux-arts du Québec (1990.51), Québec, Québec.

pensions de vieillesse en 1936 ; à Ottawa, on crée l'assurance-chômage en 1940.

Les gens sont en général pauvres et peu instruits. Souvent, le seul livre qu'on trouve dans les maisons est *L'almanach du peuple Beauchemin,* publié une fois l'an depuis 1869. Dans l'édition de 1934, qui compte 480 pages et se vend 25 sous, on trouve des centaines de publicités, dont celle qui vante la bière Molson, avec ce slogan : « La bière que votre arrière-grand-père buvait. » Suivent des informations sur divers sujets, allant des prévisions météorologiques jusqu'aux photos et aux biographies des personnalités disparues ou occupant un poste dans la hiérarchie religieuse ou gouvernementale.

Si l'almanach qui traîne dans la cuisine révèle le peu de culture livresque de la population en général, on peut néanmoins trouver des personnes instruites, voire érudites. C'est notamment le cas des religieux. De nombreux ecclésiastiques prennent effectivement la plume et deviennent auteurs de contes et de récits, avec des résultats qui vont du meilleur au pire.

Parmi les meilleurs, on trouve le chanoine Lionel Groulx (1878-1967) et le frère Marie-Victorin (1885-1944), tandis que Mgr Arsène Goyette (1881-1969) – alias Esdras du Terroir – sera un exemple de religieux-écrivain produisant des contes ou des romans de qualité nettement moindre. On le constatera en lisant *Un jeune millionnaire et son projet* ou *Les jeudis fleuris de mon curé.* Des titres comme « Mon église est déserte », « Comment les sœurs sont enterrées », « J'ai connu un saint », « Quand j'ai vu le Pape » ou « Ce que j'ai vu sur le Calvaire » montrent la couleur de ses textes.

1. Élie-Joseph AUCLAIR. *Le curé Labelle. Sa vie et son œuvre.* Montréal, Beauchemin, 1930, p. 216.

La période 1850-1945 est composée de deux courants littéraires majeurs qui recoupent la presque totalité des textes alors produits au Québec :

- le terroir ;
- les artistes ou l'anti-terroir.

LE TERROIR
en théorie

ORIGINES

Le régionalisme est un courant littéraire répandu en Europe et en Amérique du Nord qui s'attache aux détails et aux caractéristiques d'une région en particulier. Il apparaît au début du XIXe siècle, mais existe toujours en France, où l'on parle aussi de littérature de terroir. Cette littérature du terroir est donc la digne héritière des grandes traditions romanesques du XIXe siècle, avec des auteurs comme George Sand. Elle donne un

siècle plus tard des écrivains comme Jean Giono, chantre de la Provence. Il ne s'agit toutefois nullement d'une littérature axée seulement sur les vieilles fermes et les anciens métiers. Ces œuvres explorent en effet bien souvent l'histoire par le romanesque et constituent pour certaines de véritables reportages ethnographiques.

DÉFINITION

L'idéologie du terroir prend davantage sa source dans le Québec rural, patriarcal et ancestral que dans les influences européennes. Elle mène à une littérature défendant l'agriculture comme la seule et unique voie de l'avenir, en plus de reposer sur des valeurs reliées à la famille, à la langue et à la religion. Les œuvres ont ainsi pour but de promouvoir la vie paysanne et l'agriculture en pleine période d'industrialisation débutante. Le clergé et l'État encouragent fortement cette idéalisation de la vie terrienne. Il s'agit de miser sur la continuité, les traditions et la transmission des valeurs. On espère aussi endiguer l'exode rural des Canadiens français vers des villes comme Montréal, les autres provinces ou les usines de textile en Nouvelle-Angleterre.

Adrien Hébert (1890-1967). *Sans titre* (1909).
Collection particulière.

THÈMES

Parmi les thèmes de la littérature du terroir, on trouve principalement la nature, le sol, les ancêtres, le passé, la nation, la langue, les traditions, la famille, la paroisse et le travail. Il y en a d'autres, bien sûr, mais tout se situe au fond dans le traitement qu'en fait le terroir. Ainsi, pour la langue, elle constitue un facteur d'identité du Canadien français, mais un apôtre du terroir comme l'écrivain Adjutor Rivard (1868-1945) va plus loin. Dans son recueil de mœurs canadiennes *Chez nous*, en 1914, il note : « La langue qu'on parle autour du poêle n'a rien du parler mièvre ou corrompu des villes ; c'est la langue rude et franche, héritée des ancêtres, et dont les mots ne sont guère que du sens. » La ville et ce qui s'y rattache sont clairement diabolisés.

GENRES

- **LE ROMAN :** Patrice Lacombe, Pierre-Joseph-Olivier Chauveau, Antoine Gérin-Lajoie, Louis Hémon, Germaine Guèvremont, Claude-Henri Grignon, Ringuet, Félix-Antoine Savard…
- **LA POÉSIE :** Englebert Gallèze (Lionel Léveillé), Blanche Lamontagne, Jean Narrache (Émile Coderre), Alfred DesRochers…
- **LE RÉCIT :** Lionel Groulx, Marie-Victorin, Esdras du Terroir (Mgr Arsène Goyette)…

EXEMPLE

Claude-Henri Grignon
UN HOMME ET SON PÉCHÉ (EXTRAIT)

Tous les samedis, vers les dix heures du matin, la femme à Séraphin Poudrier lavait le plancher de la cuisine, dans le bas côté. On pouvait la voir à genoux, pieds nus, vêtue d'une jupe de laine grise, d'une blouse usée jusqu'à la corde, la figure ruisselante de sueurs, où restaient collées des mèches de cheveux noirs. Elle frottait, la
5   pauvre femme, elle raclait, apportant à cette besogne l'ardeur de ses vingt ans.

D'un geste vif, précis, elle répandait sur le plancher des poignées de sable blanc et, à l'aide d'un bouchon de paille ou de pesat qu'elle trempait dans un seau d'eau, elle frottait d'une main vigoureuse jusqu'à ce que le plancher devînt jaune comme de l'or.

COMMENTAIRE   Ces deux premiers paragraphes du roman *Un homme et son péché* constituent déjà un programme. Parle-t-on de la femme *à* Séraphin ? On sent que la langue sera populaire et d'ici. Donalda est-elle à genoux ? On songe tout de suite à la soumission et à Dieu et à son époux. Porte-t-elle une blouse usée à la corde ? On devine la pauvreté qui l'étreindra. Est-elle ruisselante de sueurs ? C'est le travail acharné qui s'impose tout naturellement. Se sert-elle de paille ou de pesat (tige sèche des pois) pour nettoyer ? On comprend que ses moyens sont rudimentaires. Mais dès l'instant où il est dit qu'elle doit frotter jusqu'à ce que le plancher devienne «jaune comme de l'or», on saisit que la suite est tracée. Cette paysanne, «fraîche comme un pommier en fleurs», partage la vie d'un avare sans scrupules qui prête à taux usuraire aux pauvres de sa paroisse, Sainte-Adèle, là où mènent son rang et toutes les routes du monde.

LES ARTISTES OU L'ANTI-TERROIR
en théorie

ORIGINES

Si le terroir dure 100 ans, le début du XXe siècle voit éclater un conflit entre les régionalistes et les «exotiques» qui explose en 1919. Sous le pseudonyme de «Turc», Victor Barbeau (1896-1994) attaque «les pontifes de l'heure des vaches» et leurs œuvres. L'année d'avant, la revue *Le Nigog* avait ouvert la voie à la contestation. Son but était «d'éveiller la curiosité des Canadiens français à la littérature et à l'art contemporain», proclamant la primauté de la forme sur le sujet. La publication disparaît aussi vite qu'elle est arrivée. Plusieurs de ses artisans quittent le Québec pour la France. Ils étouffent. Ils sont aussi attirés par des villes comme Paris. «Les plus grands artistes de France comptent parmi les plus grands exotiques du monde», écrit Barbeau.

DÉFINITION

Le mouvement des artistes ou de l'anti-terroir se définit de deux façons. Dans un premier temps, on peut en parler comme d'un courant où l'œuvre d'art doit être libre et se suffire à elle-même. C'est la recherche du changement par rapport au statu quo, de la créativité par rapport à la tradition, de l'ouverture par rapport au repli. Dans un second temps, c'est aussi l'inverse du terroir, en ce sens qu'on y reprend les mêmes sujets, mais en les traitant différemment. On y présentera par exemple un portrait négatif des cultivateurs et une dénonciation de la mainmise de l'Église sur leur conscience. Tel est le cas dans *La Scouine*, d'Albert Laberge, que le clergé condamne sévèrement, lui qui ne tolère aucune contestation de qui que ce soit.

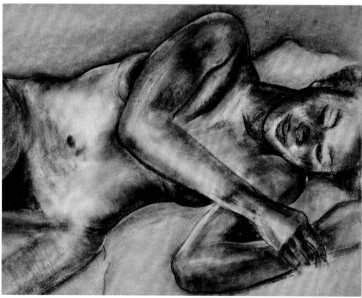

Louis Muhlstock (1904-2001). *Nu féminin couché* (1940). Fusain, craie sépia, encre et lavis sur papier, 50,8 x 65 cm. Collection: Musée national des beaux-arts du Québec (1990.11), Québec, Québec.

THÈMES

Dans le sillage de ce qui précède, les thèmes de la littérature de l'anti-terroir pourraient se répartir de deux manières. On trouve d'abord l'exotisme, l'universel, les voyages, l'art, la culture, l'esthétique, l'étranger, la différence, la femme et l'érotisme, pour citer quelques exemples, dans une langue qui n'hésitera pas à innover et à sortir des sentiers battus pour obtenir précision ou effets. Bref, le contraste est alors immense avec le terroir. Bien sûr, les thèmes de celui-ci demeurent souvent encore présents dans certaines œuvres, mais leur traitement est maintenant à l'opposé. Tout ce qui est agriculture, terre, paroisse, clergé, religion et labeur est associé à l'échec, à la misère, au malheur, au désespoir. Ce n'est pas un virage : c'est un demi-tour complet.

GENRES

- **LE ROMAN :** Albert Laberge, Rodolphe Girard, Jean-Charles Harvey…
- **LA POÉSIE :** Guy Delahaye, Paul Morin, Jean-Aubert Loranger, Alain Grandbois, Robert Choquette, Rina Lasnier, Saint-Denys Garneau…
- **L'ESSAI :** Arthur Buies, Olivar Asselin, Jules Fournier…

EXEMPLE

Paul Morin
ISPAHAN

> Dois-je mourir sans voir Ispahan ?
> Sans cueillir sous l'escorte d'un paon
> Le lourd velours des roses de Perse ?
>
> Comme un calife, comme un vizir,
> 5   Las des parfums que le vent disperse
> En une odorante et chaude averse,
>
> Connaîtrai-je l'ingénu désir
> Des doux bras, cerclés d'or et de jade,
> D'une enfantine Schéhérazade ?

COMMENTAIRE Première partie d'un poème en quatre temps intitulé « Quatre villes d'Orient », ce passage porte le nom d'une ville d'Iran qui était la capitale de l'empire perse il y a des siècles. On est donc bien loin du Québec dans la distance et dans le temps, d'autant qu'on y perçoit le raffinement d'une civilisation exotique et riche. Paon, calife, vizir, parfum, or, jade, voilà autant d'éléments transportant le lecteur dans un univers diamétralement opposé au terroir. C'est l'Orient qui se pointe pour la première fois chez nous. L'exploration des lointains : voilà ce qui passionne Paul Morin (1889-1963). La présence du personnage de fiction et conteuse du livre des *Mille et une nuits*, Schéhérazade, montre une ouverture sur la littérature étrangère. Mais cette ouverture, on le voit, passe clairement par l'appel des sens, par l'amour, par la femme, par l'érotisme, autant de thèmes qui ne résistent pas ici aux ciseaux des censeurs. Ce qui émerge, dans ce genre de poème, c'est en vérité une découverte de la sensualité, celle de la femme, certes, mais plus généralement, celle de la vie.

Louis Hémon (1880-1913)
MARIA CHAPDELAINE (1914)

Au début des années 1900, le discours de la survivance traverse des œuvres littéraires qui mettent en valeur le terroir et les valeurs traditionnelles. «Là où peut-être la vie littéraire du Canada se manifeste avec le plus d'originalité, c'est dans les œuvres inspirées du terroir[1]», observe le chanoine Émile Chartier (1876-1963) en 1933.

Le roman de la terre le plus célèbre à l'époque est *Maria Chapdelaine*, écrit par le Français Louis Hémon (1880-1913), qui meurt un an avant que son livre ne soit publié. La critique française parle de chef-d'œuvre, et l'ouvrage est traduit dans une vingtaine de langues. La survivance a trouvé son symbole.

Cette histoire, où sont confrontés l'habitant et le coureur des bois — les deux grands types de Canadiens français —, témoigne de l'existence misérable de colons dans la région de Péribonka. Le livre montre aussi les choix difficiles qu'ils ont à faire, notamment préserver les us et coutumes de leurs ancêtres ou partir.

«C'est l'éternel malentendu des deux races: les pionniers et les sédentaires[2].» Des voix s'élèvent intérieurement, dont la voix du pays, laquelle guide le personnage de Maria.

EXTRAIT   *MARIA CHAPDELAINE*

Alors une troisième voix plus grande que les autres s'éleva dans le silence: la voix du pays de Québec, qui était à moitié un chant de femme et à moitié un sermon de prêtre.

5   Elle vint comme un son de cloche, comme la clameur auguste des orgues dans les églises, comme une complainte naïve et comme le cri perçant et prolongé par lequel les bûcherons s'appellent dans les bois. Car en vérité tout ce qui fait l'âme de la province tenait dans cette voix: la solennité chère du vieux culte, la douceur de la vieille langue jalousement gardée, la splendeur et la force barbare du pays neuf où une racine ancienne a retrouvé son adolescence.

10   Elle disait:

«Nous sommes venus il y a trois cents ans, et nous sommes restés... Ceux qui nous ont menés ici pourraient revenir parmi nous sans amertume et sans chagrin, car s'il est vrai que nous n'ayons guère appris, assurément nous n'avons rien oublié.

«Nous avions apporté d'outre-mer nos prières et nos chansons: elles sont toujours
15   les mêmes. Nous avions apporté dans nos poitrines le cœur des hommes de notre pays, vaillant et vif, aussi prompt à la pitié qu'au rire, le cœur le plus humain de tous les cœurs humains: il n'a pas changé. Nous avons marqué un pan du continent nouveau, de Gaspé à Montréal, de Saint-Jean-d'Iberville à l'Ungava, en disant: ici toutes les choses que nous avons apportées avec nous, notre culte, notre langue,

20 nos vertus et jusqu'à nos faiblesses deviennent des choses sacrées, intangibles et
    qui devront demeurer jusqu'à la fin.

    «Autour de nous des étrangers sont venus, qu'il nous plaît d'appeler les barbares ;
    ils ont pris presque tout le pouvoir ; ils ont acquis presque tout l'argent ; mais au pays
    de Québec rien n'a changé. Rien ne changera, parce que nous sommes un témoi-
25 gnage. De nous-mêmes et de nos destinées, nous n'avons compris clairement que
    ce devoir-là : persister... nous maintenir... Et nous nous sommes maintenus, peut-
    être afin que dans plusieurs siècles encore le monde se tourne vers nous et dise : Ces
    gens sont d'une race qui ne sait pas mourir... Nous sommes un témoignage.

    «C'est pourquoi il faut rester dans la province où nos pères sont restés, et vivre
30 comme ils ont vécu, pour obéir au commandement inexprimé qui s'est formé
    dans leurs cœurs, qui a passé dans les nôtres et que nous devrons transmettre à
    notre tour à de nombreux enfants : Au pays de Québec, rien ne doit mourir et rien
    ne doit changer... »

POUR ÉCLAIRER cet extrait

Maria Chapdelaine est une bonne description de la vie difficile des colons canadiens-français vers les années 1910. Mais le roman de Louis Hémon est vite récupéré pour servir de symbole au terroir et à la cause de la survivance nationale. Cela tient surtout aux trois voix qui résonnent dans la conscience de la jeune fille, Maria, obligée de choisir un mari entre autant de prétendants qui représentent chacun un courant idéologique de sa société. Ces voix sont celle de la nature, celle de ses ancêtres et celle du Québec, lequel est à moitié «chant de femme» et à moitié «sermon de prêtre». Les voix lui font comprendre l'importance de transmettre l'héritage, de prendre le relais de ses ancêtres, eux qui ont construit à force de volonté et de courage ce pays dans une nature exigeante en résistant aux envahisseurs. Le livre sera vendu à plus de dix millions d'exemplaires.

QUESTIONS DE COMPRÉHENSION ET D'ANALYSE

1. Quelles expressions font sentir la présence de la religion catholique ?
2. Quel thème propre au terroir demeure probablement le plus présent ici ?
3. Qui représente donc le «nous» présent dans l'extrait ?
4. Cette voix du pays de Québec affirme-t-elle que nous formons un peuple parfait ?
5. La fin de ce passage constitue-t-elle une possibilité réaliste ?

Dissertation

Cet extrait de *Maria Chapdelaine* est-il seulement tourné vers le passé ?

1. SŒURS DE SAINTE-ANNE, *Précis d'histoire des littératures française, canadienne-française, étrangères et anciennes*, Lachine, Procure des Missions des Sœurs de Sainte-Anne, 1933, p. 321.
2. Louis HÉMON, *Maria Chapdelaine*, Paris, Bernard Grasset, «Le livre de poche», 1954, p. 47.

Germaine Guèvremont (1893-1968)
LE SURVENANT (1945)

Les romans *Un homme et son péché*, de Claude-Henri Grignon (1894-1976), *Menaud, maître-draveur*, de Félix-Antoine Savard (1896-1982), et *Trente arpents*, de Ringuet (1895-1960), font honneur au terroir et méritent aussi d'être lus. Le premier devient le plus écouté des radioromans qui suivront, avec ses personnages extraordinaires comme Séraphin Poudrier et sa femme Donalda, avant de donner naissance à trois longs métrages et à deux téléromans, dont un marque la télévision d'ici : *Les belles histoires des pays d'en haut* (repris en 2016).

De l'avis de plusieurs, *Le Survenant*, de Germaine Guèvremont (1893-1968), serait supérieur aux titres cités précédemment. Un soir d'automne, au Chenal-du-Moine, dans la belle région de Sorel, un inconnu frappe à la porte des Beauchemin, des cultivateurs. Le père Didace lui offre à souper. Le «Grand-dieu-des-routes» devient ensuite l'«homme engagé», c'est-à-dire qu'on lui offre l'hospitalité en échange de son travail. Il bouleverse la routine de ce petit coin du monde figé dans ses habitudes, en plus d'attirer l'attention des filles, dont celle d'Angélina Desmarais, la voisine qui boite.

«L'infirme pensa : une telle main est un bienfait à qui la possède et une protection pour la femme qui y enfermera sa main. Quelqu'un passa la porte et la lumière de la lampe vacilla. Devant l'or roux que la lueur alluma un instant au duvet des cinq doigts larges ouverts, elle trouva que la main du Survenant ressemblait à une étoile[1] ! »

Cette dose massive de rêve, d'ailleurs et d'exotisme injectée par ce bel inconnu annonce la fin du terroir. Après *Le Survenant*, rien ne sera plus comme avant. Car cet étranger est, à n'en pas douter, un personnage résolument déstabilisant et moderne annonçant des changements de société.

EXTRAIT **LE SURVENANT**

Venant s'indigna :

— Des maldisances, tout ça, rien que des maldisances ! Comme de raison une étrangère, c'est une méchante : elle est pas du pays.

Soudainement il sentit le besoin de détacher sa chaise du rond familial. Pendant un
5 an il avait pu partager leur vie, mais il n'était pas des leurs ; il ne le serait jamais. Même sa voix changea, plus grave, comme plus distante, quand il commença :

— Vous autres...

Dans un remuement de pieds, les chaises se détassèrent. De soi par la force des choses, l'anneau se déjoignait.

10 — Vous autres, vous savez pas ce que c'est d'aimer à voir du pays, de se lever avec le jour, un beau matin, pour filer fin seul, le pas léger, le cœur allège, tout son avoir sur le dos. Non ! vous aimez mieux piétonner toujours à la même place, pliés en deux sur vos terres de petite grandeur, plates et cordées comme des mouchoirs de poche. Sainte bénite, vous aurez donc jamais rien vu, de votre vivant ! Si un oiseau

15 un peu dépareillé vient à passer, vous restez en extase devant, des années de temps. Vous parlez encore du bucéphale, oui, le plongeux à grosse tête, là, que le père Didace a tué il y a autour de deux ans. Quoi c'est que ça serait si vous voyiez s'avancer devers vous, par troupeaux de milliers, les oies sauvages, blanches et frivolantes comme une neige de bourrasque ? Quand elles voyagent sur neuf milles de longueur

20 formant une belle anse sur le bleu du firmament, et qu'une d'elles, de dix, onze livres, épaisse de flanc, s'en détache et tombe comme une roche ? Ça c'est un vrai coup de fusil ! Si vous saviez ce que c'est de voir du pays...

Les mots titubaient sur ses lèvres. Il était ivre, ivre de distances, ivre de départ. Une fois de plus, l'inlassable pèlerin voyait rutiler dans la coupe d'or le vin illusoire de la

25 route, des grands espaces, des horizons, des lointains inconnus.

Comme son regard, tout le temps qu'il parlait, tendait uniquement vers la porte, chacun, à son exemple, porta la vue dessus.

POUR ÉCLAIRER cet extrait

Le roman Le Survenant fascine pour plusieurs raisons, dont le fait que, tout en incarnant le terroir, il en marque aussi la fin. L'arrivée de l'étranger dans un Chenal-du-Moine replié sur lui-même laisse entrevoir une société qui s'apprête à changer du tout au tout. « Plus qu'un homme, le Survenant est l'île de nostalgie, de déraison, d'inaccessible, d'inavouable — et pourtant d'humain — que chacun porte en soi. L'île perdue », note Germaine Guèvremont.

En d'autres termes, voici l'Autre, l'inconnu, la différence, qui oblige tout un chacun à se remettre en question, et personne n'en sortira indemne. Tel est le cas de tous ces hommes ébranlés dans les certitudes de leur existence routinière typique du terroir ; mais tel est aussi le cas de toutes ces jeunes femmes qui, subjuguées, envoûtées, se métamorphosent au point d'en tomber éperdument amoureuses.

QUESTIONS DE COMPRÉHENSION ET D'ANALYSE

1. Par quel geste symbolique s'ouvre cette scène ?
2. Peut-on sentir la présence des deux grands types de Canadiens français, l'habitant et le coureur des bois, dans cet extrait ?
3. Pourquoi le dialogue apparaît-il si crédible et naturel ?
4. Quel est l'apport des figures de style dans le discours du Survenant ?
5. Quel dénouement laisse présager la toute dernière portion de ce passage ?

Dissertation

Peut-on dire que cet extrait du Survenant marque un fort attachement au pays en même temps que le goût d'en sortir ?

---

1. Germaine GUÈVREMONT, Le Survenant, Montréal, Bibliothèque québécoise, 1990, p. 190.

Marie-Victorin (1885-1944)
RÉCITS LAURENTIENS (1919)

L'abbé Lionel Groulx (1878-1967) est l'un de ces religieux savants qui s'illustrent en littérature. Historien important tant par l'ampleur de sa vision que par l'influence de sa pensée, il enseigne à l'Université de Montréal et produit une œuvre considérable. Pour lui, l'histoire doit être une discipline dynamique qui restitue la vie. Ses romans, comme *L'appel de la race*, et ses récits, comme *Les rapaillages*, révèlent un écrivain engagé dans la cause des Canadiens français. Il y intègre la langue de nos ancêtres. Ses *Rapaillages* débutent ainsi: «Voici des croquis et des souvenirs que j'ai rapaillés le long des routes de chez nous[1].» C'est le terroir.

L'œuvre du frère Marie-Victorin (1885-1944) est aussi impressionnante. Enseignant et membre des Frères des écoles chrétiennes, il aborde sa carrière auprès des jeunes avec enthousiasme, comme il l'écrit dans son journal. Docteur ès sciences de l'Université de Montréal, fondateur du Jardin botanique de Montréal, membre d'associations savantes et lauréat de multiples prix pour sa *Flore laurentienne*, 917 pages de descriptions accompagnées de 2 800 illustrations qui font encore autorité aujourd'hui, il s'essaie à l'occasion aux contes et aux récits avec un réel bonheur. Ses *Récits laurentiens* et ses *Croquis laurentiens* sont sans conteste les recueils d'un authentique écrivain.

EXTRAIT   *LA CORVÉE DES HAMEL*

Vers quatre heures, au moment où un nuage blanc lamé d'or passait sur le soleil, faisant taire le gazouillis dans la cime de l'orme, on entendit un craquement sourd. Le cercle des curieux s'élargit précipitamment. Au bas, Siméon avait saisi la hache, et, fébrile, portait les derniers coups. L'immense amas de verdure s'inclina dans le
5 ciel, lentement d'abord; puis la chute s'accéléra et celui que les ouragans des siècles n'avaient pas ébranlé s'abattit sur le chemin et dans le champ voisin, s'y écrasa avec un bruit de tempête fait du bris des branches, du choc menu des millions de feuilles, de cris et de battement d'ailes.

Il y eut cette minute de stupeur et de silence recueilli que provoque toujours le
10 spectacle de la grandeur tombée, puis l'on se mit à l'œuvre pour débarrasser la route. On accepta les services des voisins. Les Hamel se répandirent dans la ramure et la besogne de mort continua, acharnée. À mesure que l'ébranchage avançait, le cadavre de l'arbre devenait hideux; dépouillées de leurs feuilles, les branches amputées dressaient contre le ciel mauve d'énormes gestes de menace.

15 Le soir tombait et on alla souper. Marie alluma la lampe, et comme la route ne pouvait rester barrée pour le lendemain, jour de marché, les hommes prirent des fanaux et retournèrent à l'ouvrage. Dans la nuit qui montait sans lune et étreignait toutes choses, le bruit des haches, le grincement des *godendards* s'attaquant au tronc, le pas saccadé des chevaux tirant à la chaîne les énormes billes, les petites flammes

20 | qui couraient dans l'arbre, cette hâte, cet acharnement contre une chose morte et tombée, tout cela avait l'air d'un crime!...

· · ·

Un mois après, le curé de L'Ancienne-Lorette recommanda aux prières de ses paroissiens l'âme de Siméon Hamel, décédé à l'âge de soixante-dix ans. Marie le suivit de près. Ils dorment maintenant tous deux à côté des ancêtres, à l'ombre de l'église,
25 | tout au bord de l'*écorre* de la rivière. En vérité, l'homme et l'arbre avaient des racines communes dans la terre des Hamel!

Les humbles qui vivent tout près de la terre et n'écrivent pas retournent à elle tout entiers. Le peu qui reste d'eux tient à la maison qu'ils ont bâtie, aux choses qu'ils ont touchées, aux sillons qui leur ont donné le pain, aux arbres qui leur ont donné
30 | l'ombrage. Aussi la disparition de l'orme a-t-elle consacré l'oubli de tous les Hamel d'autrefois. Cependant, les jours de marché, quand les maraîchers de Saint-Augustin et de Bel-Air passent au petit jour, enveloppés dans leurs *capots* gris, ils montrent à leurs enfants, du bout de leur fouet, ce qui reste de l'orme des Hamel.

POUR ÉCLAIRER cet extrait

Dans «La corvée des Hamel», le narrateur raconte l'histoire de son grand-oncle, Siméon Hamel, cultivateur de L'Ancienne-Lorette. Un soir, Siméon reçoit la visite de Charles Paradis, son voisin, qui lui demande de couper son orme avant qu'il n'arrive un accident. L'arbre, bien des fois centenaire, fait plus de dix mètres de circonférence «à hauteur d'homme». «Il était gros quand l'homme blanc parut aux rives du Saint-Laurent et les sauvages le disaient habité par un puissant manitou.» Marie, l'épouse de Siméon, écrit une lettre aux autres Hamel pour les inviter à la corvée. La mort dans l'âme, on se résigne à abattre l'orme. Puis, le jour venu, en plusieurs étapes, haches et godendards s'attaquent au géant. On travaille même la nuit. Mais les dernières lignes du récit, citées ci-dessus, rappellent à quel point l'humain et la nature sont en interrelation dans le terroir.

QUESTIONS DE COMPRÉHENSION ET D'ANALYSE

1. Quel est le sens exact du mot «corvée»?
2. Le sujet de ce texte s'inscrit-il dans la vie de Marie-Victorin?
3. Quelle technique emploie l'auteur pour intégrer des québécismes dans son récit?
4. Quels thèmes du terroir ressortent dans l'extrait?
5. Quelle est la figure de style qui domine le texte et lui donne une dimension plus tragique?

Dissertation

Est-il permis de soutenir que «La corvée des Hamel» illustre le côté indissociable du couple formé par la vie et la mort?

---

1. Lionel GROULX, *Les rapaillages*, Montréal, Éditions de L'Action canadienne-française, 1916, p. 7.

Des recueils de poèmes célèbres

Jean Narrache (1893-1970)
QUAND J'PARL' TOUT SEUL (1932)

La poésie du terroir est simple et prenante. Les auteurs de cette période sont cependant plus ou moins oubliés aujourd'hui. Le nom de Blanche Lamontagne (1889-1958), née aux Escoumins, mérite malgré tout d'être mentionné. Même si on ne la lit presque plus, cette auteure décrit avec finesse la vie rurale de ses compatriotes. Mais c'est Alfred DesRochers (1901-1978) qui reste le plus connu des poètes de cette période.

Père de Clémence (1933-) et «notre ancêtre en poésie», selon Gaston Miron (1928-1996), DesRochers a une tête inoubliable qui ne nuit pas à sa popularité, surtout à la fin de sa vie. En Estrie, un mont, une salle et un prix littéraire perpétuent son nom et sa mémoire, et le recueil *À l'ombre de l'Orford* lui vaut un peu cette notoriété. En voici le début:

Je suis un fils déchu de race surhumaine,
Race de violents, de forts, de hasardeux,
Et j'ai le mal du pays neuf, que je tiens d'eux,
Quand viennent les jours gris que septembre ramène[1].

Émile Coderre (1893-1970), alias Jean Narrache, est pharmacien — longtemps secrétaire du Collège des pharmaciens du Québec — et publicitaire. Sa seule publication sous son vrai nom est *Les signes sur le sable*, recueil de poèmes qu'il a écrits alors qu'il fréquentait l'École littéraire de Montréal. Mais c'est en se lançant dans la poésie populaire qu'il obtient un vif succès.

En collaborant à des revues, à des journaux et à des émissions de radio, toujours sous le pseudonyme de Jean Narrache, il obtient la faveur des gens dits ordinaires, surtout dans les années 1930, alors que la pauvreté cause d'énormes ravages à la suite de la Crise. Ses thèmes sont toujours simples et son langage colle au «parler des habitants». Et, avec lui, les politiciens, les riches et les puissants se font tancer vertement. Mais, dans ses recueils, il n'y a aucune haine, aucune agressivité, plutôt un esprit de satire et une ironie mordante. À travers lui, les pauvres, les ouvriers et les exploités vivent une revanche. L'humour est décapant. Il sert à compenser. C'est à prendre ou à laisser.

POÈME   *LE JEU DE GOLF*

Paraît qu'les homm's d'affair's d'la Haute
Quand i' sont tannés de s'mentir
Pis d'tripoter l'argent des autres
Vont jouer au golf pour s'divertir.

5   L'golf, c'est l'jeu d'l'aristocratie,
Des commis d'bar, des députés;
C'est l'pass'-temps d'la diplomatie
Quand i' se r'posent de s'disputer.

Ça s'joue avec des cann's, des boules,
10   Des sacr's et pis d'la bonn' boisson,
Quand la boul' march', pis qu'le «scotch» coule,
Y sont heureux, comm' de raison.

Y fess'nt la boule à grands coups d'canne
Tant qu'a tomb' pas au fond d'un trou.
15 Quand ça va mal ben i' s'chicanent,
Quand ça va ben, i' prenn'nt un «coup».

C'est drôl' p'têt' ben, mais j'trouv' qu'ça r'ressemble
Au jeu qu'i' jouent à tous les jours ;
Pour blaguer l'monde, i' s'mett'nt ensemble.
20 Pis i' fess'nt dessus chacun leur tour.

Les pauverr' yâb's, on est les boules
Que ces messieurs fess'nt à grands coups
Y sont contents quand i' nous roulent
Pi' qu'i' nous voient tomber dans l'trou.

▌ **POUR ÉCLAIRER** ce texte

Surnommé «le poète des gueux», Jean Narrache se rattache davantage au réalisme qu'au terroir. Son univers est en effet urbain, puisqu'il décrit les pauvres et les misères de la ville avec un humour et un vocabulaire qui frappent ses compatriotes. Il prend ouvertement parti pour les démunis, les non-instruits, les solitaires ainsi que ceux qui sont exploités par les puissants, les Anglais et le clergé. La crise économique des années 1930 a frappé très dure-ment les Canadiens français. Ils ne s'en sortiront que lors de la Seconde Guerre mondiale. Sa langue est orale, ce qui lui vaut beaucoup de succès à la radio, mais elle est plus subtile qu'on ne pourrait le penser, jouant presque toujours sur deux tableaux. Pas de vulgarité ni d'acrimonie dans son œuvre poétique destinée au peuple : tous ses messages sont enro-bés d'une bonne humeur à la fois communicative et sans la moindre prétention.

▌ QUESTIONS DE COMPRÉHENSION ET D'ANALYSE

1. Le sujet donnant le titre à ce poème est-il courant en poésie ?
2. Qu'est-ce qu'évoquent, dès le départ, ces mots du premier vers : «Paraît qu'» ?
3. Bien que ce poème soit simple, montrer que son style est travaillé.
4. Qui sont les «pauverr' yâb's» du vers 21 ?
5. Jean Narrache manie la satire et l'ironie, est-il écrit avant le poème. Ce texte-ci est-il plutôt satirique ou plutôt ironique ?

Dissertation
Peut-on croire que «Le jeu de golf» n'aurait vraiment pas eu le même impact s'il avait été écrit en français standard ?

---

1. Alfred DESROCHERS, *Œuvres poétiques*, Montréal, Fides, «Nénuphar», 1977, Tome I, p. 77.

DES RECUEILS DE POÈMES CÉLÈBRES

Alain Grandbois (1900-1975)
LES ÎLES DE LA NUIT (1944)

En réaction au courant du terroir émerge un mouvement animé par ceux qu'on appelle parfois les poètes de l'anti-terroir, dont font partie notamment Guy Delahaye (1888-1969), Paul Morin (1889-1963) et Robert Choquette (1905-1991). Ces artistes refusent le cadre imposé par le discours de la survivance. Influencés par l'école parnassienne, en Europe, qui prônait l'art pour l'art, ils se préoccupent surtout de versification et d'impression esthétique.

Si elle attire, il est vrai, peu d'adeptes, cette recherche plastique donne néanmoins quelques beaux fruits, tels les recueils *Le paon d'émail*, de Morin, et *Metropolitan museum*, de Choquette. Féru de voyages et d'exotisme, Paul Morin écrit par exemple, dans son poème « Pays de l'érable » (titre souvent utilisé par les artisans du terroir) : « Pays de l'érable, / Pays misérable, / Qu'as-tu fait de moi ? [...] Où sont les gondoles / Et les girandoles / Du Rezzonico[1] ? » Parfois même, ses textes se révèlent beaucoup trop osés pour l'époque.

L'écrivain le plus important des artistes de l'anti-terroir demeure cependant Alain Grandbois (1900-1975). Bénéficiaire d'un héritage considérable, il consacre très tôt sa vie aux voyages et à l'écriture. Dévoré par le goût de l'inconnu et « l'ivresse d'être libre », il mène une existence inénarrable. Ses goûts sont éclectiques : il aime à fréquenter des auteurs comme le Français Blaise Cendrars, tout en étant amateur de course automobile. Dans *Né à Québec*, son fascinant premier livre, publié en 1933, Grandbois raconte la vie de l'explorateur Louis Jolliet. C'est cependant sa poésie, profonde et dense, qui lui vaut la gloire. Ses recueils *Les îles de la nuit*, *Rivages de l'homme* et *L'étoile pourpre* influenceront les poètes qui suivront. Si la vie, la mort et l'amour s'y côtoient, il y a, en effet, ouverture sur l'univers.

POÈME   *AVEC TA ROBE...*

Avec ta robe sur le rocher comme une
    aile blanche
Des gouttes au creux de ta main comme
    une blessure fraîche
5 Et toi riant la tête renversée comme un
    enfant seul

Avec tes pieds faibles et nus sur la dure
    force du rocher
Et tes bras qui t'entourent d'éclairs
10 nonchalants
Et ton genou rond comme l'île de mon
    enfance

---

1. Paul MORIN, *Œuvres poétiques*, Ottawa, Fides, « Nénuphar », 1961, p. 15.

Avec tes jeunes seins qu'un chant muet
    soulève pour une vaine allégresse
15 | Et les courbes de ton corps plongeant
    toutes vers ton frêle secret
Et ce pur mystère que ton sang guette
    pour des nuits futures

Ô toi pareille à un rêve déjà perdu
20 | Ô toi pareille à une fiancée déjà morte
Ô toi mortel instant de l'éternel fleuve

Laisse-moi seulement fermer mes yeux
Laisse-moi seulement poser les paumes
    de mes mains sur mes paupières
25 | Laisse-moi ne plus te voir

Pour ne pas voir dans l'épaisseur des ombres
Lentement s'entr'ouvrir et tourner
Les lourdes portes de l'oubli

Ozas Leduc (1864-1955). *Erato (Muse dans la forêt)* (v. 1906). Huile sur carton, 27,9 x 22,9 cm. Musée des beaux-arts du Canada, Ottawa, Ontario.

POUR ÉCLAIRER ce texte

Sans qu'il en soit directement question dans ses poèmes, les nombreux voyages de Grandbois sont sous-jacents à toute sa poésie. Son pays, c'est l'univers. L'ailleurs, l'île, le rivage, la mer, le ciel, le minéral et le végétal y déferleront au milieu de variations atmosphériques allant de la pluie et de l'orage au soleil éclatant de midi. La femme et l'amour occupent toutefois la place centrale dans son œuvre poétique, mais très souvent en lien avec le temps qui passe et est partout. Passé, présent, futur; nuit, jour, aurore; urgence, impermanence, oubli: peu de ses textes échapperont à ces constantes. Son style, lui, est moderne et dense. Il fourmille de figures d'insistance comme la répétition ou l'anaphore, portées par une langue simple mais exacte. Enfin, sa poésie est celle de la solitude, malgré plusieurs préoccupations présentes dans chacune de nos existences.

QUESTIONS DE COMPRÉHENSION ET D'ANALYSE

1. Comment le texte mise-t-il sur les oppositions et les antithèses?
2. Le thème principal est-il typique du courant du terroir?
3. La présence des trois «Ô» renvoie ici à quelle tonalité?
4. Quels sont les sentiments au cœur de la lutte qui se déroule ci-dessus?
5. Quel est le rôle joué par le temps dans les pensées décrites?

Dissertation

Croyez-vous que le poème «Avec ta robe...» renvoie à une vision de la femme alliant tradition et modernité?

Albert Laberge (1871-1960)
LA SCOUINE (1918)

Bien que le terroir prédomine de 1900 à 1945, des signes d'évolution et de changement sont perceptibles dès le début du XXᵉ siècle. De 1903 à 1918, période pendant laquelle paraît dans les périodiques son roman *La Scouine*, Albert Laberge (1871-1960) ne cesse de subir les foudres de Paul Bruchési, l'archevêque de Montréal. En 34 chapitres ou tableaux, *La Scouine* décrit les aspects les plus sombres des mœurs paysannes de l'époque, notamment la misère des familles et l'exploitation des cultivateurs par toute la société, y compris l'Église. Les Deschamps y sont représentés par la Scouine, une jeune femme cruelle, qui doit son sobriquet à son odeur forte. Si une scène de plaisir solitaire vaudra à Laberge de voir son texte qualifié d'«ignoble pornographie», ce sont les passages où il déplore le sort des agriculteurs qui l'emportent sur tout le reste.

Presque en même temps, en 1904, paraît *Marie Calumet*, de Rodolphe Girard (1879-1956), roman également condamné par le même archevêque. «Subversif», «immoral», «bassement naturaliste», «médiocre» et «mal écrit» pour les uns, le livre est perçu par les autres comme «fort innocent» et même un «chef-d'œuvre», constituant «le meilleur roman jamais imprimé au Canada». Intitulé «Ousqu'on va mett' la sainte pisse à Monseigneur?», le dixième chapitre du roman n'aide pas la cause de Girard. La servante, Marie Calumet, après avoir fait le ménage de la chambre d'un évêque en visite, ne sait plus comment disposer du pot de chambre: «De la pisse d'évêque, pensa-t-elle, v'là quelque chose de sacré!» Congédié de *La Presse* à la demande de l'archevêché, Girard est forcé de s'exiler en Ontario. Olivar Asselin (1874-1937), Jules Fournier (1884-1918) et Jean-Charles Harvey (1891-1967) sont aussi de ceux qui osent.

EXTRAIT **LA SCOUINE**

Un homme à barbe inculte, la figure mangée par la petite vérole, fauchait, pieds nus, la maigre récolte. Il portait une chemise de coton et était coiffé d'un méchant chapeau de paille.

5 Les longues journées de labeur et la fatalité l'avaient courbé, et il se déhanchait à chaque effort. Son andain [ligne de foin séché que l'on forme après le fanage et avant le ramassage] fini, il s'arrêta pour aiguiser sa faux et jeta un regard indifférent sur les promeneurs qui passaient. La pierre crissa sinistrement sur l'acier. Dans la main du travailleur, elle voltigeait rapidement d'un côté à l'autre de la lame. Le froid grincement ressemblait à une plainte douloureuse et jamais entendue…

10 C'était la Complainte de la Faux, une chanson qui disait le rude travail de tous les jours, les continuelles privations, les soucis pour conserver la terre ingrate, l'avenir incertain, la vieillesse lamentable, une vie de bête de somme; puis la fin, la mort, pauvre et nu comme en naissant, et le même lot de misères laissé en héritage aux enfants sortis de son sang, qui perpétueront la race des éternels exploités de la glèbe.

15 | La pierre crissa plus douloureusement, et ce fut dans le soir, comme le cri d'une longue agonie.

L'homme se remit à la besogne, se déhanchant davantage.

Des sauterelles aux longues pattes dansaient sur la route, comme pour se moquer des efforts du paysan.

20 | Plus loin, une pièce de sarrasin récolté mettait sur le sol comme une grande nappe rouge, sanglante.

Les feux que les fermiers allumaient régulièrement chaque printemps avant les semailles, et chaque automne après les travaux, avaient laissé çà et là de grandes taches grises semblables à des plaies, et la terre paraissait comme rongée par un 25 | cancer, la lèpre, ou quelque maladie honteuse et implacable.

À de certains endroits, les clôtures avaient été consumées et des pieux calcinés dressaient leur ombre noire dans la plaine, comme une longue procession de moines.

Charlot et la Scouine arrivèrent enfin chez eux, et affamés, ils soupèrent voracement de pain sur et amer, marqué d'une croix.

■ POUR ÉCLAIRER cet extrait

En décrivant un pays «empesté d'une odeur de charogne» et à la puanteur écœurante à tel point que «c'était à croire que la région était devenue un immense charnier, un amoncellement de pourriture», le narrateur du roman s'inscrit dans une dynamique s'opposant à la religion et au terroir. C'est que, aux yeux du clergé, la campagne et l'agriculture correspondent au bonheur. Or, confie le fils de Laberge: «Les descriptions, la peinture de mœurs dans *La Scouine* sont strictement conformes à la réalité. Rien n'est inventé. C'est de cette façon que l'on vivait dans ce temps-là. Mon père n'a fait qu'évoquer ses souvenirs.» Quant à sa vision de Dieu, Laberge lui-même dit: «L'on a empoisonné mon enfance avec la crainte de l'enfer et des châtiments éternels. [...] j'ai renoncé sans regret aux célestes récompenses, aux chimériques paradis.»

QUESTIONS DE COMPRÉHENSION ET D'ANALYSE

1. Quel effet ont les comparaisons qu'on trouve ci-dessus?
2. À quoi ressemblerait le champ lexical de la misère?
3. Comment est évoqué l'avenir?
4. Que symbolisent les «sauterelles aux longues pattes» dansant comme si de rien n'était?
5. Pourquoi l'extrait du roman *La Scouine*, qui évoque pourtant beaucoup la terre, s'éloigne-t-il du courant du terroir?

Dissertation

Est-il possible de dire que l'exagération et la mort planent sur ce passage du roman de Laberge?

Hector de Saint-Denys Garneau (1912-1943)
REGARDS ET JEUX DANS L'ESPACE (1937)

Auteur à 25 ans de *Regards et jeux dans l'espace*, Saint-Denys Garneau crée une œuvre poétique originale. Absence de ponctuation, vocables simples, mais précis, sens du rythme et de l'image, vers aériens et de longueur variable, les caractéristiques de ses poèmes tranchent sur celles qu'on trouve chez les artistes de l'époque. Quant à la nature de sa poésie, il s'agit d'une aventure intérieure, spirituelle et morale liée à des circonstances de sa vie.

Tous s'entendent pour dire que cette lésion au cœur qu'on lui trouve à 16 ans est déterminante dans son cheminement intérieur. L'angoisse s'installe aussitôt, l'angoisse d'un jeune homme exposé trop tôt à l'imminence de sa mort. S'ensuivent des thèmes liés à la progression — l'enfant, l'oiseau, l'eau, l'air et l'arbre, symboles de son espoir dans le mouvement — ainsi qu'à la régression — l'ombre, la maison fermée, la cage, les os et le mur, symboles d'une société fermée.

Hector de Saint-Denys Garneau (1912-1943). *Sans titre* (20ᵉ siècle). Huile sur toile découpée. Collection : Musée d'art de Joliette, Joliette, Québec.

POÈME *CAGE D'OISEAU*

Je suis une cage d'oiseau
Une cage d'os
Avec un oiseau

L'oiseau dans ma cage d'os
5   C'est la mort qui fait son nid

Lorsque rien n'arrive
On entend froisser ses ailes

Et quand on a ri beaucoup
Si l'on cesse tout à coup
10   On l'entend qui roucoule
Au fond
Comme un grelot

C'est un oiseau tenu captif
La mort dans ma cage d'os

15   Voudrait-il pas s'envoler
Est-ce vous qui le retiendrez
Est-ce moi
Qu'est-ce que c'est

Il ne pourra s'en aller
20   Qu'après avoir tout mangé
Mon cœur
La source du sang
Avec la vie dedans

Il aura mon âme au bec.

POUR ÉCLAIRER ce texte

Dans un livre cité en bibliographie, Giselle Huot examine articles et lettres de Saint-Denys Garneau pour en faire ressortir certains passages révélateurs. À propos de sa maladie, il affirme : « Les médecins m'ont découvert une maladie de cœur, une lésion. Cela m'a laissé froid : j'ai toujours éprouvé de l'indifférence pour la façon dont je mourrais… Je me repose activement, en peignant, en écrivant, en lisant. » En rapport avec la compréhension de son œuvre, il explique : « Le "point de vue maladie" est insuffisant. Je l'ai toujours senti et c'est pourquoi je n'ai jamais accordé d'importance à mon état physique. » Sur la mort, il écrit : « Elle ne m'a jamais répugné. Je l'ai toujours considérée comme une libératrice. » Pas question de suicide, cependant : le poète croit à la toute-puissance de la volonté humaine.

QUESTIONS DE COMPRÉHENSION ET D'ANALYSE

1. Que peut-on dire de la ponctuation du poème ?
2. Pourquoi affirmer que ce texte est vers-libriste ?
3. Pourquoi passe-t-on du « je » au « on » dans le texte ?
4. Quel lien peut-on établir entre le poème et la biographie de l'auteur ?
5. Peut-on soutenir que le poète fait preuve d'autodérision ?

Dissertation

Peut-on prétendre que l'oiseau dont il est ici question s'avère un véritable carnassier ?

POÈME · ***ACCOMPAGNEMENT***

Je marche à côté d'une joie
D'une joie qui n'est pas à moi
D'une joie à moi que je ne puis pas prendre

Je marche à côté de moi en joie
5 J'entends mon pas en joie qui marche à côté de moi
Mais je ne puis changer de place sur le trottoir
Je ne puis pas mettre mes pieds dans ces pas-là
     et dire voilà c'est moi

Je me contente pour le moment de cette compagnie

10 Mais je machine en secret des échanges
Par toutes sortes d'opérations, des alchimies,
Par des transfusions de sang
Des déménagements d'atomes
     par des jeux d'équilibre

15 Afin qu'un jour, transposé,
Je sois porté par la danse de ces pas de joie
Avec le bruit décroissant de mon pas à côté de moi
Avec la perte de mon pas perdu
s'étiolant à ma gauche
20 Sous les pieds d'un étranger
qui prend une rue transversale.

▮ POUR ÉCLAIRER ce texte

Le thème du double est fréquent chez Garneau. Par exemple, dans son *Journal*, le 15 novembre 1935, il écrit: «Bonsoir moi-même, vieux moi-même tout remâché. Te revoici en face de moi, comme d'habitude, vieil ennemi, et tu me dis encore: "À nous deux." Eh bien! oui, à nous deux! Je te connais. Tu n'es pas bien malin; mais moi non plus, et tu sembles le savoir. Le malheur, c'est que tu ne t'expliques pas. Tu poses sans cesse des questions, de petites questions à ta mesure, comme des piqûres, et cela m'exaspère. Pourquoi, par exemple, en ce moment, au lieu d'aller prier, je suis là, à te regarder? [...] Hé non! Je vais prier. Je renonce à cette lutte puérile. Tu m'as vaincu, si tu veux, mais mon échec portera un bon fruit, le seul valable pour ma rédemption et pour ta mort un jour, la prière. Bonsoir moi-même. Je vais prier la Vierge.»

Marc-Aurèle Fortin (1888-1970). *Le matin (Effet)* (1916). Huile sur carton,
18 x 20 cm. Collection des Prêtres de Saint-Sulpice de Montréal, (2002.1609)
Montréal, Québec.

QUESTIONS DE COMPRÉHENSION ET D'ANALYSE

1. Comment expliquer le titre du poème ?
2. Les « transfusions de sang » et les « déménagements d'atomes » sont-ils courants en poésie à l'époque ?
3. Pourquoi parler de « rue transversale » au dernier vers ?
4. Pourrait-on qualifier ce poème d'« optimiste » ?
5. Saint-Denys Garneau a-t-il conçu ici l'un de ces textes reflétant l'« aventure intérieure » évoquée plus tôt ?

Dissertation
La dualité joue-t-elle ici un rôle capital tant dans le fond que dans la forme ?

Marcel Barbeau (1925-2016). *Combustions originelles 56* (1951 ?). Encre sur papier, 18,5 x 14,5 cm. Collection : Musée national des beaux-arts du Québec (1954.15), Québec, Québec.

CHAPITRE **4**

DE L'APRÈS-GUERRE À LA RÉVOLUTION TRANQUILLE (1945–1960)

Le contexte
SOCIOHISTORIQUE (1945-1960)

La période 1945-1960 est d'abord marquée par les quinze années au pouvoir à Québec de Maurice Duplessis, un traditionaliste habile et rusé. Premier ministre de 1936 à 1939, Duplessis est réélu après la Seconde Guerre mondiale et la conscription imposée par Ottawa, et demeure à la tête du gouvernement de l'Union nationale de 1944 à 1959.

Les historiens appellent cette époque de l'histoire du Québec la «Grande Noirceur». Duplessis et le clergé tiennent le peuple sous leur joug. Le pouvoir politique et le pouvoir clérical s'allient pour préserver les valeurs traditionnelles que sont la religion, la famille et la terre dans un Québec encore très rural et catholique. Le parti au pouvoir, l'Union nationale, est profondément conservateur, anti-syndicaliste et hostile à tout mouvement réformateur ou avant-gardiste. Il en résulte un climat social oppressant, aux antipodes des lumières de la découverte.

La situation économique s'améliore toutefois dans l'ensemble et, parfois presque malgré lui, le Québec se modernise. L'électrification des campagnes, la construction de nouvelles routes et l'adoption de diverses mesures sociales datent de cette époque. Le gouvernement Duplessis instaure l'impôt provincial sur le revenu en 1954 — supposément à titre provisoire —, afin d'accroître l'autonomie de la province. De plus, de 1945 à 1949, «la construction de 270 000 habitations [au Canada] permet de réduire considérablement le nombre de chômeurs[1]». Enfin, sur le plan démographique, le pays connaît un baby-boom.

Dans le domaine culturel, malgré un climat très peu favorable, des individus et des groupes, souvent sans en être conscients, jettent les bases de la Révolution tranquille.

Des revues comme *Cité libre* ou *Liberté* s'opposent au duplessisme. Nombre d'intellectuels vont bien vite en payer le prix : arrestations, congédiements, exil, etc. Dès 1945, en fait, la contestation s'organise contre les forces conservatrices représentées par Duplessis et le clergé. Des syndicalistes tiennent tête aux autorités politiques et ecclésiastiques, mais c'est surtout dans le milieu des arts que la mutation commence à prendre forme. De jeunes artistes écrivent notamment dans *Le Devoir* que leurs «sympathies sont avec les cannibales qui apprêtent les missionnaires aux petits pois[2]». Tous seront signataires du manifeste *Refus global*.

Le mouvement d'émancipation menant lentement vers la Révolution tranquille se constitue aussi par le biais de plusieurs petits groupes. Ainsi, quand les automatistes reçoivent le manuscrit du recueil de poèmes *Le vierge incendié*, de Paul-Marie Lapointe (1929-2011), le poète Claude Gauvreau (1925-1971) et ses amis sont à ce point séduits qu'ils décident de le publier. Cet auteur, à qui ils tendent la main, deviendra l'un des meilleurs représentants des Éditions de l'Hexagone, un autre de ces groupes participant au mouvement d'émancipation.

Fondées en 1953, les Éditions de l'Hexagone vont considérablement influencer la vie poétique au Québec. Ni école ni chapelle, elles s'emploient à produire et à diffuser des plaquettes de poésie innovatrices. Elles organisent aussi des rencontres et des colloques et lancent la revue *Liberté*, qui inspirera *Parti pris*, une autre revue luttant pour le socialisme et l'indépendance. Au nombre de leurs publications, citons *Arbres*, de Paul-Marie Lapointe, recueil dont les poèmes séduisent par leur rythme syncopé. Admirateur des jazzmen John Coltrane et Miles Davis, le poète improvise à partir d'un leitmotiv : «j'écris arbre.»

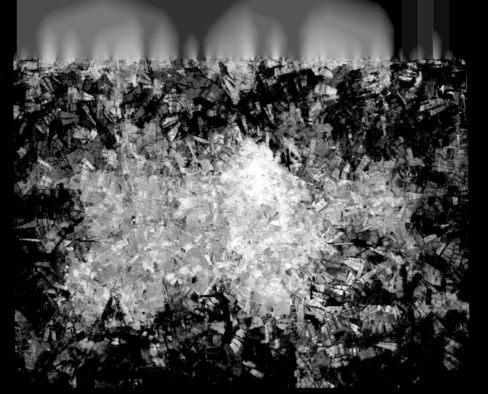

: Jean Paul Riopelle (1923-2002). *Poussière de soleil* (1953-1954).
: Huile sur toile, 245,2 x 345,3 cm. Collection : Musée national
  des beaux-arts du Québec (2000.01), Québec, Québec.

Modulant, énumérant, nommant, répétant, tout en associant les idées, il engendre un ensemble impressionnant qui tient de la litanie et de l'inventaire.

L'Hexagone constitue un groupe, et surtout un groupe engagé, même si les individus qui le composent ont tous leur singularité. Une circulaire explique : « Nous assistons à la fin de l'aliénation du poète par la solitude stérile, la révolte à perte ou l'exil de l'intérieur. La participation de plus en plus fréquente des poètes aux luttes qui nous confrontent les a révélés à eux-mêmes et à leur réel. » Parmi les causes soutenues par l'Hexagone figure celle du pays, plus précisément de l'appartenance à un pays. Il ne s'agit plus du patriotisme du terroir et du provincialisme traditionnel. Il incombe désormais au poète canadien-

français non seulement d'explorer les formes et le langage, mais aussi d'échapper à l'étrange « demi-pays » où il vit.

En somme, en dépit d'indiscutables progrès, les Canadiens français continuent de subir l'aliénation et la soumission, eux que McKenzie King, premier ministre du Canada, vient de forcer à participer à la guerre, reniant ainsi une promesse solennelle. Par exemple, sur le plan économique, même si leur situation s'est améliorée, ils n'occupent aucun poste de direction, gagnent de petits salaires et se font littéralement exploiter dans leur milieu de travail. Du point de vue linguistique, leur langue est souvent bafouée et ils ne peuvent l'utiliser partout. À Montréal, qui, dit-on, est la plus grande ville française du monde après Paris, règne l'affichage unilingue anglais.

1. Jacques LACOURSIÈRE, Jean PROVENCHER et Denis VAUGEOIS, *Canada-Québec*, Sillery, Septentrion, 2000, p. 446.
2. Hélène DE BILLY, *Riopelle*, Montréal, Art global, « Biographies », 1996, p. 45.

La période 1945-1960 est composée de trois courants littéraires majeurs qui recoupent la presque totalité des textes alors produits au Québec :

- le réalisme (ou le néoréalisme) ;
- l'automatisme ;
- l'âge de la parole.

LE RÉALISME
en théorie

ORIGINES

Cent ans avant *Bonheur d'occasion*, le réalisme naît en France grâce à des écrivains comme Stendhal et Balzac. Cette doctrine littéraire est fondée sur l'impassibilité de l'auteur, qui ne doit pas laisser sentir sa présence. Ce mouvement est largement influencé par le développement de la science et, plus tard, l'objectivité du regard photographique. Des écrivains comme Émile Zola pousseront l'expérience jusqu'au naturalisme, où le romancier a le statut d'expérimentateur scientifique observant ses personnages. Le roman *Germinal* en est la plus parfaite illustration. Le réalisme tarde cependant à traverser l'Atlantique en raison des rébellions des Patriotes. C'est que notre roman s'est tourné vers la terre en vue d'élaborer une utopie à l'abri de la réalité.

DÉFINITION

On peut définir la littérature réaliste comme une description détaillée et fidèle des milieux populeux ou urbains. Le réel y est scruté à la loupe, mais un réel des petites gens, c'est-à-dire de la défaite, du malheur et de la misère. Ces personnes arrivent souvent d'une campagne impuissante à faire vivre tout le monde, mais l'adaptation s'avère difficile dans un cadre urbain marqué par le chômage ou des problèmes comme le logement. Le manque d'espoir ou

Fritz Brandtner (1896-1969). *Polisseur de la Vickers* (1943). Encre, crayon gras, crayon de couleur et mine de plomb sur papier, 46,5 x 61,4 cm. Collection : Musée national des beaux-arts du Québec (1990.295), Québec, Québec.

les rêves brisés hantent les personnages de cette littérature, d'où la montée de l'expression « être né pour un petit pain ». Celle-ci a longtemps servi à illustrer la condition collective des pauvres Canadiens français, leur résignation et leur avenir bouché à côté d'Anglais qui, eux, prospèrent.

THÈMES

Si le réalisme puise dans le terroir des thèmes comme la famille, la paroisse et le travail, ceux de la pauvreté, de la souffrance, de la déception, de la défaite, de l'échec, de la domination et de l'aliénation restent les plus importants. Tous gravitent autour de celui de la ville, cela dit, laquelle prend tellement de place dans les œuvres qu'elle en devient souvent un personnage central. Cette ville est cependant surpeuplée, polluée, enfumée, dure, inhospitalière, coupée par les trains au charbon ou les usines bruyantes. Pire, la grande misère y côtoie de près l'opulence et la richesse. De Saint-Henri, à Montréal, ou de la Basse-Ville, à Québec, les Canadiens français sont en mesure d'envier les riches anglophones de Westmount ou les parvenus de la Haute-Ville.

GENRES

■ **LE ROMAN :** Gabrielle Roy, Roger Lemelin, Jean-Jules Richard, André Langevin, Yves Thériault…

■ **LE THÉÂTRE :** Gratien Gélinas, Marcel Dubé, Françoise Loranger, Jacques Languirand…

EXEMPLE

André Langevin
POUSSIÈRE SUR LA VILLE (EXTRAIT)

Que la ville fût laide, affreusement, elle le savait, mais j'appréhendais de la lui faire connaître de plus près. Toutes les maisons ont l'aspect minable de bâtiments de mine, les couleurs délavées par la poussière d'amiante qui n'épargne rien, même pas la maigre végétation. Sous la pluie, cette poussière forme un enduit visqueux. Tassée
5 entre les monticules de poussière, déjections des mines, la ville s'étend tout en longueur. Quelques rues transversales réussissent à se faufiler entre les énormes buttes, mais les maisons y sont de guingois [obliques], comme résistant mal à la pression de la poussière. L'unique grande rue, où sont construites les trois quarts des habitations, se paie une orgie de néons qui réussissent à percer par intermittence la grisaille géné-
10 rale. La rue Green s'amorce, étroite et tortueuse, par un angle droit à une extrémité de la ville et se termine par une route large et rectiligne à l'autre bout, devant le collège des frères. Notre appartement se trouve dans l'ancienne partie, près de la gare et d'un immense cratère aux parois stratifiées qui est une ancienne mine à ciel ouvert. La maison elle-même est construite au-dessus d'une mine, à galeries souterraines
15 celle-là, et, certaines nuits, il nous est possible d'entendre le crépitement des foreuses.

COMMENTAIRE Si, selon l'auteur, la petite ville servant de cadre à *Poussière sur la ville* est imaginaire, le rapprochement avec Asbestos et Thetford Mines s'impose. Quatre ans avant, ces villes auront été au centre de la grève de l'amiante, un temps fort de l'histoire syndicale au Québec préfigurant la Révolution tranquille. Certes, il n'y est pas question du conflit devenu célèbre, mais le cadre est tracé pour l'installation du jeune médecin Alain Dubois et de sa femme Madeleine. L'ambiance y est en effet étouffante sur tous les plans. Il y a le poids du qu'en-dira-t-on. L'épouse a un amant toléré par le mari. Il y a l'atmosphère irrespirable d'un lieu où les classes sociales ne se mêlent pas. Il y a un environnement où les gens ne savent pas encore qu'ils souffrent d'une amiantose réduisant de beaucoup leur espérance de vie. Il y a enfin un microcosme de la société canadienne-française de l'après-guerre, où la lutte contre la défaite et la mort est perdue dès la naissance.

L'AUTOMATISME
en théorie

ORIGINES

Créé en 1942 par le peintre Paul-Émile Borduas, l'automatisme descend directement du dadaïsme et du surréalisme. Ces deux mouvements intellectuels, littéraires et artistiques du début du XXe siècle émanent eux-mêmes de sources multiples, dont la psychanalyse et en particulier le concept d'inconscient. La création véritable implique de se concentrer sans se censurer sur les émotions du moment et sur les pulsions inconscientes. C'est en lisant *L'amour fou*, du surréaliste André Breton, que Borduas découvre aussi le conseil de Léonard de Vinci enjoignant ses élèves à bien regarder un vieux mur pour voir dans ses craquelures et ses taches des formes qu'on n'a qu'à copier. Il commence ainsi à réaliser des œuvres abstraites. *Abstraction verte* naît en 1941.

DÉFINITION

S'appliquant à toutes les formes d'art, dont la peinture, la littérature et la sculpture, l'au-tomatisme est un courant esthétique laissant les gestes, les images et les mots jaillir sans censure de l'inconscient. C'est le geste de créer lui-même qui est ainsi remis en question, les images et les sonorités l'emportant souvent sur les sens transmis. Borduas distinguera trois modes d'automatisme : mécanique (produit par des moyens strictement physiques, plissage, grattage, frottements, etc.), psychique (écriture sans critique du mouvement de la pensée en littérature), surrationnel (écriture plastique non préconçue : une forme en appelle une autre). La publication de *Refus global* définira la vision politique du groupe, qui s'étend jusqu'à la photo et à la danse.

THÈMES

Comme les images et les sonorités l'emportent souvent sur les sens transmis, n'importe quel thème peut relever de l'automatisme. Tout repose sur le traitement qu'on lui réserve. Cela dit, quand on lit certains textes, il apparaît que la censure elle-même vient en

Marcelle Ferron (1924-2001). *Retour d'Italie n° 2* (1954). Huile sur toile, 72,4 x 91,7 cm. Collection : Musée national des beaux-arts du Québec (1977.388), Québec, Québec.

tête de liste : elle est incompatible avec la libération de l'inconscient. Pour le reste, la fantaisie naît de cette libération, mais une fantaisie revendicatrice et qui mène tout droit à l'esthétique de la transgression. Dès 1948, les titres des gouaches de Jean-Paul Mousseau, par exemple, font rêver : *La communion des fesses, Évaporation criminelle, Les nues d'un village mordu, Le chapeau de Napoléon ne me coiffe pas, Croisades des curés, Le féminin se plaît*, etc. Cet automne-là, à propos de *La chaleur des amants réchauffe toute une ville*, un critique écrit : « Il ne s'agit probablement pas de Montréal[1]. »

GENRES

- **L'ESSAI :** Paul-Émile Borduas, Robert Élie…
- **LA POÉSIE :** Claude Gauvreau, Rémi-Paul Forgues…
- **LE THÉÂTRE :** Claude Gauvreau…

EXEMPLE

Rémi-Paul Forgues
TRISTESSE

> Je n'ai point couru vers le grand bonheur
> Mais vers l'oubli du vertige
> Comme une tige, ivre dans la rafale ;
> Femmes des soirs d'ivresses
> 5 J'ai connu vos folies éblouissantes.
> Mon cœur est pareil à l'arbre que l'hiver
> Ensevelit sous les rosaces de mousse,
> Le fleuve de la mort m'emporte,
> Je regarde sur les berges
> 10 Les cygnes en partance vers les pays de l'or,
> Des fleurs, des fruits et du soleil.

COMMENTAIRE   Méconnu au Québec, mais salué en France au moment de son décès, le poète Rémi-Paul Forgues (1926-2012) a peu publié, il est vrai. Ses écrits éparpillés dans des périodiques et des revues poétiques retiennent toutefois l'attention à l'époque. « Parmi ce que le sort a donné à l'homme d'allégement, l'art de Borduas est peut-être ce qui saoule le plus l'âme, écrit-il en 1945 à propos du maître des automatistes. Pour nous l'art de Borduas est la route qui mène à l'action, la route où les arbres, les eaux, les animaux ont cette familiarité communicative de la joie. » Sa poésie est faite de collisions heureuses entre le concret et l'abstrait. Évoquant ici « Le fleuve de la mort », ce sera ailleurs « Les calices musicaux des fleurs de la mort » ou « Nos âmes [qui] galopent sous les oiseaux de feu / Au milieu des terrasses pleines de fleurs, d'arcades, / Et de sombres avenues baignées de cascades ». Toujours en 1945, il écrit : « Il est satisfaisant de penser que plusieurs d'entre nous ont rompu avec tous ceux, maîtres ou idoles, responsables de l'annihilation de l'esprit. »

---

1. Marcel LECOMPTE, « L'œil en coulisse », *Le Petit Journal*, 14 novembre 1948, p. 72.

L'ÂGE DE LA PAROLE
en théorie

ORIGINES

Après Saint-Denys Garneau et les poètes des années 1940 oscillant entre l'expérience de la solitude et celle de la révolte individuelle impulsive, les années 1950 voient arriver la génération de l'Hexagone, qui forme en quelque sorte le début de l'âge de la parole. Tout commence quand Olivier Marchand, un jour, décide de brûler les poèmes qu'il songe à rassembler en un recueil. Sa compagne, Mathilde Ganzini, confie plutôt les pages à l'ami Gaston Miron juste avant. Dès lors, ces jeunes gens issus de milieux populaires et d'autres publient les textes avec des poèmes de Miron. Sans le vouloir vraiment, ils viennent de créer une maison qui pèsera lourd. « Dans ma ville et les autres avec nous par la main d'exister », écrit Miron dans *Deux sangs*.

DÉFINITION

Les Éditions de l'Hexagone et l'âge de la parole ne constituent pas vraiment un courant littéraire en bonne et due forme. Seulement, en pleine Grande Noirceur, ils sont un lieu et un mode d'expression incarnant le changement. De 1953 à 1963, il ne s'agit que d'une maison d'édition artisanale offrant une poésie nouvelle sur le plan de l'esthétique. Dès le début, toutefois, on observe un effort soutenu pour faire sortir la poésie de son isolement et l'ancrer dans une action sociale et politique sans précédent. Dans la foulée de l'automatisme et de sa liberté artistique, on cherche une expression poétique permettant à un peuple de trouver son identité et à une culture de s'épanouir. Des idées sociales sont désormais introduites dans la poésie personnelle.

THÈMES

La révolte est au cœur de l'âge de la parole. Dans un monde d'interdits, de tabous et de péchés, les poètes veulent faire sauter la chape de plomb qui étouffe la société. Ils commencent par moderniser les thèmes de l'amour et de la femme, tout en transformant l'être humain en citoyen membre d'un peuple en devenir. L'esseulement et le bâillonnement du poète tirent à leur fin, explique un dépliant diffusé par l'Hexagone. Le pays, la solidarité, le

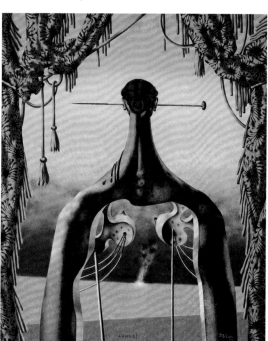

Jean Dallaire (1916-1965). *L'Avenir!* (1954).
Huile sur carton, 60,8 x 50,5 cm. Collection : Musée d'art contemporain de Montréal (A 92 429 P 1), Montréal, Québec.

rapatriement, la renaissance, la liberté, la langue, la nature et l'avenir dominent aussi, mais l'élargissement d'une conscience collective englobe tout. C'est ainsi que l'amour de la femme rejoint l'amour du pays, pour ne citer qu'un exemple.

GENRE

- **LA POÉSIE :** Gilles Hénault, Gaston Miron, Paul-Marie Lapointe, Roland Giguère, Jean-Guy Pilon, Fernand Ouellette, Gatien Lapointe…

EXEMPLE

Paul-Marie Lapointe
ARBRES (EXTRAIT)

                            j'écris arbre
                arbre d'orbe en cône et de sève en lumière
            racines de la pluie et du beau temps   terre animée
                pins blancs   pins argentés   pins rouges et gris
5   pins durs à bois lourd   pins à feuilles tordues
                        potirons et baliveaux
            pins résineux   chétifs et des rochers   pins du lord
                pins aux tendres pores   pins roulés dans leur
                neige   traversent les années mâts fiers voiles
10   tendues   sans remords et sans larmes
                        équipages armés
            pins des calmes armoires et des maisons pauvres
                        bois de table et de lit
            bois d'avirons de dormants et de poutres   portant le
15   pain des hommes dans tes paumes carrées
                cèdres de l'est   thuyas et balais   cèdres blancs
                bras polis   cyprès jaunes   aiguilles couturières
                    emportées   genévriers   cèdres rouges
            cèdres bardeaux parfumeurs   coffres des fiançailles
20   lambris des chaleurs
                genévrier qui tient le plomb des alphabets.

COMMENTAIRE Le poème « Arbres » est une nomenclature de plusieurs essences d'arbres accompagnée de caractéristiques qui leur sont liées. Répétitions, anaphores, métaphores, associations et analogies s'y succèdent dans un rythme venu du jazz. Comme on le voit dès le début, chacun de ces arbres suscite des liens en rapport avec son utilisation habituelle, mais on passe ensuite à l'étape des connotations ou des sensations qu'il évoque. Ainsi, l'érable est plus loin « un parachuteur d'ailes et samares » ou le feu et les sucres, en même temps que les « veines bleues dans le front des filles » par l'érable argenté. Un critique note : « Selon la symbolique générale, l'arbre est généalogie et genèse, mémoire et projet, enracinement et envol, mais il reçoit en plus, dans le poème de Lapointe, un caractère de diversité, d'associations multiples, qui le rend particulièrement propre à signifier une libération collective. »

Gabrielle Roy (1909-1983)
BONHEUR D'OCCASION (1945)

C'est en 1945 que Gabrielle Roy (1909-1983), née au Manitoba, publie *Bonheur d'occasion*, l'un de nos plus authentiques chefs-d'œuvre. L'ouvrage remporte le prix Femina en France, est traduit en plusieurs langues et devient un grand succès de librairie. C'est, pour plusieurs, le symbole du réalisme.

Roman d'observation et d'atmosphère, *Bonheur d'occasion* transporte le lecteur au cœur de Saint-Henri, dont Gabrielle Roy décrit les logements, les filatures, les entrepôts, les commerces, etc. Pour la première fois dans la littérature québécoise, la toile de fond est la ville. Les lieux parlent et révèlent la vie urbaine, tout en soulignant le contraste entre la pauvreté des Canadiens français, à Saint-Henri, et la richesse des anglophones, à Westmount. Et l'on y croit.

Bonheur d'occasion relate l'histoire des membres de la famille Lacasse, dont le destin est sans issue. À travers ces personnages s'accrochant à l'espoir d'un monde meilleur, Gabrielle Roy décrit la vie de ses compatriotes avec un grand réalisme. L'un d'eux, Jean Lévesque, incarne la volonté de s'en sortir. Au fond, Gabrielle Roy atteint son but : une histoire simple et vraie, dans laquelle ses semblables se reconnaissent.

EXTRAIT *BONHEUR D'OCCASION*

À la rue Atwater, à la rue Rose-de-Lima, à la rue du Couvent et maintenant place Saint-Henri, les barrières des passages à niveau tombaient. Ici, au carrefour des deux artères principales, leurs huit bras de noir et de blanc, leurs huit bras de bois où luisaient des fanaux rouges se rejoignaient et arrêtaient la circulation.

5 À ces quatre intersections rapprochées, la foule, matin et soir, piétinait et des rangs pressés d'automobiles y ronronnaient à l'étouffée. Souvent alors des coups de klaxons furieux animaient l'air comme si Saint-Henri eût brusquement exprimé son exaspération contre ces trains hurleurs qui, d'heure en heure, le coupaient violemment en deux parties.

10 Le train passa. Une âcre odeur de charbon emplit la rue. Un tourbillon de suie oscilla entre le ciel et le faîte des maisons. La suie commençant à descendre, le clocher de Saint-Henri se dessina d'abord, sans base, comme une flèche fantôme dans les nuages. L'horloge apparut ; son cadran illuminé fit une trouée dans les traînées de vapeur ; puis, peu à peu, l'église entière se dégagea, haute architecture
15 de style jésuite. Au centre du parterre, un Sacré-Cœur, les bras ouverts, recevait les dernières parcelles de charbon. La paroisse surgissait. Elle se recomposait dans sa tranquillité et sa puissance de durée. École, église, couvent : bloc séculaire fortement noué au cœur de la jungle citadine comme au creux des vallons laurentiens. Au-delà s'ouvraient des rues à maisons basses, s'enfonçant de chaque côté vers les
20 quartiers de grande misère, en haut vers la rue Workman et la rue Saint-Antoine, et,

en bas, contre le canal de Lachine où Saint-Henri tape les matelas, tisse le fil, la soie, le coton, pousse le métier, dévide les bobines, cependant que la terre tremble, que les trains dévalent, que la sirène éclate, que les bateaux, hélices, rails et sifflets épellent autour de lui l'aventure.

25   Jean songea non sans joie qu'il était lui-même comme le bateau, comme le train, comme tout ce qui ramasse de la vitesse en traversant le faubourg et va plus loin prendre son plein essor. Pour lui, un séjour à Saint-Henri ne le faisait pas trop souffrir ; ce n'était qu'une période de préparation, d'attente. Il arriva au viaduc de la rue Notre-Dame, presque immédiatement au-dessus de la petite gare de brique rouge.

30   Avec sa tourelle et ses quais de bois pris étroitement entre les fonds de cours, elle évoquerait les voyages tranquilles de bourgeois retirés ou plus encore de campagnards endimanchés, si l'œil s'arrêtait à son aspect rustique. Mais au-delà, dans une large échancrure du faubourg, apparaît la ville de Westmount échelonnée jusqu'au faîte de la montagne dans son rigide confort anglais. Il se trouve ainsi que c'est aux

35   voyages infinis de l'âme qu'elle invite. Ici, le luxe et la pauvreté se regardent inlassablement, depuis qu'il y a Westmount, depuis qu'en bas, à ses pieds, il y a Saint-Henri. Entre eux s'élèvent des clochers.

POUR ÉCLAIRER cet extrait

Si le roman *Bonheur d'occasion* est considéré comme un chef-d'œuvre et obtient un immense succès dès sa parution, c'est que la touchante intrigue et ses personnages on ne peut plus crédibles sont portés par une écriture sortant de l'ordinaire. Par exemple, dans le présent extrait, le sens de l'observation de l'auteure est certes mis à contribution lors de la description du passage du train à Saint-Henri. Mais que dire de sa façon d'écrire ? Au moyen de personnifications, entre autres, elle crée un univers où tout grouille et vit avec intensité. Ajoutons à cela que les symboles pullulent. Certains renvoient à la place ou au rôle de l'Église ; d'autres au fossé séparant les francophones et les anglophones. Enfin, loin d'être inutiles, les descriptions permettent de connaître les pensées des personnages avec toutes leurs nuances. De la sorte, au lieu de les juger, nous les comprendrons.

QUESTIONS DE COMPRÉHENSION ET D'ANALYSE

1. Comment l'auteure communique-t-elle l'effervescence précédant le train ?
2. Citer trois thèmes montrant que le terroir est chose du passé.
3. Où voit-on que la ville repose encore sur le modèle du village ?
4. Quelle phrase illustre le plus que le milieu s'avère ici fort modeste ?
5. Quel regard porte Jean sur la réalité l'entourant ?

Dissertation

Cet extrait de *Bonheur d'occasion* est-il conforme à la vie des Canadiens français de ce temps ?

Roger Lemelin (1919-1992)
LES PLOUFFE (1948)

L'autre chef-d'œuvre du roman urbain, *Les Plouffe*, de Roger Lemelin (1919-1992), paraît en 1948. L'ouvrage est un best-seller, et ses adaptations pour la radio, la télévision et le cinéma remportent également un grand succès. L'histoire se déroule à Québec. Comme dans *Bonheur d'occasion*, la seule issue pour certains hommes est de s'enrôler dans l'armée. Le roman se termine lorsque la mère découvre ce que son autre fils fait en Europe : « C'est pas croyable ! Guillaume qui tue des hommes ! »

La même année que *Les Plouffe* paraît *Neuf jours de haine*, de Jean-Jules Richard (1911-1975),

peut-être le meilleur roman québécois consacré à la Seconde Guerre mondiale. Mais l'auteur remporte plus de succès avec *Le feu dans l'amiante*. Ce roman a pour toile de fond le plus important conflit ouvrier survenu au Québec, à Asbestos, la grève de l'amiante qui dure de février à juillet 1949, avant d'être réprimée par Duplessis.

En 1953, André Langevin (1927-2009) publie *Poussière sur la ville*, autre roman urbain se déroulant dans une ville minière. L'ouvrage est teinté d'existentialisme, courant indissociable du philosophe français Jean-Paul Sartre, qui « pose comme fondamentale la liberté de l'être, qui se fait lui-même à partir de ses propres choix[1] ». La littérature change.

EXTRAIT *LES PLOUFFE*

— Mais ! C'est Ovide ! murmurait Denis, ébahi.

Ovide, juste à l'entrée de la cour, était aux prises avec Guillaume qui le retenait par le bras en criant :

— Va pas là, je te dis. Maman veut pas ! Non !

5   Ovide, qui avait commencé par se débattre sans conviction, réussit à se dégager d'un coup brusque dès qu'il sentit la présence des spectateurs. Essoufflé, le torse raide, remettant ses cheveux en place d'une main tremblante, il s'approcha des sentinelles et leur demanda sur un ton d'ultimatum :

— Messieurs ! C'est ici qu'on s'enrôle ?

10   Les sentinelles riaient et lui indiquaient du doigt le bureau d'inscription.

— Merci.

Les yeux en feu, la tête haute, il mit le pied dans la cour en voûtant ses épaules comme s'il se fût agi de grimper une montagne. Mais son escalade fut interrompue au départ par Guillaume qui, désorienté un instant par la vue des sentinelles armées,
15 revenait à la charge et le tirait par les manches. Ovide trébucha.

— Vas-tu me lâcher ? Qu'est-ce que tu connais à la guerre ? Ce n'est pas une partie de baseball !

Guillaume, obéissant aveuglément aux recommandations de sa mère, commençait à l'entraîner vers la sortie. Les soldats et les chômeurs, les mains aux poches, riaient
20 de bon cœur. Mais les officiers recruteurs n'avaient pas l'humeur à la blague et n'entendaient pas se faire enlever un précieux client, même maigre et chétif. Trois d'entre eux se précipitèrent sur Guillaume et, avant qu'il eût le temps d'esquisser un geste, le champion lanceur était précipité dans la rue Saint-Louis par des coups de pied bien placés. Ovide, le cœur serré de voir son frère ainsi maltraité, éprouva d'abord
25 l'envie de quitter la cour d'un air hautain en disant leur fait aux militaires barbares.

Par contre ces hommes avaient protégé sa liberté d'action, et tout un auditoire admirait son courage de braver les foudres de ses parents pour s'enrôler. D'ailleurs un acteur, sur la scène, n'a pas de famille. Il appartient à la curiosité de la foule. Le théâtre l'emporta. Ovide se raplomba dans son habit tordu par la lutte et déclara :

30 — Merci, Messieurs. La France d'abord, la famille ensuite.

À ces nobles paroles, les rires redoublèrent chez les chômeurs et les soldats, et des commentaires moqueurs fusèrent :

— Fais donc pas le frais. Tu veux gagner une piastre et trente par jour, toé aussi.

POUR ÉCLAIRER cet extrait

Au début de la Seconde Guerre mondiale, les principaux partis politiques s'entendent pour qu'il n'y ait pas de conscription pour le service outre-mer. À Québec, les libéraux battent même Maurice Duplessis et l'Union nationale grâce à cette promesse. En 1942, le gouvernement fédéral organise toutefois un référendum national demandant aux Canadiens de le libérer de son engagement. Plus de 70 % des Canadiens votent « oui », mais 80 % des Québécois votent « non ». Tout comme en 1917-1918, la nation est divisée en camps linguistiques. C'est la deuxième fois que les Canadiens français se font avoir. Mais avant cette conscription, cela dit, beaucoup d'efforts sont faits afin de trouver des volontaires pour s'enrôler. Comme dans *Bonheur d'occasion*, il y aura dans *Les Plouffe* des gens forcés de le faire pour des raisons économiques ou de pure survie.

QUESTIONS DE COMPRÉHENSION ET D'ANALYSE

1. Quel déchirement social la présente scène symbolise-t-elle ?
2. Quels passages font-ils entrevoir la pauvreté ambiante ?
3. Pourquoi est-il question d'un « précieux client » ?
4. Que saisit-on de la personnalité d'Ovide Plouffe dans ces lignes ?
5. Pourquoi les dialogues sonnent-ils de façon naturelle ?

Dissertation

Le présent extrait des *Plouffe* renvoie-t-il aux principaux problèmes vécus ici même à l'époque ?

---

1. Hélène SABBAH, *Littérature. Textes et méthode*, LaSalle, Hurtubise HMH, 1997, p. 371.

Paul-Émile Borduas (1905-1960)
REFUS GLOBAL (1948)

Temps fort dans l'histoire du Québec, le manifeste *Refus global* est le premier geste politique notable symbolisant la mouvance qui mènera à la Révolution tranquille. Il s'agit d'un texte collectif préparé par le peintre Paul-Émile Borduas (1905-1960) et cosigné par plusieurs jeunes artistes et écrivains de l'époque, parmi lesquels Claude et Pierre Gauvreau, Marcelle Ferron, Fernand Leduc, Jean-Paul Mousseau et Jean Paul Riopelle. Tous sont membres du groupe automatiste, mouvement prônant une démarche intuitive et un renouvellement du langage artistique.

Tiré à 400 exemplaires et lancé chez un libraire de Montréal, Henri Tranquille, établi rue Sainte-Catherine, ce cahier artisanal suscite aussitôt un tollé parmi les élites auxquelles il s'attaque. Sur un ton déclamatoire et solennel, il y est en effet question de rompre avec les valeurs traditionnelles, et de tirer un trait sur le climat de peur et d'ignorance que les autorités ecclésiastiques et politiques entretiennent dans leur intérêt.

Pour Borduas et son groupe, il est urgent de modifier en profondeur les sensibilités en vue de donner jour à un ordre nouveau, imprévu, spontané, reposant sur la création, l'amour, la passion « transformante » et l'anarchie « resplendissante », par opposition à la raison et à l'utilitarisme.

L'essayiste Pierre Vadeboncoeur évoque ainsi l'acte inouï de Borduas : « En fait, il a brisé notre paralysie organisée. Il l'a anéantie d'un seul coup, par son refus global. Il fut le premier, que je sache, à faire cela. […] Le Canada français moderne commence avec lui. […] Il a délié en nous la liberté[1]. »

EXTRAIT *REFUS GLOBAL*

Rejetons de modestes familles canadiennes-françaises, ouvrières ou petites bourgeoises, de l'arrivée au pays à nos jours restées françaises et catholiques par résistance au vainqueur, par attachement arbitraire au passé, par plaisir et orgueil sentimental et autres nécessités.

5 Colonie précipitée dès 1760 dans les murs lisses de la peur, refuge habituel des vaincus ; là, une première fois abandonnée. L'élite reprend la mer ou se vend au plus fort. Elle ne manquera plus de le faire chaque fois qu'une occasion sera belle.

Un petit peuple serré de près aux soutanes restées les seules dépositaires de la foi, du savoir, de la vérité et de la richesse nationale. Tenu à l'écart de l'évolution
10 universelle de la pensée pleine de risques et de dangers, éduqué sans mauvaise volonté, mais sans contrôle, dans le faux jugement des grands faits de l'histoire quand l'ignorance complète est impraticable.

Petit peuple issu d'une colonie janséniste, isolé, vaincu, sans défense contre l'invasion de toutes les congrégations de France et de Navarre, en mal de perpétuer en
15 ces lieux bénis de la peur (c'est-le-commencement-de-la-sagesse !) le prestige et les bénéfices du catholicisme malmené en Europe. Héritières de l'autorité papale, mécanique, sans réplique, grands maîtres des méthodes obscurantistes, nos mai-

sons d'enseignement ont dès lors les moyens d'organiser en monopole le règne de la mémoire exploiteuse, de la raison immobile, de l'intention néfaste.

20 […]

Notre destin sembla durement fixé.

[…]

Le règne de la peur multiforme est terminé.

[…]

25 Refus de toute INTENTION, arme néfaste de la RAISON. À bas toutes deux, au second rang!

Place à la magie! Place aux mystères objectifs!

Place à l'amour!

Place aux nécessités!

30 Au refus global nous opposons la responsabilité entière.

POUR ÉCLAIRER cet extrait

Congédié de l'École du meuble pour «conduite et écrits incompatibles avec la fonction d'un professeur dans une institution d'enseignement de la province de Québec», Borduas s'exile à New York, puis vers Paris, où il meurt dans la solitude et le dénuement. Le présent extrait recoupant l'ouverture et la fin du manifeste *Refus Global*, on est à même de voir ce qui pouvait lui être reproché. Dans un premier temps, le texte constitue une sorte d'historique d'un Canada français étouffé par l'Église: «petit peuple serré de près aux soutanes restées les seules dépositaires de la foi, du savoir, de la vérité et de la richesse nationale.» Dans un second temps, c'est l'appel à la créativité, au renouveau, à la liberté, à l'ouverture et à la prise de parole: «Un nouvel espoir collectif naîtra.»

QUESTIONS DE COMPRÉHENSION ET D'ANALYSE

1. Peut-on parler d'un texte accessible à tous?
2. Que peut-on dire autour du mot «rejetons» (ligne 1)?
3. À quoi fait-on référence avec la date «1760» de la ligne 5?
4. Dans quels paragraphes le rejet de la religion se fait-il le plus sentir?
5. Quelle phrase correspond le mieux à la définition de l'automatisme: des mots ou des gestes jaillissant de l'inconscient, sans censure?

Dissertation
Est-il exact de dire que le ton de *Refus global* reflète à la fois colère et urgence?

1. Pierre VADEBONCOEUR, «La ligne du risque», *Situations*, 4ᵉ année, n° 1, 1962, p. 22-24.

Roland Giguère (1929-2003)
L'ÂGE DE LA PAROLE (1965)

En rapport avec le décès de Gaston Miron (1928-1996), longtemps directeur de l'Hexagone, un admirateur écrit: «Il eut droit, à sa mort en 1996, à des funérailles nationales. L'adieu solennel du Québec fut peut-être moins important que celui, recueilli et innombrable, de ses amis en poésie[1].» C'est que le Québec vient de perdre son plus grand animateur, quelqu'un qui non seulement écrit, mais entraîne les autres à sa suite.

«Et tout l'extérieur me niait. Je n'étais pas *flush* avec la réalité. Je ne coïncidais pas avec la réalité», explique-t-il vers la fin de sa vie, à propos de son arrivée dans le Montréal des années 1940 ou 1950 et «la grande Sainte-Catherine street». Oui. «Suis-je ici ou ailleurs?» La question se posait et se pose. Il vise une réappropriation collective de la langue, puis celle d'un pays où l'on ne marchera plus avec «un cœur de patte saignante». Sa contribution sera certes digne de mention. Depuis 1953, le Québec a changé.

«Agir par la poésie, agir la poésie — lui donner une "patrie", une conscience collective, un contexte — demeure le but, largement atteint, de l'Hexagone[2]», écrit Laurent Mailhot. Et, à la suite de Miron, les Michel Van Schendel (1929-2005), Jean-Guy Pilon (1930-), Fernand Ouellette (1930-) et autres compagnons y vont aussi de leur apport. Ils sont les auteurs de recueils qui exhortent le peuple à prendre la parole, à se libérer de ses vieux schèmes et à fonder un monde nouveau. «Peuple obsédé peuple sans air […] Construis ta voie moderne», lit-on dans *Poèmes de l'Amérique étrangère*, en 1958, sous la plume de Van Schendel.

L'autre grande voix de l'Hexagone est Roland Giguère (1929-2003), à la fois peintre, graveur et éditeur. Son recueil *L'âge de la parole* renferme des textes fascinants, notamment «Un jour de rose ovaire», «Roses et ronces» et «L'âge de la parole», lequel finit ainsi: «on mangera demain la tête du serpent / le dard et le venin avalés / quel chant nouveau viendra nous charmer?» Il y a aussi «La main du bourreau finit toujours par pourrir», magnifique ode à la liberté si chère à Miron et à lui-même. En somme, l'«âge de la parole» consiste à réagir à la Grande Noirceur: le temps de se taire et de plier est révolu à jamais.

POÈME   *LA MAIN DU BOURREAU*
FINIT TOUJOURS PAR POURRIR

Grande main qui pèse sur nous
grande main qui nous aplatit contre terre
grande main qui nous brise les ailes
    grande main de plomb chaud
5   grande main de fer rouge

grands ongles qui nous scient les os
grands ongles qui nous ouvrent les yeux
comme des huîtres
grands ongles qui nous cousent les lèvres
10   grands ongles d'étain rouillé
      grands ongles d'émail brûlé

mais viendront les panaris
panaris
panaris

15 la grande main qui nous cloue au sol
finira par pourrir
les jointures éclateront comme des verres de cristal
les ongles tomberont

la grande main pourrira
20 et nous pourrons nous lever pour aller ailleurs.

POUR ÉCLAIRER ce texte

«Mon premier coup de foudre pour Roland Giguère est passé par l'oreille, se remémore le chanteur et musicien Thomas Hellman (1975-). C'est mon oreille, tout de suite, qui a accroché sur la sonorité des mots.» Ici, comme chez Miron, il n'y a pas de refrain. Le rythme, en revanche, est syncopé, moderne. On ne dirait pas un texte écrit dans la Grande Noirceur. C'est pourtant le cas. Mais la modernité pointe. Le temps de l'impuissance et de la souffrance est révolu. Les images utilisées illustrent d'ailleurs l'intensité de la douleur. Celle-ci n'aura d'égale que celle qui s'emparera tôt ou tard des tortionnaires. Car la situation va changer. Nul doute n'est ici possible. Les ailes brisées, les lèvres cousues, cela achève. Toute oppression ne saurait durer. La vie doit prendre le dessus. Il y a des limites à restreindre la liberté. Celui qui étouffe l'autre doit s'étouffer nécessairement.

QUESTIONS DE COMPRÉHENSION ET D'ANALYSE

1. Qui est ce bourreau évoqué dans le titre?
2. Qui est ce «nous» apparaissant dès le deuxième vers?
3. Que peut-on constater concernant les temps des verbes?
4. Quel vers justifie le plus l'étiquette de «magnifique ode à la liberté» attribuée à cette œuvre?
5. Le poème se révèle-t-il moderne par sa forme? Pourquoi?

Dissertation

Le présent poème de Roland Giguère illustre-t-il quelque chose d'abstrait de façon tout à fait tangible?

1. Yannick GASQUY-RESH, *Gaston Miron : le forcené magnifique*, Montréal, HMH, «América», 2005, p. 17.
2. Laurent MAILHOT, *La littérature québécoise*, Paris, PUF, «Que sais-je?», 1974, p. 73.

Gaston Miron (1928-1996)
L'HOMME RAPAILLÉ (1970)

Gaston Miron est à coup sûr l'âme de l'Hexagone. Né à Sainte-Agathe-des-Monts, il s'établit assez tôt à Montréal, où il exerce divers métiers et suit des cours du soir à l'Université de Montréal. C'est là qu'il prend conscience de sa nature d'écrivain, lui qui écrit et publie des poèmes dans les journaux et les revues depuis l'âge de 14 ans. À 25 ans, ami de plusieurs auteurs, artistes et cinéastes, il fonde l'Hexagone avec Mathilde Ganzini, Gilles Carle, Olivier Marchand, Louis Portugais et Jean-Claude Rinfret. La même année, il publie le recueil *Deux sangs*, avec Olivier Marchand (1928-), puis sa production est plus ou moins orale, tandis qu'il travaille chez d'autres éditeurs. Personnalité forte, récitant à gauche et à droite ses textes de sa voix de stentor, Miron publie ses «cycles poétiques» dans des périodiques comme *Le nouveau journal* ou *Liberté*.

Mais ce n'est qu'en 1970, alors qu'il reçoit le Prix de la revue *Études françaises*, qu'il consent à ce que soient réunis ces cycles, comme *La marche à l'amour* et *La vie agonique*, dans le plus célèbre recueil de la poésie québécoise : *L'homme rapaillé*.

L'homme rapaillé est un ensemble de poèmes tendus entre la volonté d'écrire et la nécessité de parler, entre la célébration et le combat, entre l'homme et la femme, entre le passé et l'avenir. L'histoire personnelle et la quête d'identité de Miron traduisent à ses yeux celles de ses compatriotes de la «Terre de Québec». Cette identité à trouver ou à retrouver renvoie bien entendu au pays à faire. Politiquement engagé, Miron milite pour l'unilinguisme français. Cette identité passe donc aussi par la défense du français au Québec, cette langue de colonisés et d'aliénés, étouffée, écrit-il, par «les nécessités bilingues qui s'incrustent dans la moelle épinière de l'espace mental du langage».

POÈME   *RECOURS DIDACTIQUE*

Mes camarades au long cours de ma jeunesse
si je fus le haut lieu de mon poème, maintenant
je suis sur la place publique avec les miens
et mon poème a pris le mors obscur de nos combats

5   Longtemps je fus ce poète au visage conforme
qui frissonnait dans les parallèles de ses pensées
qui s'étiolait en rage dans la soie des désespoirs
et son cœur raillait de haut la crue des injustices

Maintenant je sais nos êtres en détresse dans le siècle
10   je vois notre infériorité et j'ai mal en chacun de nous

Aujourd'hui sur la place publique qui murmure
j'entends la bête tourner dans nos pas
j'entends surgir dans le grand inconscient résineux
les tourbillons des abattis de nos colères

15   Mon amour tu es là, fière dans ces jours
nous nous aimons d'une force égale à ce qui nous sépare
        la rance odeur de métal et d'intérêts croulants
        tu sais que je peux revenir et rester près de toi
        ce n'est pas le sang, ni l'anarchie ou la guerre
20   et pourtant je lutte, je te le jure, je lutte
        parce que je suis en danger de moi-même à toi
et tous deux le sommes de nous-mêmes aux autres
Les poètes de ce temps montent la garde du monde

        car le péril est dans nos poutres, la confusion
25   une brunante dans nos profondeurs et nos surfaces
        nos consciences sont éparpillées dans les débris
        de nos miroirs, nos gestes des simulacres de libertés
        je ne chante plus je pousse la pierre de mon corps

        Je suis sur la place publique avec les miens
30   la poésie n'a pas à rougir de moi
j'ai su qu'une espérance soulevait ce monde jusqu'ici.

POUR ÉCLAIRER ce texte

Voici le texte de Gaston Miron pouvant le plus servir de modèle à la démarche du poète sur le plan du contenu et de la forme. On y voit d'abord l'itinéraire qui fut le sien, consistant à mettre ses intérêts individuels après le bien-être et l'épanouissement de son peuple. Les liens entre lui, l'autre et les autres ressortent en même temps que la nécessaire lutte pour la survie. S'adressant à ses amis et, ensuite, à son amour, il fait état de son parcours et de ce qui nous attend, parlant du péril et de la confusion qui nous guettent. Dans une langue simple, mais qui ne se livre pas à la première lecture, il réaffirme la place du poète dans ce monde plein de dangers. Sa façon de marier les québécismes simples aux mots plus abstraits ressort également. On peut peut-être même y voir une symbolique : celle de l'identité québécoise, d'ici, qui s'ouvre vers l'universel.

QUESTIONS DE COMPRÉHENSION ET D'ANALYSE

1. Pourquoi le vers qui se répète est-il si important ?
2. Quelle technique Miron utilise-t-il dans des expressions comme « le grand inconscient résineux » (vers 13) ou « des abattis de nos colères » (vers 14) ?
3. À quel moment le poème bascule-t-il d'un interlocuteur à l'autre ?
4. Quel vers renvoie au rôle du poète dans la société ?
5. Quelle figure de style ce vers célèbre comporte-t-il : « la poésie n'a pas à rougir de moi » (vers 30) ?

Dissertation
Pourrait-on prétendre que le poème « Recours didactique » rejoint à la fois les tonalités lyrique et didactique ?

Gratien Gélinas (1909-1999)
TIT-COQ (1948)

Pour nombre de personnes, le théâtre québécois remonte au Régime français, alors que d'autres estiment qu'il n'apparaît qu'avec la pièce *Tit-Coq*. Il s'agit là d'un vieux débat. Bien sûr, certains auteurs comme Joseph Quesnel (1746-1809) et Louis Fréchette ont produit du théâtre de leur cru, mais les alexandrins sonnent faux le long du Saint-Laurent.

Le clergé décourage depuis toujours sa fréquentation. «Ceux qui vont au théâtre n'en sortent jamais meilleurs», déclare monseigneur Bruchési à l'occasion de la visite de Sarah Bernhardt en 1905.

La production théâtrale au Québec reste donc anecdotique avant la création de *Tit-Coq*. Le mérite de Gratien Gélinas (1909-1999) en est d'autant plus grand. Le succès de la pièce est phénoménal et le drame est marquant. Il s'articule autour de dialogues d'un réalisme saisissant, et l'histoire du jeune soldat traduit en grande partie le destin de ses compatriotes «nés pour un petit pain», selon l'expression du temps.

EXTRAIT *TIT-COQ*

Le pont d'un transport de troupes. Tit-Coq est accoudé au bastingage. On entend la musique d'un harmonica venant de la coulisse. Le Padre se promène et aperçoit Tit-Coq, qui lui montre un album de photos.

LE PADRE. — Ils ont l'air de bien braves gens.

5　TIT-COQ. — Yes, sir! Braves d'un travers à l'autre.

LE PADRE, *désignant un portrait.* — C'est elle, Marie-Ange?

TIT-COQ. — Non, c'est ma belle-sœur Claudia, avec mon neveu Jacquot. *(Il tourne la page.)* Marie-Ange, la v'là!

LE PADRE. — Une bien belle fille, en effet.

10　TIT-COQ. — Oui… Il est déjà pas mal fatigué de se faire embrasser, ce portrait-là. Et le petit garçon ici, avec l'insigne de première communion, le cierge à la main et la bouche ouverte, c'est Jean-Paul! *(Il tourne la page.)* Tenez: mon oncle Alcide et ma tante Maria, le parrain et la marraine de Marie-Ange. Ils habitent, en ville, dans le bout d'Hochelaga. Je l'aime ben, lui. Si jamais vous voulez entendre une bonne

15　histoire croustillante, vous avez en plein l'homme! *(Sautant plusieurs feuillets.)* J'en passe, et des meilleurs, pour arriver au plus beau portrait de tout l'album.

LE PADRE. — Mais il n'y a rien sur cette page-là!

TIT-COQ. — Rien pour vous! Mais moi, avec un peu d'imagination, je distingue très bien madame Arthur Saint-Jean… avec le petit Saint-Jean sur ses genoux. À moins

20 que ce soit la petite… Peux pas voir au juste… Et le gars à côté, l'air fendant comme un colonel à la tête de sa colonne, c'est votre humble serviteur.

LE PADRE. — Tu as raison, c'est une page admirable.

TIT-COQ. — Certain! *(Il replace l'album dans sa vareuse.)*

LE PADRE. — Tu n'as pas été tenté de l'épouser, ta Marie-Ange, avant de partir?

25 TIT-COQ. — Tenté? Tous les jours de la semaine! Mais non. Épouser une fille, pour qu'elle ait un petit de moi pendant que je serais parti au diable vert? Jamais en cent ans. Si mon père était loin de ma mère quand je suis venu au monde, à la Miséricorde ou ailleurs, ça le regardait. Mais moi, quand mon petit arrivera, je serai là, à côté de ma femme. Oui, monsieur! Aussi proche du lit qu'il y aura moyen.

30 LE PADRE. — Je te comprends.

TIT-COQ. — Je serai là comme une teigne! Cet enfant-là, il saura, lui, aussitôt l'œil ouvert, qui est-ce qui est son père. Je veux pouvoir lui pincer les joues et lui mordre les cuisses dès qu'il les aura nettes; pas le trouver à moitié élevé à l'âge de deux, trois ans. J'ai manqué la première partie de ma vie, tant pis, on n'en parle plus. Mais

35 la deuxième, j'y goûterai d'un bout à l'autre, par exemple!… Et lui, il aura une vraie belle petite gueule, comme sa mère.

POUR ÉCLAIRER cet extrait

Orphelin, seul, délaissé, le soldat Tit-Coq est invité à passer les Fêtes dans la famille d'un collègue avec qui il s'est pourtant battu. «Hier encore je lui cognais la fiole, et v'là qu'il m'invite à aller salir la vaisselle de sa mère!» Là, pour une fois, le destin lui sourit. Il se sent enfin accepté dans une famille. Mieux, il rencontre la femme de sa vie en la personne de Marie-Ange, la jolie sœur de Jean-Paul, celle qu'il surnommera affectueusement «Mam'zelle Toute-Neuve». Elle lui faisait penser à «un petit mouchoir blanc tout neuf, pas même déplié». Dès lors, tandis qu'il revient en bateau de sa permission, l'espoir renaît sous la forme de rêves qu'il n'aurait pas osé imaginer. Leur amour survivra-t-il aux deux années qui les éloignent? On se doute de la réponse. On n'échappe pas facilement à son destin. La religion a le dernier mot. Mais cette époque-là, on le sent, achève.

QUESTIONS DE COMPRÉHENSION ET D'ANALYSE

1. Pourquoi le surnom de Tit-Coq donne-t-il le ton à la pièce?
2. Montrer que le personnage principal est capable d'autodérision.
3. Quel détail renvoie à la place de la femme dans les années 1940?
4. Quel passage reflète bien le Canadien français «né pour un petit pain»?
5. Quels thèmes du réalisme ressortent de ces répliques?

Dissertation

Peut-on affirmer que la religion est omniprésente dans cet extrait de *Tit-Coq*?

Marcel Dubé (1930-)
UN SIMPLE SOLDAT (1957)

L'émergence d'un théâtre original jusqu'en 1960 est en grande partie due à Gratien Gélinas et aux efforts de dramaturges qui lui emboîtent le pas. Parmi ceux-ci, citons Jacques Languirand (1930-), avec *Les grands départs*, et surtout Marcel Dubé (1930-), dont la première pièce, *Le bal triste*, est jouée dès 1951 sans attirer l'attention.

Dubé rencontre cependant le succès en 1952 et 1953, avec *De l'autre côté du mur* et *Zone*. Et ce n'est qu'un début. Au cours des deux décennies suivantes, profitant de la fondation de nouvelles troupes, comme le Théâtre du Nouveau Monde, ainsi que de la création de la télévision de Radio-Canada, il établit un répertoire qui marque le théâtre québécois. Ainsi, de 1952 à 1962, Dubé rédige près d'une cinquantaine de textes dramatiques qui sont réalisés par Radio-Canada, dont une trentaine pour la télévision. Ses téléromans *La côte de sable*, *De 9 à 5* et *Le monde de Marcel Dubé* remportent également un grand succès populaire, Dubé réussissant à émouvoir un large public.

Zone, *Florence*, *Un simple soldat*, *Au retour des oies blanches*, *Le temps des lilas* et *Médée* sont autant de pièces inoubliables. Elles mettent en scène des drames humains construits sur une mécanique à la fois précise et impitoyable. Mais leur force et leur originalité résident peut-être davantage dans les personnages : ceux-ci nous ressemblent comme jamais, tout en étant portés par une langue naturelle et conforme à celle que l'on parle au Québec. En témoigne un passage d'*Un simple soldat*, où Édouard semonce son fils qui a trop bu.

EXTRAIT　　***UN SIMPLE SOLDAT***

ÉDOUARD. — Reste là ! La nuit passée, t'as parlé tant que t'as voulu, maintenant, c'est mon tour.

Bertha sort de la chambre, attirée par les voix.

JOSEPH. — Fais ça vite, d'abord. Moi, j'aime ça direct. J'aime ça court.

5　ÉDOUARD. – Je te parlerai pas longtemps, je te crierai pas par la tête non plus, je suis un peu plus civilisé que toi.

JOSEPH. — Tu vois ? Tu commences à prendre des détours. Qu'est-ce que ça donne de passer par quatre chemins ?

ÉDOUARD. — Ferme ta gueule !

10　JOSEPH. — Tu cries autant que moi aussi ! Ça sert à rien, tu peux pas t'empêcher de me ressembler.

Fleurette paraît dans le living-room.

ÉDOUARD. *fait un autre pas vers Joseph.* — Si j'ai crié c'est parce que c'est la seule façon de te faire comprendre. Je m'aperçois que t'as pas grand-chose au fond de la

15 caboche mon p'tit gars... La première chose que tu feras quand je t'aurai parlé, ce sera de passer la porte. Et on espère tout le monde qu'on te reverra plus. Le seul souvenir qui va rester entre toi et moi c'est l'emprunt que j'ai fait et que tu n'as pas été capable de respecter. À chaque fois que tu feras comme hier, que tu rencontreras pas tes obligations, je me rendrai à la Caisse Populaire moi-même, les rencontrer à

20 ta place. Mais pas parce que je continue de te considérer encore comme mon garçon, ça c'est fini, pour moi t'es plus personne ; mais parce qu'un jour j'ai fait la folie de penser que tu pouvais agir comme un homme. Et puis parce que, jeune, j'ai appris à être honnête, à respecter mes engagements. Parce que je me suis rendu compte qu'Armand et Bertha ont toujours eu raison de dire que t'étais un sans-cœur

25 et un raté. C'est tout, j'ai fini !

JOSEPH. — C'est comme ça que je t'aime, le père. Un bon boxeur cognerait pas mieux que toi.

Il tourne le dos à Édouard, va ramasser sa vareuse de soldat et fait face de nouveau à son père.

30 JOSEPH. — C'est tout ce que je prends comme bagage... *(À Bertha.)* Le reste de mon linge, tu le vendras aux pauvres qui passent, Bertha.

▌ **POUR ÉCLAIRER** cet extrait

Un simple soldat raconte l'histoire de Joseph Latour, jeune soldat revenant de la Seconde Guerre mondiale, mais sans avoir pu se battre et prouver sa valeur. Lui qui ne s'est jamais remis du décès de sa mère et du remariage de son père, Édouard, retrouve donc son rôle de bon à rien qui n'a jamais fait quoi que ce soit de bien. Son mal de vivre est puissant. Une grande révolte bout en lui. Ne pouvant conserver ses emplois, traînant souvent dans les bars, il finit par ne pas pouvoir rembourser son père qui l'a sorti du pétrin. Ce dernier le met donc dehors et mourra quelques jours après. Son fils, lui, va plus tard se faire tuer comme simple soldat dans l'armée américaine en Corée. Histoire de voyou ? Peut-être plus de révolté. La société de l'époque n'a pas grand-chose à offrir. De plus, dès que la famille n'est pas tissée serré, les gros problèmes se profilent vite à l'horizon.

▐ QUESTIONS DE COMPRÉHENSION ET D'ANALYSE

1. Pourquoi Joseph a-t-il réclamé des aspirines juste avant cette scène ?
2. Quelle période historique et quelle classe sociale le titre évoque-t-il ?
3. En quoi la langue semble-t-elle « naturelle et conforme à celle que l'on parle au Québec » ?
4. Quelle réplique cruelle montre à la fois le lien entre les deux hommes et leur opposition en accentuant l'effet dramatique ?
5. Pourquoi la dernière réplique de la scène est-elle en même temps paradoxale et émouvante ?

Dissertation
Est-il permis de penser que cette scène d'*Un simple soldat* nous renvoie à beaucoup de valeurs des années 1950 ?

CHAPITRE **5**

VERS UN ÉTAT DANS L'ÉTAT (1960–1980)

Alfred Pellan (1906-1988). *Bambin* (1974).
Sérigraphie, 66,3 x 51 cm.
Collection : Musée d'art de Joliette
(1997.106), Joliette, Québec.

Le contexte
SOCIOHISTORIQUE (1960-1980)

Le début de la période 1960-1980 est marqué par ce que les historiens ont appelé la «Révolution tranquille». Celle-ci se prépare depuis un certain temps, ayant pris naissance au sein même de l'Union nationale. Après la mort de Duplessis en 1959, Paul Sauvé, son successeur, adopte le slogan «Désormais», qui annonce précisément le changement. Au cours des 100 jours durant lesquels il exerce le pouvoir avant de décéder, Sauvé envisage une réforme de l'éducation et une politique d'assurance hospitalisation. Cependant, c'est avec l'élection du Parti libéral de Jean Lesage, en 1960, que la Révolution tranquille se concrétise. À tous points de vue, le Québec ne sera plus le même.

En 1960, le Parti libéral dirigé par Jean Lesage prend le pouvoir pour la première fois depuis 1939. Appuyé par une «équipe du tonnerre» composée de jeunes intellectuels dynamiques comme René Lévesque, le chef promet le changement et la modernisation. Le slogan «C'est le temps que ça change» retentit sur toutes les tribunes. Il exprime une rupture avec le passé, il est vrai, mais surtout la recherche d'une identité nouvelle: «À l'identité canadienne-française, [la Révolution tranquille] substituera l'identité québécoise[1].» De fait, les Québécois aspirent à la maîtrise économique, politique et culturelle de leur destin.

D'une certaine façon, le Québec se joint à un vaste mouvement européen et nord-américain prônant une expansion de l'intervention de l'État dans les domaines de l'éducation, de la santé et de l'économie. En quelques années, un État-providence encadre et dispense les services à la population. L'éducation est réorganisée autour de nouvelles institutions: le ministère de l'Éducation, de nouvelles commissions scolaires, les polyvalentes, les cégeps et le réseau de l'Université du Québec. Le réseau de la santé est lui aussi transformé: en dix ans, tous les soins de santé deviennent gratuits.

Sur le plan économique, l'État nationalise l'électricité et prend le contrôle des ressources naturelles québécoises, jusque-là monopolisées par des intérêts privés. Les compagnies privées d'hydroélectricité sont intégrées à Hydro-Québec. Plusieurs sociétés d'État sont créées afin de favoriser le développement économique du Québec. C'est le moyen de devenir «maîtres chez nous», comme le revendique le slogan libéral de 1962.

De grands projets rassemblent aussi la population, notamment le métro de Montréal en 1966, l'Exposition universelle de Montréal en 1967, le barrage Manic-5 en 1968 et les Jeux olympiques de Montréal en 1976. Cela favorise une ouverture sur les autres cultures et sur le monde.

Carte postale représentant l'Expo 67 avec le pavillon de la Grande-Bretagne, à gauche, et celui de la France.

Parallèlement, la société québécoise, si longtemps dominée par la religion et le clergé, vit de profonds changements. L'espace public devient laïque. Les communautés religieuses sont évincées des sphères de l'éducation, de la santé et des services sociaux. Nombre de prêtres, de religieux et de religieuses se défroquent. Les églises catholiques se vident. La femme devient l'égale de son mari sur le plan juridique. L'union libre et le divorce gagnent en popularité, la contraception est de plus en plus courante, et le taux de natalité diminue. Dès 1970, la famille typique compte moins de deux enfants.

Sur le plan politique, une option nouvelle émerge : l'indépendantisme. Le Ralliement national (RN), le Ralliement pour l'indépendance nationale (RIN) et le Mouvement Souveraineté-Association (MSA) visent l'accès à l'indépendance à travers un processus démocratique. Ils fusionneront en 1968 pour donner naissance au Parti québécois (PQ) de René Lévesque. La souveraineté-association vise l'obtention de la souveraineté de l'État du Québec, accompagnée de la création d'une association politique et économique entre le nouvel État indépendant et le Canada.

Le Front de libération du Québec (FLQ) choisit pour sa part la voie du terrorisme. Son action culmine avec l'enlèvement de James Cross, un diplomate britannique, et celui de Pierre Laporte, le ministre du Travail du Québec, qui aboutissent à la crise d'Octobre 1970. Juste avant la mort de Laporte, le gouvernement fédéral adopte la Loi des mesures de guerre, qui suspend les libertés individuelles au Québec. Le domaine de la langue est lui aussi en pleine ébullition. Plus que jamais, on s'interroge sur la singularité d'être un peuple francophone dans une Amérique du Nord anglophone.

L'année 1976 marque enfin un tournant dans l'histoire québécoise. Après l'élection du Parti québécois en novembre, le mouvement indépendantiste est au pouvoir pour la première fois à Québec. En littérature comme ailleurs, l'enthousiasme souverainiste est à son comble. En mai 1980, le gouvernement péquiste sollicite par référendum le mandat de négocier la souveraineté-association avec le reste du Canada. Près de 60 % des Québécois lui répondent non. Déçus, les écrivains et les artistes québécois prennent leurs distances par rapport à la politique, et leurs thèmes de prédilection changent, passant par exemple du pays à l'ouverture sur le monde.

Élection du parti québécois le soir du 15 novembre 1976.

1. Marc LESAGE et Francine TARDIF, *30 ans de Révolution tranquille*, Montréal, Bellarmin, 1989, p. 176.

En plus du postmodernisme, défini dans le chapitre suivant en page 138, la période 1960-1980 est composée de trois tendances littéraires majeures, parfois présentes dans la même œuvre, qui regroupent la presque totalité des textes alors produits au Québec :

- la littérature engagée ;
- l'esthétique de la transgression ;
- l'écriture féministe.

LA LITTÉRATURE ENGAGÉE
en théorie

ORIGINES

La littérature engagée remonte à loin. Déjà, au XVIe siècle en France, des écrivains s'engagent en témoignant notamment de leurs convictions religieuses ou de leur refus de la torture. Ensuite, au fil des ans, les thèmes mobilisateurs deviennent la religion, les questions sociales, les valeurs humanitaires, les questions politiques ou économiques, ainsi que le féminisme. C'est toutefois Jean-Paul Sartre qui donne ses lettres de noblesse à ce type de littérature pendant l'après-guerre (1945-1955) en Europe. Il s'engage sur toutes sortes de questions sociales et politiques. Au Québec, dès 1953, dans la foulée des revendications sociales des poètes de l'Hexagone, un triple combat s'amorce sur la société, le pays à naître et l'identité québécoise.

DÉFINITION

La littérature engagée implique un style d'écriture revendicateur et militant se développant pendant la Révolution tranquille. Elle découle de la recher-

Armand Vaillancourt (1929-).
Sans titre (vers 1965).
Fonte, 76 x 17 x 17 cm.
Collection : Musée d'art de Joliette (1992.062), Joliette, Québec.

che, par les Québécois, d'une identité collective à partir de leur identité individuelle. Le *je* s'associe davantage au *nous* en vue d'un passage de l'appellation *canadienne-française* à celle de *québécoise*. L'aliénation du peuple québécois y est vertement dénoncée, surtout qu'il en est le premier responsable. Son infériorité économique, sa dépendance politique ainsi que la soumission dont il fait preuve face aux anglophones, à Ottawa et à l'Église motivent les écrivains à réclamer des changements. Au nombre de ceux-ci, on compte la transformation du nationalisme en indépendantisme.

THÈMES

La substitution des valeurs de la religion catholique par des valeurs plus matérialistes et tournées vers le monde marque d'abord ce courant. La recherche d'une certaine forme d'autonomie autour de l'État et de la langue contribue de son côté à faire épanouir l'idée de nation derrière la majorité des textes de l'époque. C'est ainsi que, outre ceux de la religion, du pays et de la langue, la littérature engagée verra surtout défiler des thèmes comme la politique, la liberté, le passé, la modernité, l'avenir, les relations humaines, l'ouverture sur le monde, la contestation et le refus des oppressions. On parle à nouveau de *l'âge de la parole*, selon l'expression du poète Roland Giguère, par opposition aux silences imposés de la Grande Noirceur.

GENRES

- **L'ESSAI :** Jean-Paul Desbiens, Pierre Vallières, Pierre Bourgault…
- **LE ROMAN :** Gérard Bessette, Jacques Ferron, Hubert Aquin…
- **LE THÉÂTRE :** Michel Tremblay, Antonine Maillet, Jean-Claude Germain…
- **LA CHANSON :** Félix Leclerc, Gilles Vigneault, Pauline Julien…
- **LA POÉSIE :** Michèle Lalonde, Gérald Godin, Paul Chamberland…
- **LE CINÉMA :** Pierre Perrault, Claude Jutra, Denys Arcand…

EXEMPLE

Victor-Lévy Beaulieu
MONSIEUR MELVILLE (EXTRAIT)

Mais moi je suis comme mon pays, je suis la demi-mesure même de mon pays — un grand fleuve pollué marchant vers sa mort de fleuve. Même si le fleuve devait continuer, ce ne serait plus ce fleuve auquel je pense, et qui m'habite comme ce n'est pas possible, qui me boxe et me laisse étrangement mou, sans possibilité de défense. Je
5   sombre et je n'arrive plus à nager. Je sombre et ce ne sera toujours que cela, une chute sans fin dans les eaux du non-être : il n'y a ni temps ni espace québécois, que la présence américaine, ce par quoi je suis annihilé, ce par quoi je suis bâillonné, et ligoté, et torturé. Américain, mais sans l'Amérique, consommateur, mais sans capital, esclave de l'Empire et sans d'autres armes que ce pitoyable livre pour me continuer
10   dans ma pâle énergie. Bientôt le monde sera ailleurs, dans les lointaines planètes, et ce monde sera toujours américain — une machinerie fabuleuse, un prolongement dans le temps et l'espace de la puissance américaine, de l'être américain, de l'aigle colonisateur américain, de l'aigle répressif américain, autrement dit de la vie, autrement dit de ce cancer proliférant qu'est la vie.

COMMENTAIRE   Dans ce mélange de roman, d'autobiographie et d'hommage à l'écrivain américain Herman Melville, Victor-Lévy Beaulieu nous met en présence d'un narrateur qu'on sent écartelé tant par rapport à son identité individuelle qu'à son identité collective. Il lutte pour sa survie dans son petit pays équivoque et qui n'arrive jamais, comme il le dit ailleurs, un pays auquel personne ne s'intéresse et en lequel nul ne croit. L'ère du silence est terminée, on le sent bien, et le goût de la liberté transparaît. Mais l'oppresseur n'est pas que l'Amérique ou la consommation, qui nous définissent déjà en partie. C'est plutôt notre manque de confiance, nos réflexes de colonisés ainsi que nos propres doutes et peurs, autant d'entraves que nous traînons depuis très longtemps. Surnager devient alors difficile, voire impossible, tout risquant de finir avant d'avoir commencé.

L'ESTHÉTIQUE DE LA TRANSGRESSION
en théorie

ORIGINES

Les sources de l'esthétique de la transgression sont à la fois anciennes et multiples. D'une part, le dadaïsme et le surréalisme européens marquent les esprits des automatistes québécois des années 1948 et suivantes. D'autre part, le structuralisme et le formalisme de la revue *Tel Quel* — en France — ainsi que le mouvement de la *beat generation* américaine préparent le terrain pour cette approche. Celle-ci fait partie intégrante du vaste mouvement de la contre-culture, typique des années 1960 et 1970 dans toutes les sociétés occidentales. Cette contre-culture représente une contestation systématique de la domination culturelle de la bourgeoisie. Fini les anciennes valeurs et façons de s'exprimer : l'heure n'est plus à l'uniformité, mais à l'invention.

DÉFINITION

L'esthétique de la transgression dénonce, choque et va bien au-delà des conventions,

des règles ou des tabous. Il s'agit de s'opposer à la normalité en empruntant les voies de la marginalité et de l'invention. Le créateur prend des risques et ose sortir des sentiers battus, y compris en matière d'exploration formelle. C'est dire que le travail sur la forme relègue parfois le sens loin en arrière-plan, quitte à ce que s'installe l'incompréhension. Le prix à payer pour la prise de risques et le côté libératoire de cet affranchissement peut donc parfois être très lourd. En revanche, cette transgression s'avère indispensable pour interroger les limites de nos sociétés, car dépasser les frontières de l'acceptable nous renseigne sur elles.

THÈMES

Comme la transgression a pour objet de capter le regard, on comprend que les thèmes qui provoquent sont étroitement liés au contexte. L'habillement, la nudité ou la religion seront ainsi des bombes dans certains milieux, heurtant les pratiques ou les convictions de la majorité. Plus généralement, on verra des thèmes comme la vérité, la lucidité, la sexualité, la passion, le suicide, les drogues, l'illégalité, la marginalité, le scan-

Betty Goodwin (1923-2008). *Sans titre* (1962). Huile sur panneau de fibre de bois, 20,9 x 25,3 cm. Collection : Musée national des beaux-arts du Québec (2011.210), Québec, Québec.

dale, la violence, le cosmos, la mort, etc., autant de sujets parfois délaissés au détriment de la sonorité ou du style. Bref, c'est le traitement faisant exploser routine, tradition et certitude qui importe, et un sujet aussi commun que la musique pourra éventuellement bousculer par la manière spéciale dont on l'envisage.

GENRES

- LE THÉÂTRE : Claude Gauvreau, Michel Tremblay, Yves Sauvageau…
- LA POÉSIE : Paul Chamberland, Denis Vanier, Josée Yvon…
- LA CHANSON : Gilbert Langevin, Claude Péloquin, Lucien Francoeur…
- LE ROMAN : Jacques Renaud, Louis Gauthier, Emmanuel Cocke…
- L'ESSAI : Jean Basile, Patrick Straram, Jean-Michel Wyl…

EXEMPLE

Claude Gauvreau
LES ORANGES SONT VERTES (EXTRAIT)

BARIBEAU — *(À Drouvoual.)* Ton nom, l'ami ?

DROUVOUAL — Drouvoual, monsieur l'abbé.

BARIBEAU — *(À Ivulka.)* Toi, c'est ?…

IVULKA — Ivulka.

5 BARIBEAU — Belle fille, à vrai dire. Beau tempérament. On perçoit ça du premier coup d'œil.

IVULKA — Le dromadaire en pilule assiste en sa baignoire au saccage des mazdos déguisés en drapeaux.

BARIBEAU — Qu'est-ce que c'est que ça ?

10 PAPRIKOUCE — C'est le fameux langage exploréen, monsieur l'abbé.

BARIBEAU — Ah oui ! Ah oui !

DROUVOUAL — Vous voulez essayer ?

PAPRIKOUCE — Adressez-vous à Yvirnig. Il vous en sera gré.

COMMENTAIRE Créée en 1972, la pièce *Les oranges sont vertes* provoque un scandale et se heurte tout de suite à l'incompréhension. C'est qu'elle illustre parfaitement le fait que l'esthétique de la transgression privilégie souvent la forme par rapport à l'histoire. Par exemple, ici, la réplique « C'est le fameux langage exploréen, monsieur l'abbé » ouvre la porte à tout un univers où l'on bouscule le réel. Ce langage exploréen — cher à Gauvreau — est une sorte de langue inventée basée sur un amalgame hétéroclite de sons et de mots français ou inventés. Ses effets sont énigmatiques, mais quelquefois porteurs de sens. C'est de l'automatisme, de l'art abstrait, en quelque sorte. Se situer intentionnellement en dehors des codes et des formes habituels lui permet toutefois d'user de l'inconscient plus directement. L'expression de sujets gravitant autour de thèmes comme la folie, la révolte ou la colère devient beaucoup plus efficace et spectaculaire.

L'ÉCRITURE FÉMINISTE
en théorie

ORIGINES

Les premiers groupes féministes s'organisent au XIXᵉ siècle dans le Canada français, mais le mouvement prend plus tard de l'ampleur à la suite des combats de Françaises et d'Américaines comme Simone de Beauvoir ou Betty Friedan. En 1949, dans son essai *Le deuxième sexe*, Simone de Beauvoir défend une thèse qui devient célèbre : « On ne naît pas femme, on le devient. » C'est dire que les rôles jusque-là dévolus aux femmes tiennent à des critères culturels ou liés à l'organisation sociale. L'usage de la pilule anticonceptionnelle et l'Année internationale de la femme sont d'autres événements qui aident la cause féministe, mais il est clair que le mouvement s'étend surtout grâce à l'ouverture sur le monde des années 1960 et 1970.

DÉFINITION

L'écriture féministe tient à une nette radicalisation de la prise de parole des femmes en vue d'exercer des pressions pour réformer une société dominée par les hommes. Elle reflète évidemment une volonté d'en arriver à une égalité hommes-femmes complète, mais ce n'est pas tout. L'écriture féministe repose en effet sur l'inscription du corps de la femme et de la différence des femmes dans la langue et le texte. C'est que « toute écriture est sexuée », affirme Lori

Lise Gervais (1933-1998). *Composition* (1961). Aquarelle et encre sur papier, 45,4 x 60 cm.
Collection : Musée de Lachine (RD-1990-L15-69), Montréal, Québec.

Saint-Martin, car «l'écriture des femmes et celles des hommes ont leur spécificité». Et Madeleine Gagnon d'ajouter: «Les femmes ont un imaginaire différent de celui des hommes, ne serait-ce que parce qu'elles ont pensé dans l'ombre, dans la marge.»

THÈMES

Plusieurs auteures dites féministes estiment qu'elles posent les mêmes questions que les hommes, mais tout à fait autrement. D'autres considèrent que l'identité féminine ne saurait exister que par rapport à l'identité masculine. Il s'agit d'une identité elle-même constituée d'identités multiples et contradictoires. Il demeure que l'écriture des femmes — pas comme un produit du sexisme, mais comme l'aspect fondamental de la réalité féminine — privilégiera des thèmes comme celui de la maternité. La famille, les enfants, le mariage, la sexualité, l'avortement, la société, la justice, l'inégalité, le travail, la religion, la politique, la liberté, le changement, la parole, la violence, la normalité, la folie ou le scandale y apparaîtront aussi, pour ne citer que quelques cas.

GENRES

- **L'ESSAI:** Françoise Loranger, Hélène Pelletier-Baillargeon…
- **LE THÉÂTRE:** Denyse Boucher, Jovette Marchessault, Pol Pelletier…
- **LA POÉSIE:** Marie Savard, Nicole Brossard…
- **LE ROMAN:** Louky Bersianik…

EXEMPLE

Louky Bersianik
L'AMOUR LESBIEN EST UNE SPLENDEUR (EXTRAIT)

> laisse-moi t'approcher
> laisse-moi te toucher toute et te fragmenter par petites touches
> laisse-moi ma plurielle de fond en comble te dévaster
> trouver réunies au secret ma soif et mon ruisseau ma verdure et ma faim
> 5   lécher jusqu'au cœur notre vaste complot
> laisse mon corps immobile entrer chez lui par les seuils incalculables de ton corps inamovible
> laisse s'accomplir à l'infini vertigineux du temps vertical cette opération-extase infiniment longue et infiniment aimable

COMMENTAIRE   Le présent extrait du long poème de Louky Bersianik rappelle que plusieurs textes féministes versent volontairement dans la provocation et la destruction des tabous dans le but d'attirer l'attention sur la cause des femmes. Les thèmes de la sensualité et du lesbianisme confèrent par exemple ici au texte une dimension extrémiste qui fera nécessairement jaser à l'époque. Les cinq derniers mots de l'extrait revêtent également des connotations religieuses, chose peu étonnante lorsqu'on sait que les féministes en veulent beaucoup à la religion catholique qui, il est vrai, a été très dure pour les femmes et a favorisé invariablement les hommes. Ces mots renvoient à ceux d'une prière célèbre: l'Acte de contrition. Les fidèles disaient au prêtre, après avoir confessé leurs péchés: «Mon Dieu, j'ai un très grand regret de vous avoir offensé, parce que vous êtes infiniment bon, infiniment aimable et que le péché vous déplaît.» Et l'on devait se confesser une fois par mois…

Jean-Paul Desbiens (1927-2006)
LES INSOLENCES DU FRÈRE UNTEL (1960)

Si des groupes comme Parti pris se préparent avec sérieux à remettre en cause l'ordre établi, quelques essais importants accélèrent dès 1960 les changements liés à la Révolution tranquille. L'un des déclencheurs de la métamorphose que vit la société est la publication des *Insolences du Frère Untel*, de Jean-Paul Desbiens (1927-2006).

Après avoir signé quelques lettres dans *Le Devoir* sous le pseudonyme de Frère Untel, Jean-Paul Desbiens, de la communauté des frères maristes, accepte de publier son pamphlet aux Éditions de l'Homme en 1960. Les autorités religieuses tentent d'empêcher la publication de l'ouvrage, mais les presses tournent déjà à plein. Le livre se vend à plus de 130 000 exemplaires.

Les insolences du Frère Untel sont une dénonciation de la peur chronique dans laquelle la religion catholique a maintenu la population du Québec, ainsi que de la pauvreté de la pensée canadienne-française. Desbiens s'insurge contre la piètre qualité de notre langue et contre les aberrations d'un système d'enseignement sclérosé.

Enfin, dans un registre très différent, Pierre Vallières (1938-1998) publie *Nègres blancs d'Amérique*, un essai écrit en prison dans lequel il décrit son cheminement vers l'indépendantisme et le socialisme. Il sera toujours considéré comme le principal théoricien du FLQ.

EXTRAIT *LES INSOLENCES DU FRÈRE UNTEL*

Parler joual, c'est précisément dire joual au lieu de cheval. C'est parler comme on peut supposer que les chevaux parleraient s'ils n'avaient pas déjà opté pour le silence et le sourire de Fernandel.

Nos élèves parlent joual, écrivent joual et ne veulent pas parler ni écrire autrement.
5 Le joual est leur langue. Les choses se sont détériorées à tel point qu'ils ne savent même plus déceler une faute qu'on leur pointe du bout du crayon en circulant entre les bureaux. «L'homme que je parle» — «nous allons se déshabiller» — etc... ne les hérisse pas. Cela leur semble même élégant. Pour les fautes d'orthographe, c'est un peu différent; si on leur signale du bout du crayon une faute d'accord ou l'omission
10 d'un *s*, ils savent encore identifier la faute. Le vice est donc profond : il est au niveau de la syntaxe. Il est aussi au niveau de la prononciation : sur vingt élèves à qui vous demandez leur nom, au début d'une classe, il ne s'en trouvera pas plus de deux ou trois dont vous saisirez le nom du premier coup. Vous devrez faire répéter les autres. Ils disent leur nom comme on avoue une impureté.

15 Le joual est une langue désossée : les consonnes sont toutes escamotées, un peu comme dans les langues que parlent (je suppose, d'après certains disques) les danseuses des Îles-sous-le-Vent : oula-oula-alao-alao. On dit : «chu pas apable», au lieu de : je ne suis pas capable; on dit : «l'coach m'enweille cri les mit du gôleur», au lieu de : le moniteur m'envoie chercher les gants du gardien, etc. Remarquez que je

20 n'arrive pas à signifier phonétiquement le parler joual. Le joual est une décomposition ; on ne fixe pas une décomposition, à moins de s'appeler Edgar Poe. Vous
savez : le conte où il parle de l'hypnotiseur qui avait réussi à *geler* la décomposition
d'un cadavre. C'est un bijou de conte, dans le genre horrible.

Cette absence de langue qu'est le joual est un cas de notre inexistence, à nous, les
25 Canadiens français. On n'étudiera jamais assez le langage. Le langage est le lieu de
toutes les significations. Notre inaptitude à nous affirmer, notre refus de l'avenir,
notre obsession du passé, tout cela se reflète dans le joual, qui est vraiment notre
langue. Je signale en passant l'abondance, dans notre parler, des locutions néga-
tives. Au lieu de dire qu'une femme est belle, on dit qu'elle n'est pas laide ; au lieu
30 de dire qu'un élève est intelligent, on dit qu'il n'est pas bête. […]

On est amené ainsi au cœur du problème, qui est un problème de civilisation. Nos
élèves parlent joual parce qu'ils pensent joual, et ils pensent joual parce qu'ils vivent
joual, comme tout le monde par ici.

POUR ÉCLAIRER cet extrait

La colère du Frère Untel est profonde. Sa référence au comédien français Fernandel (1903-1971) en est une illustration. Ce dernier acquiert en effet une popularité sans bornes partout dans le monde à partir de rôles de naïfs ou de niais liés à son physique ingrat et à sa dentition chevaline. Cette colère, on la perçoit aussi dans la dernière phrase de l'extrait, où tout le monde est dans le même bain. Ailleurs dans son livre, il écrit que les Canadiens français forment «une race servile». «La patronne des Canadiens français devrait être Notre-Dame-de-la-Trouille», suggère-t-il. Desbiens est toutefois récompensé : le Rapport Parent menant à la création du ministère de l'Éducation, en 1964, constitue l'aboutissement de son combat. Il remplace le département de l'Instruction publique, dépassé par les événements et contrôlé par le clergé.

QUESTIONS DE COMPRÉHENSION ET D'ANALYSE

1. Desbiens semble-t-il sûr de lui lorsqu'il se prononce sur la langue ?
2. Montrer que le Frère Untel se sert d'exemples concrets plutôt que de parler de syntaxe, de barbarismes, etc.
3. Plusieurs termes utilisés n'ont-ils pas des connotations religieuses ?
4. L'emploi de la litote est-il maintenant moins répandu au Québec ?
5. Quels sont les éléments permettant de définir le joual ?

Dissertation
Peut-on avancer que l'extrait des *Insolences du Frère Untel* reflète tout à fait son époque ?

DES ESSAIS RETENTISSANTS

Hélène Pelletier-Baillargeon (1932-)
LE PAYS LÉGITIME (1979)

1976: «Je n'ai jamais été aussi fier d'être Québécois.», lance René Lévesque le 15 novembre, alors que le Parti québécois est élu. Ce soir-là, une page se tourne. Un parti indépendantiste est au pouvoir. Son slogan «On a besoin d'un vrai gouvernement», le PQ s'emploie vite à le matérialiser. Loi 101 et Charte de la langue française, Loi sur le financement des partis, Loi sur l'assurance-automobile, création du ministère de l'Environnement, ce ne sont là que quelques exemples de l'impressionnant bilan dont il peut se vanter.

Sur le thème «Demain nous appartient» s'enclenchent les préparatifs du référendum de 1980. «Un gouvernement du Parti québécois s'engage à s'assurer par voie de référendum, à l'intérieur d'un premier mandat, de l'appui des Québécois sur la souveraineté», avait clairement prévenu le PQ. Le combat s'annonce féroce.

Directrice de revue et journaliste, Hélène Pelletier-Baillargeon (1932-) est indépendantiste. Auteure de biographies sur Marie Gérin-Lajoie et Olivar Asselin, elle propose dans *Le pays légitime* de petits textes sur les sujets qui lui sont chers: politique, condition de la femme, syndicalisme, éducation... Mais elle tente aussi de convaincre ses compatriotes de la nécessité d'avoir un pays à l'aide d'écrits parfois saisissants. Pendant ce temps, des radicaux comme Pierre Bourgault (1934-2003) trouvent que les choses ne vont pas assez vite et que la question référendaire ne va pas assez loin.

EXTRAIT *LE PAYS LÉGITIME*

D'aussi loin que je me souvienne, j'ai toujours su, de certitude profonde, que nous formions un vrai peuple. Je n'ai pas toujours su, cependant, qu'un vrai peuple ne saurait vivre, au sens plein du terme, sans une terre bien à lui. Et surtout, j'ai mis des années à comprendre que, pour être un jour «maître après Dieu» sur nos terres,
5   il fallait s'engager de façon militante dans le combat politique pour l'indépendance du Québec. Pour que les certitudes de l'enfance se transforment enfin en option et en action directes (pour moi, il s'agit de l'écriture) il m'aura fallu attendre les années de la maturité. Mais, désormais, je ne retournerai plus en arrière. D'une femme faite qui a aimé, enfanté, agi et lutté dans l'émouvant coude à coude fraternel que consti-
10   tue, depuis dix ans, la prodigieuse reprise en charge du Québec par lui-même, on ne refera plus une petite fille perplexe, ballottée par les fausses peurs et les fausses promesses!

J'ai toujours su que nous formions un vrai peuple. Je l'ai intuitionné, enfant, comme l'Acadienne Angèle Arsenault «dans les chansons de ma mère et sur le violon de
15   mon père». Dans le Bas du Fleuve, nos veillées n'avaient rien à voir avec «leurs» veillées... La gouaille et la truculence de mes oncles, l'amour taquin qu'on y portait aux enfants et cette tendre connivence entre les hommes et les femmes qui ne ressemblait ni au tutoiement familier des Américains, ni à la courtoisie distante des Anglais, ni à la cour charmeuse que font les Français. [...]

20 Mon engagement politique a eu lieu un peu sur le tard, en 1970, lorsque le gouvernement Bertrand a pris la décision de voter la loi 63 qui donnait à la langue anglaise au Québec un statut d'égalité avec le français. En un jour, moi plutôt douce à l'accoutumée, je suis devenue comme une lionne que l'on menace de prendre son petit… Et autour de moi, tous les vrais Québécois que j'admirais et estimais, tous ceux-là
25 qui m'avaient formé l'esprit et le jugement, même les plus modérés protestaient à grands cris devant l'Assemblée nationale. On ne pouvait désormais plus tergiverser ni faire marche arrière.

J'étais chargée de jeunes enfants. Pourtant, ce soir-là, je m'en souviens, leur père et moi avons décidé de notre adhésion à côté du berceau de la petite dernière. Qu'est-
30 ce, en effet, qu'un enfant gavé de tendresse qui découvrirait, devenu adulte, que son père et sa mère ont manqué de courage à l'heure où ils avaient à choisir, en leur âme et conscience, de lui laisser un vrai pays en héritage ?

▮ **POUR ÉCLAIRER** cet extrait

La loi 63 (Loi pour promouvoir la langue française au Québec) votée par l'Union nationale en 1969 consacre le libre choix dans l'enseignement. Or, comme on l'explique dans *Quête identitaire et littérature* (p. XVI), il suffit de peu pour qu'une langue et une culture disparaissent dans un territoire donné. Par exemple, l'intérêt économique peut expliquer qu'une majorité opte pour une langue plus «rentable». Permettre aux immigrants d'envoyer leurs enfants étudier dans la langue de leur choix représente ainsi une option impensable pour qui veut la survie d'un Québec français, d'où les contestations massives de 1970 contre la loi 63 et, éventuellement, la disparition de l'Union nationale. Le linguiste français Claude Hagège rappelle d'ailleurs qu'une langue disparaît toutes les deux semaines et que 5 500 langues sur 6 000 disparaîtront d'ici un siècle.

▮ QUESTIONS DE COMPRÉHENSION ET D'ANALYSE

1. Quelle condition manque pour que nous formions un vrai pays ?
2. À quoi reconnaît-on l'ouverture de l'auteure sur le monde ?
3. Quelle comparaison permet de donner un aperçu de ce patriotisme qu'elle juge essentiel pour ses enfants ?
4. Pensez-vous que nous sommes devant une position réfléchie ?
5. Qu'est-ce qui explique l'originalité de cette prise de position politique ?

Dissertation
Peut-on penser que cette réflexion d'Hélène Pelletier-Baillargeon tient compte du passé et de l'avenir ?

Gérard Bessette (1920-2005)
LE LIBRAIRE (1960)

À partir de 1960, les Québécois adhèrent massivement au discours du changement et les romanciers québécois empruntent une voie similaire. Ce changement passe par de nouvelles façons d'utiliser la langue, dont le joual, mais aussi par une volonté de laisser de côté le passé afin de se pencher sur le présent.

Le roman *Le libraire*, de Gérard Bessette (1920-2005), est représentatif de ce mouvement. Réjean Beaudoin écrit par exemple: «*Le libraire* (1960), de Gérard Bessette, marque bien le passage puisque l'intrigue tourne autour d'un livre vendu à un collégien par un libraire insoucieux de la loi de l'Index. [...] L'ère sartrienne de *La nausée* (1938) vient de rattraper le roman québécois[1].»

Dans *Le libraire*, Bessette utilise en réalité un style dépouillé et moderne, à l'image de ce que font des écrivains français comme Sartre ou Camus, que l'Église interdit de lire à l'époque. Mais, avant tout, *Le libraire* critique une société hypocrite et étouffée par des valeurs ne méritant pas d'être conservées. En ce sens, le roman de Bessette marque le début de la littérature engagée.

EXTRAIT *LE LIBRAIRE*

Puis, un matin, M. le Curé est entré. J'ai su que c'était lui parce que les trois vieilles filles l'ont salué par son titre. À ma connaissance, c'était la première fois qu'il mettait les pieds dans notre établissement. Je supposai qu'il n'était pas lecteur — à moins qu'il ne s'approvisionnât ailleurs. C'est un homme obèse, frisant la soixan-
5 taine, fort bien conservé, teint vermeil, nez épaté, front fuyant, chevelure en panache, et qui parle d'une voix traînante et solennelle. Il s'est approché de moi pour me demander en un chuchotement si j'étais «en charge de la vente des livres». De toute évidence il ne voulait pas que ces demoiselles entendissent notre conversation. Je me souviens qu'un silence absolu planait dans la librairie. Je lui ai
10 donc répondu très distinctement que, en effet, sauf le vendredi soir où M. Chicoine était là, sauf aussi de midi à une heure lorsque Mlle Morin me remplaçait, c'était moi qui étais préposé au rayon des livres comme l'indiquait ma position derrière le comptoir.

Après un signe de tête pour me remercier, il s'est mis à examiner les livres étalés
15 sur les rayons. Il m'a même prié de lui prêter un petit escabeau afin de consulter les titres des volumes haut placés. De temps en temps, il comparait certains titres à une liste qu'il avait tirée de sa poche et il hochait la tête. Je l'ai laissé faire, assis sur mon tabouret où j'ai finalement réussi à somnoler comme d'habitude. Au bout d'un certain temps, M. le Curé est descendu et m'a demandé de la même voix confiden-
20 tielle si nous n'avions pas en stock «certains livres dangereux». Je l'ai regardé l'air perplexe en relevant les sourcils et l'ai prié de m'éclairer sur ce qu'il entendait par «livres dangereux». Un soupçon d'impatience a percé dans sa voix:

— Vous savez bien ce que je veux dire, voyons ! Des livres qu'il ne faut pas mettre entre toutes les mains.

25 Je lui ai répondu que je n'en savais rien, attendu que je ne lisais pas moi-même et que, même si j'avais lu, je n'aurais pas osé porter de jugement là-dessus. Il m'a fixé quelques instants sans bouger. Il se demandait sans doute si j'étais aussi stupide que j'en avais l'air.

— N'avez-vous pas un guide qui vous donne la cote morale des livres que vous 30 vendez ? s'enquit-il.

Je lui ai répondu que je l'ignorais, mais que, s'il voulait bien me donner le titre de ce livre de cotes, je consulterais nos listes. Il a alors mentionné *Le père Sagehomme* et *L'abbé Bethléem*. [...]

Les sourcils froncés, il m'a dévisagé encore un long moment. Puis, brusquement, il 35 a sorti un livre de la poche intérieure de son paletot et me l'a tenu quelques secondes sous le nez.

— Vous connaissez ce volume ? m'a-t-il demandé d'une voix sévère.

▌ POUR ÉCLAIRER cet extrait

Tout, dans cet extrait, montre que le passage du Canada français au Québec implique des changements draconiens et sans retour possible. Fini l'appellation *vieilles filles* pour désigner les célibataires de plus de 25 ans qui ont *coiffé sainte Catherine* — selon l'expression du temps ; fini les conversations à voix basse sur la sexualité parce qu'on est en présence de femmes non mariées ; fini le curé qui en impose par son autorité absolue et n'hésite pas à se mêler activement de dépister le mal aussi dans les hauteurs soit-il ; fini les livres à l'Index selon le père Sagehomme ou l'abbé Bethléem prescrivant les œuvres à lire et à proscrire ; fini les drames autour d'auteurs comme Voltaire et son *Essai sur les mœurs* portant un jugement favorable sur Mahomet et l'islam ; fini les librairies de quartier ou de petite ville vendant des volumes identifiés à leur nom. Une époque est révolue.

QUESTIONS DE COMPRÉHENSION ET D'ANALYSE

1. Comment l'auteur fait-il passer des messages à l'aide d'une description ?
2. Comment le libraire se moque-t-il du curé ?
3. Montrer que certains termes revêtent des connotations tant religieuses qu'ironiques.
4. Le curé semble-t-il à l'aise dans son rôle d'enquêteur ?
5. Peut-on dire que les personnages reflètent une société hypocrite et étouffée ?

Dissertation

Pensez-vous que ce passage du *Libraire* est plein de sous-entendus renvoyant à du changement ?

1. Réjean BEAUDOIN, *Le roman québécois*, Montréal, Les éditions du Boréal, coll. « Boréal express », 1991, p. 39.

Hubert Aquin (1929-1977)
PROCHAIN ÉPISODE (1965)

L'une des toutes premières organisations à promouvoir l'indépendantisme demeure l'Alliance laurentienne. Le terme «Laurentie» englobe les Québécois et les francophones hors Québec, mais, en 1960, André D'Allemagne en claque la porte pour créer le Rassemblement pour l'indépendance nationale (RIN). Le RIN est, dans les faits, un groupe de militants socialistes ou sociodémocrates, et Hubert Aquin est l'un des membres de sa direction.

En 1964, dans une lettre au *Devoir*, Aquin annonce toutefois qu'il choisit l'action clandestine et se fait «commandant de l'Organisation spéciale» dans le but de joindre ses forces à celles du Front de libération du Québec (FLQ). Un mois plus tard, il est arrêté, à bord d'une voiture volée, en possession d'une arme à feu. Sur les conseils de son avocat, il plaide la folie, ce qu'il se reproche plus tard. Il est interné quatre mois dans un hôpital psychiatrique. C'est lors de ce séjour qu'il commence l'écriture de *Prochain épisode*, qui raconte l'histoire d'un révolutionnaire emprisonné.

«Nous le tenons, notre grand écrivain. Mon Dieu, merci», note avec à-propos Jean Éthier-Blais (1925-1995) en 1965. «Hubert Aquin est un homme qui accepte que le monde dans lequel il vit soit celui de la littérature. L'autre, celui où nous croyons nous mouvoir, n'est qu'une basse copie de cet univers vrai.»

EXTRAIT   *PROCHAIN ÉPISODE*

Chef national d'un peuple inédit! Je suis le symbole fracturé de la révolution du Québec, mais aussi son reflet désordonné et son incarnation suicidaire. Depuis l'âge de quinze ans, je n'ai pas cessé de vouloir un beau suicide: sous la glace enneigée du Lac du Diable, dans l'eau boréale de l'estuaire du Saint-Laurent, dans une
5 chambre de l'hôtel Windsor avec une femme que j'ai aimée, dans l'auto broyée l'autre hiver, dans le flacon de Beta-Chlor 500 mg, dans le lit du Totem, dans les ravins de la Grande-Casse et Tour d'Aï, dans ma cellule CG19, dans mes mots appris à l'école, dans ma gorge émue, dans ma jugulaire insaisie et jaillissante de sang! Me suicider partout et sans relâche, c'est là ma mission. En moi, déprimé explosif, toute
10 une nation s'aplatit historiquement et raconte son enfance perdue, par bouffées de mots bégayés et de délires scripturaires et, sous le choc noir de la lucidité, se met soudain à pleurer devant l'immensité du désastre et l'envergure quasi sublime de son échec. Arrive un moment, après deux siècles de conquêtes et 34 ans de tristesse confusionnelle, où l'on n'a plus la force d'aller au-delà de l'abominable vision.
15 Encastré dans les murs de l'Institut et muni d'un dossier de terroriste à phases maniaco-spectrales, je cède au vertige d'écrire mes mémoires et j'entreprends de dresser un procès-verbal précis et minutieux d'un suicide qui n'en finit plus. Vient un temps où la fatigue effrite les projets pourtant irréductibles et où le roman qu'on a commencé à écrire sans système se dilue dans l'équanitrate. Le salaire du guerrier
20 défait, c'est la dépression. Le salaire de la dépression nationale, c'est mon échec;

c'est mon enfance dans une banquise, c'est aussi les années d'hibernation à Paris et ma chute en ski au fond du Totem dans quatre bras successifs. Le salaire de ma névrose ethnique, c'est l'impact de la monocoque et des feuilles d'acier lancées contre une tonne inébranlable d'obstacles. Désormais, je suis dispensé d'agir de
25 façon cohérente et exempté, une fois pour toutes, de faire un succès de ma vie. Je pourrais, pour peu que j'y consente, finir mes jours dans la torpeur feutrée d'un institut anhistorique, m'asseoir indéfiniment devant dix fenêtres qui déploient devant mes yeux dix portions équaniles d'un pays conquis et attendre le jugement dernier où, étant donné l'expertise psychiatrique et les circonstances atténuantes,
30 je serai sûrement acquitté.

Ainsi, muni d'un dossier judiciaire à appendice psychiatrique, je peux me consacrer à écrire page sur page de mots abolis, agencés sans cesse selon des harmonies qu'il est toujours agréable d'expérimenter, encore que cela, à la limite, peut ressembler à un travail.

▮ POUR ÉCLAIRER cet extrait

Non seulement l'individu et le social se confondent souvent chez Aquin, mais la réalité et la fiction ne font aussi souvent qu'un. C'est ainsi que l'on observe ici un narrateur trouvant dans l'écriture un substitut à l'action politique qui l'a conduit à la prison et à l'hôpital psychiatrique. Un an avant, l'auteur a émis un communiqué déclarant la guerre à tous les ennemis de l'indépendance du Québec. Sa crainte est que les Québécois se contentent d'une révolution en mots. Pour lui, le Québec est une banquise physique et mentale où la neige n'a pas fini de tomber. Ajoutons à cela son goût permanent du suicide, seule issue possible à ses yeux. Il n'aura cherché dans sa vie qu'à mourir, raconte sa compagne, Andrée Yanacopoulo (1927-), ce qui l'amène à se tirer une balle de fusil dans la tête. «Pas de pitié pour ceux qui, comme moi, se croient vivants et se trompent[1]», avait-il noté.

▮ QUESTIONS DE COMPRÉHENSION ET D'ANALYSE

1. Comment fait-on comprendre que le suicide sera un thème important?
2. Comment le narrateur démontre-t-il que la vie du pays est liée à la sienne?
3. Montrer que certains termes revêtent des connotations relatives à l'incarcération ou à l'internement psychiatrique.
4. Peut-on dire qu'intelligence et érudition côtoient dans cet extrait improvisation et incohérence?
5. «Ma relation harmonieuse avec une société qui triche est rompue définitivement», écrit Aquin. Commenter.

Dissertation
Est-il possible d'affirmer que cet extrait montre à quel point le destin collectif se perd dans celui du narrateur?

---

1. Hubert AQUIN, *Journal. 1948-1971*, Montréal, Bibliothèque québécoise, 1992, p. 271.

Marie-Claire Blais (1939-)
UNE SAISON DANS LA VIE D'EMMANUEL (1965)

De nombreuses femmes s'illustrent maintenant dans le roman, dont Anne Hébert (1916-2000) et Marie-Claire Blais (1939-). Chacune manie l'écriture de façon personnelle, tout en faisant évoluer ses personnages dans des univers noirs et bloqués.

Kamouraska et Les fous de Bassan sont deux livres puissants d'Anne Hébert. Quant à Marie-Claire Blais, elle reçoit en France le prix Médicis, en 1966, pour son roman Une saison dans la vie d'Emmanuel. Emmanuel est le seizième enfant à naître dans une famille indigente de la campagne québécoise, où règne Grand-Mère Antoinette, symbole d'un douloureux destin.

Apparaissent aussi des romans sur la quête de l'identité, œuvres de Jacques Ferron (1921-1985), Claude Jasmin (1930-), Jacques Godbout (1933-), Jacques Renaud (1943-) et Victor-Lévy Beaulieu (1945-).

EXTRAIT   *UNE SAISON DANS LA VIE D'EMMANUEL*

Né sans bruit par un matin d'hiver, Emmanuel écoutait la voix de sa grand-mère. Immense, souveraine, elle semblait diriger le monde de son fauteuil. « Ne crie pas, de quoi te plains-tu donc ? Ta mère est retournée à la ferme. Tais-toi jusqu'à ce qu'elle revienne. Ah ! déjà tu es égoïste et méchant, déjà tu me mets en colère ! » Il

5   appela sa mère. « C'est un bien mauvais temps pour naître, nous n'avons jamais été aussi pauvres, une saison dure pour tout le monde, la guerre, la faim, et puis tu es le seizième… » Elle se plaignait à voix basse, elle égrenait un chapelet gris accroché à sa taille. Moi aussi j'ai mes rhumatismes, mais personne n'en parle. Moi aussi, je souffre. Et puis, je déteste les nouveau-nés ; des insectes dans la poussière ! Tu feras

10   comme les autres, tu seras ignorant, cruel et amer… « Tu n'as pas pensé à tous ces ennuis que tu m'apportes, il faut que je pense à tout, ton nom, le baptême… »

Il faisait froid dans la maison. Des visages l'entouraient, des silhouettes apparaissaient. Il les regardait, mais ne les reconnaissait pas encore. Grand-Mère Antoinette était si immense qu'il ne la voyait pas en entier. Il avait peur. Il diminuait, il se refer-

15   mait comme un coquillage. « Assez, dit la vieille femme, regarde autour de toi, ouvre les yeux, je suis là, c'est moi qui commande ici ! Regarde-moi bien, je suis la seule personne digne de la maison. C'est moi qui habite la chambre parfumée, j'ai rangé les savons sous le lit… » Nous aurons beaucoup de temps, dit Grand-Mère, rien ne presse pour aujourd'hui…

20   Sa grand-mère avait une vaste poitrine, il ne voyait pas ses jambes sous les jupes lourdes, mais il les imaginait, bâtons secs, genoux cruels, de quels vêtements étranges avait-elle enveloppé son corps frissonnant de froid ?

25 Il voulait suspendre ses poings fragiles à ses genoux, se blottir dans l'antre de sa taille, car il découvrait qu'elle était si maigre sous ces montagnes de linge, ces jupons rugueux, que pour la première fois il ne la craignait pas. Ces vêtements de laine le séparaient encore de ce sein glacé qu'elle écrasait de la main d'un geste d'inquiétude ou de défense, car lorsqu'on approchait son corps étouffé sous la robe sévère, on croyait approcher en elle quelque fraîcheur endormie, ce désir ancien et fier que nul n'avait assouvi — on voulait dormir en elle, comme dans un fleuve chaud, reposer

30 sur son cœur. Mais elle écartait Emmanuel de ce geste de la main qui, jadis, avait refusé l'amour, puni le désir de l'homme.

— Mon Dieu, un autre garçon, qu'est-ce que nous allons devenir ? Mais elle se rassurait aussitôt : Je suis forte, mon enfant. Tu peux m'abandonner ta vie. Aie confiance en moi.

* * *

35 Il l'écoutait. Sa voix le berçait d'un chant monotone, accablé. Elle l'enveloppait de son châle, elle ne le caressait pas, elle le plongeait plutôt dans ce bain de linges et d'odeurs. Il retenait sa respiration. Parfois, sans le vouloir, elle le griffait légèrement de ses doigts repliés, elle le secouait dans le vide, et à nouveau il appelait sa mère. « Mauvais caractère », disait-elle avec impatience. Il rêvait du sein de sa mère qui

40 apaiserait sa soif et sa révolte.

■ POUR ÉCLAIRER cet extrait

Né dans le Québec rural d'avant la Révolution tranquille, Emmanuel est le seizième enfant d'une famille pauvre et tissée de secrets qu'on découvrira. Le choc avec la grand-mère est brutal sitôt son arrivée, puisque c'est elle qui est chargée de le prendre en main, la mère et le père travaillant sans relâche sur la terre. Cette grand-mère, elle symbolise l'autorité absolue, mais elle annonce aussi le programme qui attend le nouveau-né. Cet avenir relève carrément du cauchemar, notamment à cause de la pauvreté. L'enfant n'est pas le bienvenu. Elle le lui confie sans le ménager. En revanche, ce cauchemar, d'autres enfants de la famille tenteront de s'en arracher : tous déchanteront. Dès le début du roman, c'est donc le face-à-face entre la jeunesse et la vie, d'un côté, et, de l'autre, la vieillesse et le désabusement total.

QUESTIONS DE COMPRÉHENSION ET D'ANALYSE

1. Qu'est-ce qui paraît surréaliste ?
2. Est-ce une image de la grand-mère ou un portrait du monde entier qui se dégage du premier paragraphe ?
3. Repérer des figures contribuant à accentuer le misérabilisme de cette société.
4. La religion catholique influe-t-elle sur les propos et les comportements de la grand-mère ?
5. Montrer que des symboles de la vie et de la mort cohabitent ici.

Dissertation

Est-il permis d'établir des liens entre le côté intimiste de cette scène et la société des années 1940-1950 ?

Réjean Ducharme (1941-)
L'AVALÉE DES AVALÉS (1966)

Les années 1960-1980 voient surgir d'autres romanciers de talent que nous ne pouvons tous nommer. Yves Thériault (1915-1983), Roch Carrier (1937-), André Major (1942-) ou Louis Gauthier (1944-) s'imposent. On ne peut non plus passer sous silence Claire Martin (1914-2014), auteure d'un mémorable récit en deux tomes : *Dans un gant de fer* et *La joue droite*.

Le plus prolifique de nos romanciers est Victor-Lévy Beaulieu. Magicien du langage comme son idole Jacques Ferron, il désire être Victor Hugo ou rien. Axée autour du concept de littérature nationale, fondatrice d'un Québec indépendant, l'œuvre de Beaulieu compte plus de 90 livres et 35 000 pages de téléromans.

Avec *Salut Galarneau !* ou *D'amour, P. Q.*, Jacques Godbout (1933-) aborde des idées neuves comme l'américanité du Québec ou la société de consommation. Il est aussi à l'origine de films et d'articles, dont un où il ne se gêne pas pour annoncer la fin du Québec en 2076, soit 100 ans après la première élection du PQ. Avec *L'avalée des avalés* ou *L'hiver de force*, Réjean Ducharme (1941-) — dont on ne connaît que deux photos — acquiert dès le début une solide réputation dans toute la francophonie. Il bouscule notre tradition romanesque en recourant à un savant mélange de délire et de révolte. Les premiers paragraphes de *L'avalée des avalés* en offrent un avant-goût. Bérénice Einberg, la narratrice, s'y présente au lecteur avec toute l'intensité qui est la sienne.

EXTRAIT *L'AVALÉE DES AVALÉS*

Tout m'avale. Quand j'ai les yeux fermés, c'est par mon ventre que je suis avalée, c'est dans mon ventre que j'étouffe. Quand j'ai les yeux ouverts, c'est par ce que je vois que je suis avalée, c'est dans le ventre de ce que je vois que je suffoque. Je suis avalée par le fleuve trop grand, par le ciel trop haut, par les fleurs trop fragiles, par
5 les papillons trop craintifs, par le visage trop beau de ma mère. Le visage de ma mère est beau pour rien. S'il était laid, il serait laid pour rien. Les visages, beaux ou laids, ne servent à rien. On regarde un visage, un papillon, une fleur, et ça nous travaille, puis ça nous irrite. Si on se laisse faire, ça nous désespère. Il ne devrait pas y avoir de visages, de papillons, de fleurs. Que j'aie les yeux ouverts ou fermés, je suis englo-
10 bée : il n'y a plus assez d'air tout à coup, mon cœur se serre, la peur me saisit.

L'été, les arbres sont habillés. L'hiver, les arbres sont nus comme des vers. Ils disent que les morts mangent les pissenlits par la racine. Le jardinier a trouvé deux vieux tonneaux dans son grenier. Savez-vous ce qu'il en a fait ? Il les a sciés en deux pour en faire quatre seaux. Il en a mis un sur la plage, et trois dans le champ. Quand il
15 pleut, la pluie reste prise dedans. Quand ils ont soif, les oiseaux s'arrêtent de voler et viennent y boire.

Je suis seule et j'ai peur. Quand j'ai faim, je mange des pissenlits par la racine et ça se passe. Quand j'ai soif, je plonge mon visage dans l'un des seaux et j'aspire. Mes

25 cheveux déboulent dans l'eau. J'aspire et ça se passe : je n'ai plus soif, c'est comme si je n'avais jamais eu soif. On aimerait avoir aussi soif qu'il y a de l'eau dans le fleuve. Mais on boit un verre d'eau et on n'a plus soif. L'hiver, quand j'ai froid, je rentre et je mets mon gros chandail bleu. Je ressors, je recommence à jouer dans la neige, et je n'ai plus froid. L'été, quand j'ai chaud, j'enlève ma robe. Ma robe ne me colle plus à la peau et je suis bien, et je me mets à courir. On court dans le sable. On
30 court, on court. Puis on a moins envie de courir. On est ennuyé de courir. On s'arrête, on s'assoit et on s'enterre les jambes. On se couche et on s'enterre tout le corps. Puis on est fatigué de jouer dans le sable. On ne sait plus quoi faire. On regarde, tout autour, comme si on cherchait. On regarde, on regarde. On ne voit rien de bon. Si on fait attention quand on regarde comme ça, on s'aperçoit que ce qu'on regarde
35 nous fait mal, qu'on est seul et qu'on a peur. On ne peut rien contre la solitude et la peur. Rien ne peut aider. La faim et la soif ont leurs pissenlits et leurs eaux de pluie. La solitude et la peur n'ont rien. Plus on essaie de les calmer, plus elles se démènent, plus elles crient, plus elles brûlent. L'azur s'écroule, les continents s'abîment : on reste dans le vide, seul.

▮ POUR ÉCLAIRER cet extrait

Avec *L'avalée des avalés*, Réjean Ducharme est considéré comme un écrivain majeur tant en France qu'au Québec. À l'aide d'une écriture dense et rythmée, il réussit à instaurer un univers dans lequel tout s'éclairera après une étape où l'on nage dans une confusion certaine. Le monologue de Bérénice est décousu parce qu'il reflète sa pensée qui erre à partir du thème représenté par les premiers mots du récit : « Tout m'avale. » C'est son rapport au monde qu'elle essaie de décrire ici, un monde qui peut déposséder l'humain de lui-même, l'avaler. Jusqu'à quel point est-on seul ? Quel rôle les autres jouent-ils dans notre vie ? Comment composer avec nos peurs ? Ces premières lignes dressent la toile de fond du roman à venir. Il y sera également question de judaïsme et de catholicisme, mais aussi de ce qu'est la vie en l'absence de Dieu.

QUESTIONS DE COMPRÉHENSION ET D'ANALYSE

1. Pourquoi affirmer que l'incipit du roman *L'avalée des avalés* déstabilise le lecteur dès le départ ?
2. Quels indices portent à croire que nous entrons dans une âme tourmentée ?
3. Des mots et des expressions laissent-ils ici planer le spectre de la mort ?
4. Montrer qu'il y a dans ces lignes quête d'identité et refus de l'âge adulte.
5. Expliquer le problème que laissent présager les dernières phrases de l'extrait.

Dissertation

Peut-on évoquer dans ce roman des liens entre le monde extérieur et la nature humaine ?

Jacques Ferron (1921-1985)
CONTES (1968)

Tout en exerçant la méde-
cine et en fondant le Parti
Rhinocéros, Jacques Ferron
écrit une œuvre à la fois riche
et abondante, engagée et polymorphe. Ses romans,
contes, pièces, essais et articles sont marqués par
ce que Victor-Lévy Beaulieu appelle «l'esprit fer-
ronnien, celui du conteur voyageant de la tradition
orale à la tradition écrite[1]». Sa narration joue tantôt sur les tons graves, tantôt sur les tons comiques.
En s'appuyant sur une connaissance profonde du
Québec, Ferron explore de très nombreux thèmes,
allant de l'enfance à la folie, mais dans un style que
plusieurs qualifient de réalisme merveilleux.

CONTE ## *RETOUR À VAL-D'OR*

Une nuit, le mari s'éveilla; sa femme accoudée le regardait. Il demanda: «que fais-tu
là?» Elle répondit: «tu es beau, je t'aime.» Le lendemain, au petit jour, elle dormait
profondément. Il la secoua. Il avait faim. Elle dit:

— Dors encore; je te ferai à dîner.

5 — Et qui ira travailler?

— Demain, tu iras. Aujourd'hui, reste avec moi. Tu es beau, je t'aime.

Alors, lui, qui était surtout laid, faillit ne pas aller travailler. Il faisait bon au logis; ses
enfants éveillés le regardaient de leurs yeux de biche; il aurait aimé les prendre dans
ses bras et les bercer. Mais c'était l'automne; il pensa au prix de la vie; il se rappela
10 les autres enfants, trois ou quatre, peut-être cinq, morts en Abitibi, fameux pays. Et
il partit sans déjeuner.

Le soir, il se hâta de revenir; ce fut pour trouver la maison froide. Sa femme et les
enfants avaient passé la journée au lit, sous un amas de couvertures. Il ralluma le
feu. Quand la maison fut réchauffée, les enfants se glissèrent en bas du lit. Puis la
15 femme se leva, joyeuse. Elle tenait dans sa main une petite fiole de parfum, achetée
quelques années auparavant, une folie si agréable qu'elle l'avait conservée intacte.
La fiole elle déboucha, le parfum elle répandit sur la tête de son mari, sur la sienne,
sur celle des enfants; et ce fut soir de fête. Seul le mari boudait. Mais durant la nuit
il se réveilla; sa femme penchée disait: «tu es beau, je t'aime.» Alors il céda.

20 Le lendemain, il n'alla point travailler ni les jours suivants. Après une semaine, sa
provision de bois épuisée, il avait entrepris de démolir un hangar attenant à la maison. Le propriétaire de s'amener, furieux. Cependant, lorsqu'il eut vu de quoi il
s'agissait, il se calma. La femme était aussi belle que son mari était laid. Il la ser-
monna doucement. Il parlait bien, ce propriétaire! Elle aurait voulu qu'il ne s'arrêtât

25 jamais. Il lui enseigna que l'homme a été créé pour travailler et autres balivernes du genre. Elle acquiesçait; que c'était beau, ce qu'il disait! Quand il eut séché sa salive, il lui demanda: «maintenant, laisseras-tu travailler ton mari?»

— Non, répondit-elle, je l'aime trop.

— Mais cette femme est folle, s'écria le propriétaire.

30 Le mari n'en était pas sûr. On fit venir des curés, des médecins, des échevins. Tous, ils y allèrent d'un boniment. Ah, qu'ils parlaient bien! La femme aurait voulu qu'ils ne s'arrêtassent jamais, au moins qu'ils parlassent toute la nuit. Seulement quand ils avaient fini, elle disait: «non, je l'aime trop.» Eux la jugeaient folle. Le mari n'en était pas sûr.

35 Un soir, la neige se mit à tomber. La femme qui, depuis leur arrivée à Montréal, n'avait osé sortir, terrifiée par la ville, s'écria:

— Il neige! Viens, nous irons à Senneterre.

Et de s'habiller en toute hâte.

— Mais les enfants? demanda le mari.

40 — Ils nous attendront; la Sainte Vierge les gardera. Viens, mon mari, je ne peux plus rester ici.

Alors il jugea lui-même que sa femme était folle et prit les enfants dans ses bras. Elle était sortie pour l'attendre dans la rue. Il la regarda par la fenêtre. Elle courait en rond devant la porte, puis s'arrêtait, ne pouvant plus attendre.

45 — Nous irons à Malartic, criait-elle, nous irons à Val-d'Or!

Un taxi passait. Elle y monta.

QUESTIONS DE COMPRÉHENSION ET D'ANALYSE

1. Ce texte est-il typique du conte?
2. Le récit renferme-t-il une vision de ce qu'est la folie pour notre société?
3. Comment cette histoire progresse-t-elle en ce qui a trait au temps qui passe?
4. Où voit-on que ce conte possède de l'imprévisibilité?
5. Expliquer que ce texte est littéraire, plurivoque et travaillé dans sa forme.

Dissertation
Ce conte fait-il référence à la fois à un Québec ancien et à un Québec plus moderne?

1. Victor-Lévy BEAULIEU, *Docteur Ferron*, Montréal, Stanké, 1991, p. 12.

L'écriture féministe

Denise Boucher (1935-)
LES FÉES ONT SOIF (1978)

L'écriture féministe ne date pas d'hier. Des anthologies comme *La pensée féministe au Québec*[1] en attestent clairement. Gaëtane de Montreuil (1867-1951) fait entre autres parler d'elle dès la fin du XIXe siècle. Mais c'est dans les années 1970 qu'on voit les revendications féministes aboutir : droit à la contraception, droit à l'avortement, congés de maternité, conciliation travail-famille, discrimination positive dans l'embauche, dénonciation de toutes formes de violences faites aux femmes, etc.

La revue *La vie en rose*, de 1980 à 1987, contribue également à la diffusion du féminisme au Québec. Mais les noms de Louky Bersianik (1930-2011), Jovette Marchessault (1938-2012), Madeleine Gagnon (1938-), Nicole Brossard (1943-) et Pol Pelletier (1947-) doivent obligatoirement être mentionnés si l'on parle de féminisme militant.

En 1978, la pièce *Les fées ont soif*, de Denise Boucher (1935-), marque un tournant. Présentée au TNM, elle provoque pendant des mois débats, pétitions, manifestations, contre-manifestations et affrontements en cour parce qu'on s'y moque de la religion et de la Vierge. Les fées, ce sont des femmes qui refusent de se plier au rôle que les hommes leur imposent depuis toujours, contrairement à la Vierge, qui, elle, n'a jamais eu de prise sur son destin. La charge contre les stéréotypes féminins est véhémente.

EXTRAIT   *LES FÉES ONT SOIF*

[...]

MARIE — La bataille a-t-elle jamais eu lieu maman ? Tu étais faite pour aimer. Ils ont fait de toi une matronne. Comment se parle maman la langue maternelle ? Ils ont dit qu'elle était une langue maternelle. C'était leur langue à eux. Ils l'ont structurée de façon à ce qu'elle ne transmette que leurs volontés à eux, leurs philosophies à eux.

LA STATUE — C'étaient les euneuques du prophète. Les euneuques de l'esprit et de la chair qui parlaient ainsi.

MARIE — Ils t'ont trompée maman. Leur langue ne nous appartient pas. Elle ne nomme rien de ce que je cherche. Elle cache mon identité. Je m'ennuie partout en moi de mon lieu secret de moi. De ton lieu secret qui ne me fut jamais livré.

Si je ne te trouve pas maman, comment veux-tu que je me trouve, moi ? Je m'ennuie de ma mère qui est en toi.

Maman, je voudrais dormir encore dans tes bras. Je voudrais me rapprocher de toi.

Pour trouver la voie réelle de nos vraies entrailles. Maman, je voudrais m'éplucher comme une orange.

Je voudrais jeter ta peau de police.

Je voudrais me défaire de peau en peau, comme un oignon. Jusqu'à me baigner dans notre âme.

Maman. Maman. Viens me chercher.

20 MADELEINE — Maman, viens chercher ta p'tite fille.

LA STATUE — Mes pauvres petits bébés d'amour.

Tous ceux qui ont voulu être Dieu, des dieux, ont défait mes entrailles et l'amour qui rôdait dans mes bras, dans mes mains, dans mes cuisses, dans mes yeux et dans mes seins.

[…]

25 LES TROIS ENSEMBLE — Nous som mes des pri son niè res po li ti ques Nos lar mes n'usent pas les bar reaux de nos pri sons

[…]

▓ POUR ÉCLAIRER cet extrait

Dès le début, parce qu'il refuse de financer la production de la pièce et qu'il menace de couper toute subvention au TNM si elle y est présentée, le Conseil des arts de la région métropolitaine de Montréal est accusé de censure et contribue à l'agitation qui entoure la pièce. Mais le scandale éclate pour deux autres raisons. D'abord, le texte insiste sur le droit des femmes à la jouissance, la jouissance de pouvoir *être* dans toute leur plénitude, avec leur corps, leurs désirs et leurs idées, affranchies des contraintes et des stéréotypes (la mère, la sainte, la putain). De plus, on s'y moque de la Sainte Vierge. Représenté par Me Émile Colas, un groupe religieux de droite s'adresse aux tribunaux pour faire interdire la pièce. La comédienne Louisette Dussault recevra entre autres trois lettres de menaces de mort, mais continuera à défendre une parole qu'elle trouve vraiment nécessaire.

QUESTIONS DE COMPRÉHENSION ET D'ANALYSE

1. À qui le personnage de Marie en veut-il le plus pour son infériorité ?
2. Repérer deux exemples d'hyperboles reflétant l'intensité des propos tenus.
3. Quelle connotation laisse planer le mot *euneuque* dans la bouche de la statue ?
4. Montrer que la fille précise son rêve à l'aide d'une répétition combinée avec des métaphores.
5. Quels procédés permet ici l'écriture dramaturgique ?

Dissertation

En 1978, peut-on dire que la pièce de Denise Boucher verse dans l'exagération ?

---

1. Micheline DUMONT et Louise TOUPIN, *La pensée féministe au Québec. Anthologie (1900-1985)*, Montréal, Les Éditions du remue-ménage, 2003, 750 p.

L'explosion d'un théâtre original

Michel Tremblay (1942-)
LES BELLES-SŒURS (1968)

L'arrivée de Michel Tremblay (1942-) tient de la révolution. Dans *Les belles-sœurs*, il fait le portrait d'un groupe de femmes d'un quartier populaire de Montréal, un portrait dur et au langage cru. Certains adorent; d'autres détestent. Le débat consiste à savoir s'il dépeint une classe sociale ou s'il finit par s'en moquer.

La pièce, qui comporte quinze personnages féminins, raconte l'histoire de Germaine Lauzon: celle-ci vient de gagner un million de ces timbres-primes qui permettaient à l'époque d'obtenir des cadeaux. Germaine est entourée de ses voisines, accourues pour l'aider à coller les timbres dans des livrets. Au fil des conversations, on pénètre dans leur univers bancal.

Les personnages ont des répliques colorées — «la p'tite bougraise», «y'a rien au monde que j'aime plus que le bingo», «ben bonyenne» ou «mademoiselle Vermette est la mieux grayée en fait de brosses» —, mais ils vivent en fait une tragicomédie. Car si l'on rit de leurs reparties, on ne peut qu'être ému par leurs confidences reflétant des existences creuses, évidées, ratées.

Les répliques les plus frappantes sont peut-être celles où Tremblay, empruntant la technique des chœurs du théâtre grec antique, fait longuement parler plusieurs femmes ensemble. On les entend alors clamer à l'unisson leur aversion pour «leur maudite vie plate» ou leur amour du bingo, seul bonheur vraiment accessible.

EXTRAIT ⎸ *LES BELLES-SŒURS*

Lisette De Courval — Ode au bingo!

[…]

Pendant que Rose, Germaine, Gabrielle, Thérèse et Marie-Ange récitent «l'ode au bingo», les quatre autres femmes crient des numéros de bingo en contrepoint, d'une façon très rythmée.

5 Germaine, Rose, Gabrielle, Thérèse et Marie-Ange — Moé, j'aime ça le bingo! Moé, j'adore le bingo! Moé, y'a rien au monde que j'aime plus que le bingo! Presque toutes les mois, on en prépare un dans' paroisse! J'me prépare deux jours d'avance, chus t'énarvée, chus pas tenable, j'pense rien qu'à ça. Pis quand le grand jour arrive, j't'assez excité que chus pas capable de rien faire dans' maison! Pis là, là, quand le
10 soir arrive, j'me mets sur mon trente-six, pis y'a pas un ouragan qui m'empêcherait d'aller chez celle qu'on va jouer! Moé, j'aime ça, le bingo! Moé, c'est ben simple, j'adore ça, le bingo! Moé, y'a rien au monde que j'aime plus que le bingo! Quand on arrive, on se déshabille pis on rentre tu-suite dans l'appartement ousqu'on va jouer. Des fois, c'est le salon que la femme a vidé, des fois, aussi, c'est la cuisine, pis
15 même, des fois, c'est une chambre à coucher. Là, on s'installe aux tables, on distribue les cartes, on met nos pitounes gratis, pis la partie commence!

Les femmes qui crient des numéros continuent seules quelques secondes.

Là, c'est ben simple, j'viens folle! Mon Dieu, que c'est donc excitant, c't'affaire-là!
Chus toute à l'envers, j'ai chaud, j'comprends les numéros de travers, j'mets mes
20 pitounes à mauvaise place, j'fais répéter celle qui crie les numéros, chus dans toutes
mes états! Moé, j'aime ça, le bingo! Moé, c'est ben simple, j'adore ça, le bingo! Moé,
y'a rien au monde que j'aime plus que le bingo! La partie achève! J'ai trois chances!
Deux par en haut, pis une de travers! C'est le B 14 qui me manque! C'est le B 14
qui me faut! C'est le B 14 que je veux! Le B 14! Le B 14! Je r'garde les autres…
25 Verrat, y'ont autant de chances que moé! Que c'est que j'vas faire! Y faut que je
gagne! Y faut que j'gagne! Y faut que j'gagne!

Lisette De Courval — B 14!

Les cinq femmes — Bingo! bingo! J'ai gagné! J'le savais! J'avais ben que trop de
chances! J'ai gagné! Que c'est que j'gagne, donc?

30 Lisette De Courval — Le mois passé, c'était le mois des chiens de plâtre pour t'nir
les portes, c'mois icitte, c'est le mois des lampes torchères!

Les neuf femmes — Moé, j'aime ça, le bingo! Moé, c'est ben simple, j'adore ça, le
bingo! Moé, y'a rien au monde que j'aime plus que le bingo! C'est donc de valeur
qu'y'en aye pas plus souvent! J's'rais tellement plus heureuse! Vive les chiens de
35 plâtre! Vive les lampes torchères! Vive le bingo!

■ POUR ÉCLAIRER cet extrait

Ce qu'on appelle «L'ode au bingo» est l'une des
parties les plus spectaculaires de la pièce Les belles-
sœurs. À travers le chapelet, leurs tâches ménagères
et leur «maudite vie plate», cinq des femmes se
permettent de clamer ensemble leur amour du
bingo. La scène qui précède raconte des banalités
autour de deux abbés, et celle qui suit nous montre
Lise Paquette avouant à sa meilleure amie qu'elle

est enceinte et songe à avorter parce que le père
«est disparu dans'brume». Le bingo symbolise alors
une sorte d'échappatoire au milieu de l'ennuyante
routine et des problèmes graves. Ces derniers sont
d'ailleurs chez Tremblay souvent dus aux hommes
toujours absents, comme ici, ou ratés, alcooliques
et déglingués, comme dans d'autres de ses œuvres.

QUESTIONS DE COMPRÉHENSION ET D'ANALYSE

1. Montrer que la pièce de Tremblay possède du relief.
2. Quel élément prouve l'influence du théâtre grec antique?
3. Tremblay décrit-il une classe sociale ou s'amuse-t-il à s'en moquer?
4. Expliquer comment Tremblay innove et provoque quant au langage.
5. Cet extrait de la pièce appartient-il à une époque révolue?

Dissertation
Est-il excessif d'affirmer que cet extrait des Belles-sœurs représente une tragicomédie?

Claude Gauvreau (1925-1971)
LES ORANGES SONT VERTES (1971)

Si Tremblay demeure si important pour le théâtre québécois, c'est également parce que ses pièces autres que *Les belles-sœurs* sont de la même qualité et finissent par constituer un univers complet. Que ce soit dans *À toi pour toujours, ta Marie-Lou*, où l'on assiste à un chassé-croisé infernal de répliques entre des parents et leurs deux filles, ou dans *Albertine, en cinq temps*, où une septuagénaire se décompose en cinq femmes d'âges différents, les personnages de Tremblay apparaissent et réapparaissent dans plusieurs œuvres, notamment les romans à succès qu'il va bientôt écrire.

Cela dit, le vendredi 21 octobre 1977 à minuit se déroule la première joute de la LNI (Ligue Nationale d'Improvisation). Née au départ de l'imagination de Robert Gravel (1945-1996) et d'Yvon Leduc, la Ligue s'inscrit dans le sillage des recherches du Théâtre expérimental, fondé par Gravel, Pol Pelletier et Jean-Pierre Ronfard (1929-2003). Elle insuffle une énergie nouvelle au théâtre québécois.

Par ailleurs, comment ne pas évoquer le théâtre de Claude Gauvreau, signataire de *Refus global* ? Après plusieurs échecs, ce n'est qu'en 1972, et après son suicide, que Gauvreau triomphe avec *Les oranges sont vertes*.

EXTRAIT *LES ORANGES SONT VERTES*

COCHEBENNE — La folie est en effet le tort criminel inexpiable par excellence ! La folie suffit en soi comme preuve imperfectible de culpabilité.

IVULKA — Personne ne peut expliquer d'une façon défendable ce qu'est la folie, personne ne sait incontestablement ce qu'est la folie, mais il suffit de constater ou de
5   dire qu'un être humain est fou pour qu'il ne puisse plus jamais avoir raison en rien.

COCHEBENNE — Tu es fou, Yvirnig, donc tu as tort en tout.

IVULKA — Les fous n'ont qu'à nous foutre la paix, ils n'ont qu'à prendre leur trou et à se faire oublier.

COCHEBENNE — Que la leçon te serve, cher Yvirnig ! Nous avons soupé de tes élucu-
10   brations ! Laisse-nous tranquilles ! Tais-toi et n'écris plus une ligne !

IVULKA — Bah ! tu peux toujours écrire des phrases de poésie éthérée si tu t'en sens capable... ça, c'est inoffensif et ça peut servir de thérapeutique. Mais plus une syllabe de critique !

COCHEBENNE — Nous sommes sains, nous. Le papelard Moufagrave nous taxe de
15   turpitude mentale comme si nous subissions la contagion de ton mal... c'est injuste !

IVULKA — Il est vrai que les fous sont les lépreux de l'esprit...

YVIRNIG — (*Articulant avec beaucoup de difficulté.*) Les pré... Les pré...

COCHEBENNE — Les prés? Le voilà désormais lancé dans la poésie campagnarde! J'aime mieux ça.

20 YVIRNIG — Les pré... Les pré... Les préjugés...

IVULKA — Ah!

YVIRNIG — Les préjugés... médiévaux... sont... la... la... honte... de l'hum... manité...

IVULKA — Zut! Mais, dis donc, Cochebenne, qu'est devenu le tableau de Drouvoual? Est-ce que Yvirnig l'aurait jeté?

25 COCHEBENNE — Dans son état actuel, comment le savoir?

Drouvoual entre, l'air à la fois rusé et soucieux.

DROUVOUAL — Bonjour, mes chers camarades!

COCHEBENNE — As-tu lu *L'épée de Jésus*?

▐ **POUR ÉCLAIRER** cet extrait

On pourrait dire d'Yvirnig, le personnage principal, qu'il représente l'auteur se peignant lui-même en poète en butte à une société répressive. Il perd cependant le pouvoir sur son groupe d'artistes à la suite de mauvaises critiques. Mais autant les artistes sont obnubilés par les critiques dans la pièce, autant son auteur s'en balançait: «Gauvreau a évolué avec les ans/n'a pas changé... en ce sens/qu'il n'a pas essayé d'être autre que LUI [...] je suis persuadée qu'il n'a pas concédé/une parcelle de son entité en faveur/de l'argent ou la gloire/réussir... pour lui signifiait accomplir son œuvre/épanouir son être par la réalisation», note Janou Saint-Denis (1930-2000) dans *Claude Gauvreau, le cygne*. «Le poète ne vit pas en marge de la société/c'est la société qui l'isole/pour atténuer ce Haut-Parleur/qui tente de diffuser/les objections de la conscience», ajoutera-t-elle.

▌ QUESTIONS DE COMPRÉHENSION ET D'ANALYSE

1. Quel thème toujours associé à Gauvreau est-il présent dès le début?
2. Quelle réplique renvoie au conformisme grandissant de nos sociétés?
3. Qu'est-ce qui caractérise à première vue le langage d'Yvirnig?
4. Que pourrait symboliser ici *L'épée de Jésus*, revue catholique populaire?
5. La langue de Gauvreau est tantôt pure et raffinée, tantôt exploréenne et inventée, tantôt archaïque et populaire. Commenter.

Dissertation

Depuis le surréalisme, les êtres lucides conçoivent-ils la folie comme un vice honteux?

Gilles Vigneault (1928-)
LES GENS DE MON PAYS (1965)

Gilles Vigneault (1928-) est l'un de nos premiers auteurs-compositeurs dont les œuvres sont immortelles. Originaire de Natashquan, il donne naissance à un univers fourmillant de vie et empreint du sentiment d'appartenance. Les personnages de son enfance deviennent autant de chansons, dont les thèmes récurrents sont le pays, la mer, l'hiver, la liberté, l'amitié et l'amour.

Vigneault devient aussi le chantre de l'indépendance et du fait français au Québec. Des chansons comme *Gens du pays* («Gens du pays, c'est votre tour / De vous laisser parler d'amour»), *Il me reste un pays* («Il nous reste un pays à comprendre / Il nous reste un pays à changer») ou *Les gens de mon pays*

(«Je vous entends demain / Parler de liberté») sont devenues des hymnes nationaux.

Le génie de Vigneault, c'est probablement de marier les résonances du passé avec nos préoccupations modernes, que ce soit dans les airs utilisés ou dans les histoires qu'il nous raconte. Car nous avons aussi affaire à un prodigieux conteur. En témoignent depuis longtemps plusieurs recueils.

Le début du texte «Le vieux Louis» montre la très grande force de l'écriture: «Il creusait lentement, avec son fils, dans la terre meuble, en pensant à tous les coups de pelle qu'il avait donnés à la ronde, du Labrador à la Baie James, d'un travers à l'autre du pays, en trente-cinq ans de recherche et prospection par toute espèce de temps[1].»

CHANSON *LES GENS DE MON PAYS*

Les gens de mon pays
Ce sont gens de paroles
Et gens de causerie
Qui parlent pour s'entendre
5 Et parlent pour parler
Il faut les écouter
C'est parfois vérité
Et c'est parfois mensonge
Mais la plupart du temps
10 C'est le bonheur qui dit
Comme il faudrait de temps
Pour saisir le bonheur
À travers la misère
Emmaillée au plaisir
15 Tant d'en rêver tout haut
Que d'en parler à l'aise

Parlant de mon pays
Je vous entends parler
Et j'en ai danse aux pieds
20 Et musique aux oreilles
Et du loin au plus loin
De ce neigeux désert
Où vous vous entêtez
À jeter des villages
25 Je vous répéterai
Vos parlers et vos dires
Vos propos et parlures
Jusqu'à perdre mon nom
Ô voix tant écoutées
30 Pour qu'il ne reste plus
De moi-même qu'un peu
De votre écho sonore

---

1. Gilles VIGNEAULT, *Contes du coin de l'œil*, Québec, Éditions de l'arc, 1966, p. 45.

[…]

Est-ce vous que j'appelle
Ou vous qui m'appelez
35 Langage de mon père
Et patois dix-septième
Vous me faites voyage
Mal et mélancolie
Vous me faites plaisir
40 Et sagesse et folie
Il n'est coin de la terre
Où je ne vous entende
Il n'est coin de ma vie
À l'abri de vos bruits
45 Il n'est chanson de moi
Qui ne soit toute faite
Avec vos mots vos pas
Avec votre musique

Je vous entends rêver
50 Douce comme rivière
Je vous entends claquer
Comme voile du large
Je vous entends gronder
Comme chute en montagne
55 Je vous entends rouler
Comme baril de poudre
Je vous entends monter
Comme grain de quatre heures
Je vous entends cogner
60 Comme mer en falaise
Je vous entends passer
Comme glace en débâcle
Je vous entends demain
Parler de liberté

POUR ÉCLAIRER ce texte

Dès la fin des années 1950, les premières chansons de Gilles Vigneault passent pour révolutionnaires. D'abord, sa langue étonne, mélange de vieux mots, de régionalismes et de langage contemporain. Sa chanson *Jos Montferrand*, du nom d'un homme fort du XIXe siècle, enregistrée par le folkloriste Jacques Labrecque en 1959, est par exemple bannie des ondes jusqu'en 1970 parce que le deuxième mot du refrain ne se répète pas en public (« Le cul su'l'bord du Cap Diamant »). Par ailleurs, Vigneault est le premier à faire intervenir systématiquement le thème du Québec comme pays, participant en 1964 au Gala de l'Indépendance au Forum de Montréal. Après la crise d'Octobre, en 1970, comme d'autres, dont Félix Leclerc, il donne une couleur plus indépendantiste et politique à ses œuvres, tout en continuant de peaufiner à l'extrême leur facette poétique.

QUESTIONS DE COMPRÉHENSION ET D'ANALYSE

1. Cette chanson est-elle placée sous le signe de l'aventure collective ?
2. Quelles sont les figures de style privilégiées ici ?
3. Que pourrait-on faire remarquer à propos du vocabulaire utilisé ?
4. Que signifient les vers « Langage de mon père / Et patois dix-septième » ?
5. Est-il exagéré de dire que la fin est un appel à la libération d'un peuple ?

Dissertation

Peut-on affirmer que Vigneault se révèle sensible au passé, au présent et à l'avenir dans *Les gens de mon pays* ?

Raymond Lévesque (1928-)
BOZO-LES-CULOTTES (1967)

Dès 1960, on le sait, le livre *Les insolences du Frère Untel*, de Jean-Paul Desbiens, marque une date importante en ce qui a trait à la recherche de notre identité. Au même moment, la chanson explose. De partout fusent les auteurs-compositeurs de grand talent et engagés politiquement. Claude Gauthier (1939-) y va par exemple de sa chanson *Le grand six pieds*, qui lui vaut le Grand prix du disque canadien décerné par la station radiophonique CKAC en 1961. Un vers du refrain évoluera au fil des ans, reflet de ce que nous devenons: «Je suis de nationalité canadienne-française» devient peu à peu «Je suis de nationalité québécoise française», puis «Je suis de nationalité québécoise».

On ne saura jamais à quel point des chansons comme celles de Gilles Vigneault, de Raymond Lévesque (1928-) et d'autres promeuvent la cause du Québec. Mais chose certaine, affirmer que «Mon pays ce n'est pas un pays» ou dire à ses compatriotes «Je vous entends demain / Parler de liberté» insuffle un dynamisme magique aux nationalistes et aux indépendantistes.

CHANSON *BOZO-LES-CULOTTES*

Il flottait dans son pantalon
De là lui venait son surnom
Bozo-les-culottes
Y'avait qu'une cinquième année
5 Il savait à peine compter
Bozo-les-culottes
Comme il baragouinait l'anglais
Comme gardien d'nuit il travaillait
Bozo-les-culottes
10 Même s'il était un peu dingue
Y'avait compris qu'faut être bilingue,
Bozo-les-culottes

Un jour quelqu'un lui avait dit
Qu'on l'exploitait dans son pays
15 Bozo-les-culottes
Qu'les Anglais avaient les bonnes places
Et qu'ils lui riaient en pleine face
Bozo-les-culottes
Y'a pas cherché à connaître
20 Le vrai fond de toute cette affaire
Bozo-les-culottes
Si son élite, si son clergé
Depuis toujours l'avaient trompé
Bozo-les-culottes

25 Y'a volé de la dynamite
Puis dans un quartier plein d'hypocrites
Bozo-les-culottes
Y'a fait sauter un monument
À la mémoire des conquérants
30 Bozo-les-culottes
Tout le pays s'est réveillé
Et puis la police l'a pogné
Bozo-les-culottes
On l'a vite entré en dedans
35 On l'a oublié depuis ce temps
Bozo-les-culottes

Mais depuis que tu t'es fâché
Dans ce pays ça a bien changé
Bozo-les-culottes
40 Nos politiciens à gogo
Font les braves, font les farauds
Bozo-les-culottes
Ils réclament enfin nos droits
Et puis les autres refusent pas
45 Bozo-les-culottes
De peur qu'il y'en ait d'autres comme toi
Qui auraient l'goût de r'commencer
Bozo-les-culottes

50 Quand tu sortiras de prison
    Personne voudra savoir ton nom
    Bozo-les-culottes
    Quand on est d'la race des pionniers
    On est fait pour être oublié
    Bozo-les-culottes
55 Bozo-les-culottes

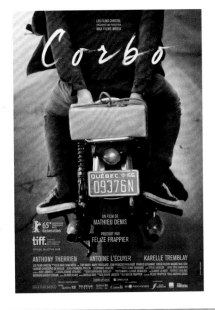

◼ **POUR ÉCLAIRER** ce texte

À propos du FLQ de 1963, Raymond Lévesque raconte: «Quand, quelques mois plus tard, ces jeunes gens furent arrêtés, que ne fut pas ma surprise de reconnaître plusieurs de mes clients. C'est-à-dire que tous les soirs, quand j'élaborais sur le sujet, "les poseurs de bombes" étaient juste en face de moi. Ce que j'ignorais évidemment. Quand la population prit parti contre eux, cela me révolta car ce qu'ils avaient fait ce n'était pas par intérêt personnel, mais bien pour dénoncer l'injustice que subissait depuis toujours le peuple québécois. Pris de sympathie pour eux, en guise d'appui et d'encouragement dans leur solitude, j'écrivis *Bozo-les-culottes* que chanta Pauline Julien. Des années plus tard, quand le hasard me fit croiser quelques-uns de ces jeunes, ils m'exprimèrent leur reconnaissance en me disant que cette chanson les avait soutenus dans leur épreuve. Je ne suis pas pour la violence, mais parfois je la comprends[1].»

QUESTIONS DE COMPRÉHENSION ET D'ANALYSE

1. Quel effet engendre l'association des mots *Bozo* et *culottes*?
2. La description du personnage principal est-elle crédible dans le contexte créé par Lévesque?
3. En quoi le texte incarne-t-il notre passé, mais aussi l'actualité des années 1960?
4. Qui est presque nommément dénoncé et attaqué dans la chanson de Raymond Lévesque?
5. Est-il possible de faire un lien avec notre devise: «Je me souviens»?

Dissertation
Bozo-les-culottes constitue-t-elle une chanson reposant sur la résignation?

---

1. Pierre FOURNIER, *De lutte en turlutte: une histoire du mouvement ouvrier québécois à travers ses chansons*, Québec, Les éditions du Septentrion, 1998, p. 116.

Pauline Julien (1928-1998)
EILLE (1970)

Surnommée souvent La Passionaria du Québec, Pauline Julien (1928-1998) s'illustre en chanson, après s'être perfectionnée à Paris. Ses interprétations et les textes qu'elle écrit prônent l'indépendance et le féminisme. Elle est emprisonnée pendant la crise d'Octobre 1970, tout comme Gérald Godin (1938-1994), son compagnon. Atteinte d'aphasie dégénérative, elle se suicide en 1998.

Dans «Gérald Godin et Pauline Julien», Maxime-Olivier Moutier (1971-), essayiste et romancier, écrit: «Pourquoi personne ne m'a jamais parlé de Pauline Julien? J'aimerais savoir comment il se fait, moi qui suis pourtant né ici, au Québec, que les paroles que chante cette femme aient existé, dans mon pays, et que personne n'ait jamais ressenti la nécessité de m'en parler. Que s'est-il donc passé pour que jamais un adulte autour de moi n'ait su faire ce travail? Pourquoi ne m'est-il resté que le ski alpin dans les Laurentides, l'Atari 500, les toasts pas de croûte et les épisodes de *Passe-Partout*, mais rien autour de l'idée qu'un jour, tout près de chez moi, dans le cœur des gens d'ici, se trouvait le sentiment d'une "politique québécoise[1]"?»

Si elle commence à écrire les textes de plusieurs de ses chansons en 1968, Pauline Julien reste enfin l'une des premières chanteuses à avoir interprété ici et ailleurs les œuvres d'auteurs et de compositeurs québécois comme Vigneault ou Lévesque.

CHANSON *EILLE*

Eille les pacifistes
Eille les silencieux
Eille la majorité où êtes-vous donc

Du fond des prisons
5   Du fond de l'injustice
Ils crient vers vous

Eille seriez-vous si aveugles
Eille seriez-vous à plat ventre
Eille seriez-vous si peureux

10 Que vous ne verriez pas
Votre frère emmuré
Votre sœur emprisonnée

Pourquoi est-il si long, long le chemin de la liberté

Chaque jour on nous ment
15 Chaque jour on nous méprise
Chaque jour on nous vend

---

1. Maxime-Olivier MOUTIER, *Pour une éthique urbaine*, Montréal, L'effet pourpre, 2002, p. 113.

C'est assez de se laisser manger la laine sur le dos
C'est assez de se taire

Pourquoi est-il si long, long le chemin de la liberté
20   Eille ceux qui sympathisent en silence
Eille ceux qui disent tant mieux
Eille ceux qui se réjouissent
Eille ceux qui dénoncent
Eille les bien-pensants
25   Eille les pas inquiétés
Eille eille la majorité silencieuse

Où êtes-vous donc
Où sommes-nous donc
C'est aujourd'hui qu'il faut chasser la peur
30   Qu'il faut s'emparer de la vie
C'est aujourd'hui qu'il faut vivre debout

Eille, eille, eille la majorité si c'était vous
Eille, eille, eille la majorité si c'était nous

Eille, eille, eille la majorité si c'était vous
35   Eille, eille, eille la majorité si c'était nous.

POUR ÉCLAIRER ce texte

Dès l'année 1964, indépendantiste convaincue, Pauline Julien refuse de chanter en présence d'Élisabeth II, parlant d'elle comme de «L'Étrangère». Mais, en 1970, à l'aube de la crise d'Octobre, la situation n'évolue pas assez aux yeux des souverainistes. D'abord, en 1969, le pacifisme atteint des sommets au Québec. Auparavant, en mai 1968, à Paris, lorsque le premier ministre français Georges Pompidou demande à la majorité silencieuse de s'exprimer, l'expression est tout de suite reprise par Richard Nixon en faveur de la poursuite de la guerre du Viêt-Nam pour ensuite se retrouver ici, dans un autre cadre. Plus tard, citant Leclerc, Vigneault et Pauline Julien, René Lévesque confie : «Chacune de leurs chansons a fait plus de travail que vingt-cinq de nos discours.»

QUESTIONS DE COMPRÉHENSION ET D'ANALYSE

1. Quel est le nom de la figure de style formant le titre, et quel effet risque-t-elle d'avoir?
2. Quels thèmes l'auteure réussit-elle à opposer dans une confrontation où elle cherche à bousculer?
3. Que déduire de l'emploi du *nous* et du *vous* dans cette chanson?
4. Comment expliquer que la présente chanson rejoint le thème de la recherche d'identité?
5. Peut-on sentir ici l'influence du poème de Godin : «T'en souviens-tu, Godin?/qu'il faut rêver aujourd'hui/pour savoir ce qu'on fera demain?»

Dissertation
Le message véhiculé par *Eille* s'applique-t-il au Québec et à toutes les formes d'oppression?

Félix Leclerc (1914-1988)
LE TOUR DE L'ÎLE (1975)

Le lundi 15 novembre 1976, les Québécois élisent le gouvernement indépendantiste de René Lévesque. L'événement n'est pas étranger à l'apport des artisans de la chanson depuis 1960. Personne n'a mieux incarné le changement, la métamorphose, le passage du nationalisme canadien-français à la notion de peuple québécois, la transition du nationalisme ethnique au nationalisme civique, que les hommes et les femmes œuvrant dans le domaine de la chanson.

À l'origine, la chanson québécoise s'inscrit dans la tradition de ce qui se fait en France et en Belgique. Il y a bien La Bolduc (Mary Travers, 1894-1941) ou Jean-Paul Filion (1927-2010), mais ce sont des exceptions, parfois presque méprisées, car on les associe au folklore. Puis le paysage musical se transforme sous l'influence de Félix Leclerc (1914-1988) et de Raymond Lévesque. Ils rencontrent le succès à Paris, ce qui leur donne de la crédibilité. Le renouvellement de la chanson québécoise implique dorénavant qu'elle reflète vraiment notre image.

Félix Leclerc arrive à Paris en 1950 et remporte quelques mois plus tard le prix de l'Académie Charles-Cros. Il devient bientôt le pilier de la chanson québécoise. Après une carrière au théâtre et à la radio, il écrit — paroles et musique — de superbes chansons qui, portées par sa voix touchante, vont droit au cœur des publics québécois et français, et ce, dès la première de toutes : *Notre sentier*. Dans des chansons comme *Moi, mes souliers* ou *L'hymne au printemps*, un monde est créé en deux ou trois minutes.

Pendant la crise d'Octobre 1970, l'armée canadienne intervient. Leclerc modifie son répertoire et milite dès lors pour la cause d'un Québec francophone et libre, notamment avec *L'alouette en colère*. Sa chanson *Le tour de l'île* constitue un sommet. C'est une sorte d'ode au pays à naître.

CHANSON · *LE TOUR DE L'ÎLE*

Pour supporter   le difficile   et l'inutile
Y a l' tour de l'Île   quarante-deux milles   de choses tranquilles
Pour oublier   grande blessure   dessous l'armure
Été hiver   y a l' tour de l'Île   l'Île d'Orléans

5 L'Île c'est comme Chartres   c'est haut et propre   avec des nefs
Avec des arcs   des corridors   et des falaises

En février   la neige est rose   comme chair de femme
Et en juillet   le fleuve est tiède   sur les battures

Au mois de mai   à marée basse   on a des oies
10 Depuis des siècles   au mois de juin   parties les oies
Mais nous les gens   les descendants   de La Rochelle
Présents tout l' temps   surtout l'hiver   comme les arbres

Mais c'est pas vrai   ben oui c'est vrai   écoute encore

15 Maisons de bois   maisons de pierre   clochers pointus
Et dans les fonds   des pâturages   de silence
Les enfants blonds   nourris d'azur   comme les anges
Jouent à la guerre   imaginaire   imaginons

L'Île d'Orléans   un dépotoir   un cimetière
Parcs à vidanges   boîte à déchets   U. S. parkings
20 On veut la mettre   en mini-jupe   and speak English
Faire ça à elle   l'Île d'Orléans   notre fleur de lyse

Mais c'est pas vrai   ben oui c'est vrai   raconte encore

Sous un nuage   près d'un cours d'eau   c'est un berceau
Et un grand-père   au regard bleu   qui monte la garde
25 Y sait pas trop   ce qu'on dit   dans les capitales
L'œil vers le golfe   ou Montréal   guette le signal

Pour célébrer   l'indépendance   quand on y pense
C'est-y en France   c'est comme en France   le tour de l'Île
Quarante-deux milles   comme des vagues   les montagnes
30 Les fruits sont mûrs   dans les vergers   de mon pays

Ça signifie   l'heure est venue   si t'as compris

Le tour de l'Île, paroles et musique de Félix Leclerc
© 1997 Productions Alleluia-Gérard Meys, 4, avenue Albert de Mun, 75116 Paris.

▌ **POUR ÉCLAIRER** ce texte

En vertu de la Loi sur les biens culturels, l'Île d'Orléans est proclamée arrondissement historique en 1970. Cette même année, Félix Leclerc, s'installe à Saint-Pierre, terre de ses ancêtres, pour y passer le restant de ses jours jusqu'à y être inhumé dans le cimetière de la paroisse. *Le tour de l'Île*, en 1975, constitue d'abord une chanson se voulant une réplique au projet de construction d'un immense centre commercial sur l'Île d'Orléans. Mais Leclerc fait d'une pierre deux coups. Avec ses vieilles maisons et églises, et surnommée le Berceau de l'Amérique française (le Français Yves Duteil y fait référence dans sa belle chanson *La langue de chez nous*), l'Île se transforme sous sa plume en allégorie de ce qu'est le Québec. « L'expression "réalisme magique" semble avoir été inventée à son intention », dira de Félix un critique français.

QUESTIONS DE COMPRÉHENSION ET D'ANALYSE

1. Traiter de l'utilisation de la comparaison dans le présent texte de Félix.
2. Pourrait-on avancer que le thème de la nature s'allie à celui des réalisations humaines ?
3. Quels sentiments semblent se dégager des divers noms propres employés ?
4. Comment expliquer que le temps représente ici une part de notre identité ?
5. Quel est le message de la dernière strophe et pourquoi peut-il surprendre ?

Dissertation
Peut-on penser que *Le tour de l'Île* fait alors le point sur la situation du Québec ?

Gérald Godin (1938-1994)
MAL AU PAYS (1970)

Les grands poètes québécois abondent. Gilbert Langevin (1938-1995) est l'un d'eux. Quelquefois chantés par des interprètes comme Pauline Julien, Marjo ou Dan Bigras (1956-), ses poèmes, souvent courts, sont incisifs, énergiques et éloquents. « La démence est un métier de fou[1]. »

Pour sa part, Gérald Godin est d'abord journaliste. Il dirige ensuite les Éditions Parti pris et cofonde la revue *Possibles*. Toute sa vie, il lutte pour le français et pour l'indépendance, écrivant, entre autres, un admirable recueil : *Les cantouques*. Un cantouque, explique-t-il, c'est un outil qui sert à « trimballer » les billots dans les chantiers, et, dans son livre, un poème qui « trimballe » des sentiments.

Après avoir été arrêté pendant la crise d'Octobre 1970, Godin rejoint le Parti québécois et devient député. Entre 1980 et 1985, il est notamment ministre des Communautés culturelles et de l'Immigration, et ministre responsable de la Charte de la langue française, contribuant ainsi à accroître la tolérance et les bons rapports à l'égard des ethnies, de la religion ou de la langue des immigrants.

POÈME · *MAL AU PAYS*

Par les coquerelles de parlement
les crosseurs d'élection
les patineurs de fantaisie
les tarzans du salut public
5 · j'ai mal à mon pays

par les écrapoutis d'assemblée nationale
les visages de peau de fesse
les toutounes de la finance
les faux surpris de mcgill
10 · j'ai mal à mon pays

par les plorines de sénat
les savates des sociétés du bon parler
la puanterie des antichambres de ministres
les va-la-gueule de l'égalité ou l'indépendance
15 · j'ai mal à mon pays

par les poubelles du Canada mon pays mon profit
par les regrattiers du peuple
dans les pawn-shops de la patrie
j'ai mal à mon pays

20 · par les écartillés de l'honnêteté
par les déviargés de la dignité
par les déplottés de la vérité
j'ai mal à mon pays

par les pas clair-de-nœuds
25 · par ceux qui ont des meubles en cadeaux
par les baveux du million mal acquis
j'ai mal à mon pays

par les éjarrés de la vente au plus offrant
par ceux qui nous trahissent pour du cash
30 · et nous chantent la pomme à crédit
j'ai mal à mon pays

par les peddlers du fédéralisme enculatif
et la ratatouille du pot-de-vin
par les gras durs de radio-cadenas
35 · par les passeux de sapins
les tireux de ficelles
les zigonneux de fonds publics
par tous ceux qui ont des taches de graisse
sur la conscience
40 · j'ai mal à mon pays

par ces maudits tabarnaques
de cinciboires de cincrèmes
de jériboires d'hosties toastées
de sacraments d'étoles
45   de crucifix de calvaires
de trous-de-cul
j'ai mal à mon pays
jusqu'à la fin des temps

Spectacle La Nuit de la poésie, Raoul Duguay (1939-),
27 mars 1970.

POUR ÉCLAIRER ce texte

En quatrième de couverture de *Cantouques & Cie*[2], Gérald Godin raconte: «À l'époque, au Séminaire Saint-Joseph de Trois-Rivières, j'avais des chums qui travaillaient dans les chantiers. Un nommé Trudel, particulièrement, mort aujourd'hui, qui était bûcheron. Il m'avait amené à aller fouiller dans des dictionnaires de métier, entre autres *The English Duden*, qui, par des dessins, montrait ce que c'était un chantier de bûcherons. Il y avait là le dessin du *cant-hook*, et comme le mot *cantouque* n'était dans aucun dictionnaire, j'ai décidé d'appeler ainsi le poème qui trimballe des sentiments, le cant-hook, quant à lui, étant un objet polyvalent, à la fois pic et tourneur de pitounes parce qu'il y a un croc. Poème tourneur de sentiments cantouque, voilà un terme qui convenait parfaitement à la poésie que je voulais faire.»

QUESTIONS DE COMPRÉHENSION ET D'ANALYSE

1. Pourquoi ce texte se prêta-t-il bien à la Nuit de la poésie?
2. Sur quelles figures de style repose surtout la construction du poème?
3. Quelles sont les remarques qu'on pourrait surtout faire sur le vocabulaire?
4. Sur quelles tonalités Godin s'appuie-t-il pour véhiculer son message?
5. À quels événements ou personnes pourrait-on relier la présente colère?

Dissertation

Pourrait-on dire que les idées se mêlent aux sentiments dans ce cantouque?

---

1. Gilbert LANGEVIN, *Griefs*, Montréal, L'Hexagone, 1975, p. 25.
2. Gérald GODIN, *Cantouques & Cie*, Montréal, Typo, 2012.

Claude Péloquin (1942-)
POUR LA GRANDEUR DE L'HOMME (1971)

Cofondateur du groupe Parti pris, Paul Chamberland (1939-) s'impose dès le début des années 1960 avec ses livres *Terre Québec*, qu'il dédie au pays, et *L'afficheur hurle*. On retrouve dans son œuvre l'intense ferveur nationaliste qui fleurit à l'époque, avec un mouvement comme le Rassemblement pour l'indépendance nationale (RIN), ancêtre du Parti québécois. Mais lui qui ne veut pas «vivre à moitié dans ce demi-pays[1]» fait montre d'une grande ouverture sur l'humain et l'universel. C'est ainsi que, au fur et à mesure des années, dans des ouvrages comme *Demain les dieux naîtront*, Chamberland évolue. Certes, il rêve encore d'un «Kébèc» libéré, mais cette libération doit également être individuelle. Aux yeux des sociétés capitalistes, nos corps ne sont que des déchets industriels, affirme-t-il, et il nous incombe à tous de faire triompher l'amour: «L'économie doit cesser d'imposer sa logique aux rapports humains[2].»

Malheureusement mort beaucoup trop jeune, Michel Beaulieu (1941-1985) est auteur de romans comme *Je tourne en rond, mais c'est autour de toi*, mais aussi de poèmes subtils, empreints d'un génie hors du commun. *Variables*, un recueil qui lui vaut le Prix de la revue *Études françaises* en 1973, offre de fort beaux textes sur l'intimité amoureuse. À eux seuls, les titres ne peuvent laisser indifférent: «Maintenant que l'été poudroie sur nos corps», «N'attends pas de la vie qu'elle dévide ses rouets», «Mémoire de mes cuisses et de mes jambes», «De plus en plus le lendemain», «Je t'aime avec ce goût de cannelle»... Quant à Claude Péloquin (1942-), auteur de la phrase «Vous êtes pas écœurés de mourir bande de caves! C'est assez!», qui fait scandale lorsqu'elle est inscrite sur la murale du Grand Théâtre de Québec réalisée par le sculpteur Jordi Bonet, on a parfois beaucoup de mal à distinguer le poète du personnage qui aime tant provoquer.

POÈME   *DIEU*

(ça me déprime de parler encore de lui, parce qu'à chaque fois
que l'on parle de lui, de quelque façon que ce soit, il tend
l'appareil avec lequel il entend et dans son silence il écoute;
ça fait tellement longtemps qu'il écoute... qu'il a commencé à
5   se demander si par hasard il n'existerait pas vraiment...
«pourquoi pas... il y en a tellement qui veulent que j'existe...»)

de toutes façons, voici ce que j'avais à dire:
ce que dieu a fait
l'Homme s'en habitue
10 et de plus en plus en plus en de mieux en mieux
la création surprend encore des gens
moi aussi,
mais ce n'est plus un hit... ce n'est plus parfait
on a fait des rigoles avec les voies de dieu

15 | l'esprit a commencé à travailler
et il créera des mondes encore plus parfaits
que ce que dieu a fait... c'était bien,
mais s'il avait eu le temps
il aurait pu prendre une couple de jours de plus
20 | pour nous donner le temps d'arrêter d'être des mortels
des barbares et des romantiques à n'en plus finir...
... c'est le fruit de son amour......... (air connu)

POUR ÉCLAIRER ce texte

Dans un de ses livres, Jacques Ferron fait une satire de Claude Péloquin qui refuse de s'engager socialement dans le pays. À ses yeux, il a une vision mystique de la littérature. En cela, il ressemblerait à d'autres écrivains comme Jacques Renaud ou Paul Chamberland, lesquels ont opté pour les voyages intérieurs et le nirvana plutôt que pour leurs premières préoccupations. La haine de la mort est un de ses thèmes favoris. En 1973, Péloquin confie qu'il rêve de faire du piquetage devant les salons funéraires. Mais c'est sans aucun doute le thème du surhomme pouvant dépasser Dieu qui s'avère son préféré. Il écrit ainsi à propos de lui-même : « Un explorateur qui trouve. Un vicieux du mot. Allergique aux cimetières et à toutes les souffrances humaines. Amoureux de la vie et de la grandeur de l'être humain. Voyageur dans l'espace / jusque dans vos culottes. »

QUESTIONS DE COMPRÉHENSION ET D'ANALYSE

1. Que trouve-t-on ici d'assez unique sur le plan de la ponctuation ?
2. Par quelle subtilité l'auteur met-il Homme et Dieu sur un même pied ?
3. Sommes-nous en présence d'un ou de plusieurs niveaux de langue ?
4. À quel endroit Péloquin se réfère-t-il au livre de la Genèse dans la Bible ?
5. La référence à *C'est le fruit de notre amour*, chanson populaire dans laquelle une fille-mère refuse au père de voir son enfant, étonne-t-elle ?

Dissertation

Serait-il possible d'avancer que le poète paraît plus croire en Dieu que ne pas y croire ?

---

1. Paul CHAMBERLAND, *L'afficheur hurle*, Ottawa, Parti pris, Montréal, 1964, p. 9.
2. Paul CHAMBERLAND, *Demain les dieux naîtront*, Montréal, L'Hexagone, 1974, p. 97.

Josée Yvon (1950-1994)
TRAVESTIES-KAMIKAZE (1979)

Le poète Pierre Morency (1942-), après quelques années d'enseignement et d'activités théâtrales, devient auteur et chroniqueur à Radio-Canada. Il y écrit plus de 200 textes radiophoniques ainsi qu'une série d'émissions portant sur les oiseaux. Ses poèmes sont d'une force phénoménale et ont le pouvoir d'atteindre les cœurs, surtout quand il les dit en public. On lit par exemple : «Mais loin de toi je m'assèche loin de toi je perds le nord de ma vie et le sud et tous les points qui appellent/loin de toi je porte à blanc loin de toi je m'affadis/loin de toi je suis au neutre loin de toi je dévale je déparle/loin de toi je m'irréalise/loin de toi je me folichonne je manque d'air/loin de toi je m'avorte et m'irrespecte loin de toi je suis pauvre/loin de toi je me dilue et me délave/loin de toi je m'écaille et m'horripile je m'aposthume et me dévisse et me décharne/loin de toi je m'indélibile/loin de toi/loin de toi[1].»

Lucien Francoeur (1948-), Denis Vanier (1949-2000) et Josée Yvon (1950-1994) représentent les principaux délinquants de notre poésie. Influencés par le psychédélisme, le rock and roll, les motocyclettes, l'underground et les drogues douces ou fortes, ils explorent des voies nouvelles en choquant çà et là par la transgression, le sexe, la révolte, l'opposition, les tatouages, les dénonciations. Des recueils comme *5-10-15*, de Francoeur, *Pornographic delicatessen*, de Vanier, et *Travesties-kamikaze*, d'Yvon, morte du sida, déstabilisent à coup sûr. «Aller au boutte de soi-même[2]», écrit Josée Yvon. C'est l'apothéose de l'excès. C'est le summum de l'esthétique de la transgression. Mais de très nombreux problèmes moraux sont posés. Reste que l'univers des bars, de l'alcool, des prostituées, des prisons pour hommes ou pour femmes et des machines à boules recèle souvent un mélange explosif de détresse , de souffrance et de violence.

EXTRAIT   *TRAVESTIES-KAMIKAZE*

Son père était revenu, du dépanneur, dix ans après, avec la pinte de lait, commandée par sa mère. Amnésie?

«Ton père a toujours été un chien. C'est pour ça que t'es vache de même.

5   J'ai travaillé comme un cheval pour ta pourrite de sœur pis toé, toujours les mains dans l'eau, toujours quekque chose à rincer, combien de fois par jour!

Je dirais toujours!

pis étendre le linge au frette.

pis penser à l'os à soupe pour le soir, pis encore couper des maudits légumes, pis encore les mains dans l'eau pour les "cleaner", pis se relaver les mains des p'lures, 10   pis laver l'arborite, le couteau, pis l'évier, pis encore les mains après!

Le linge est déchiré, l'abat-jour est décroché pis courir à banque pis à Salaison Montréal.

pis le lavage trempe dans l'bain, faut le tordre, laver le bain pis encore se laver les mains.

15 pis y a la suie qui tombe du tuyau, ça, ça part pas facile, ça part pus, tu sens, pis reposer d'la broche autour, pis toutte relaver au ajax. »

À force d'employer des produits cheap, ses doigts craquaient, ses pouces râpés de mauvais couteaux à carottes, de l'eau de javelle, du bleach bon marché

et toujours la viande la moins chère.

20 La poussière de la rue avait fendillé son visage sans crème.

Amère.

des œufs, du irish stew, des beans, des toasts.

la maison humide, noire, le prélart usé sans soleil contre la fournaise murale.

on s'étonne encore : l'odeur imprégnée de l'huile aux vêtements, le taudis sec, le
25 lavage et le feu n'importe quand : on s'étonne encore.

POUR ÉCLAIRER cet extrait

« Poète maudite, ennemie jurée des conventions, infréquentable folle, éternelle compagnonne d'infortune du tout aussi infréquentable Denis Vanier, Josée Yvon demeura jusqu'à sa mort en 1994 la grande sœur des filles poquées et des révoltés de la société de l'ascension sociale à tout prix », écrit un critique[3]. Avec Vanier, elle s'enfonce dans l'alcool, la drogue et le sida, mais, influencée par la littérature américaine lesbienne et révolutionnaire, son œuvre trash dénonce l'hypocrisie sociale et attaque les bien-pensants. Les titres de ses livres parlent d'eux-mêmes : *Filles-commandos bandées*, *La chienne de l'hôtel Tropicana*, *Maîtresses-Cherokees*, *Filles-missiles*, *Les laides otages*. Dans *Danseuses-Mamelouk*, elle défend les prostituées, qui vivent sur du temps emprunté et n'ont plus rien à perdre.

QUESTIONS DE COMPRÉHENSION ET D'ANALYSE

1. Quelle tonalité est-elle utilisée dès la première strophe ?
2. Pourquoi les guillemets ont-ils leur importance dans l'extrait ?
3. Que peut-on déduire de la langue qu'on trouve dans ces vers ?
4. Hormis l'esthétique de la transgression, quel courant littéraire rejoint ce passage ?
5. Que symbolisent les aliments mentionnés vers la fin de ce texte ?

Dissertation
Pourrait-on avancer que cet extrait de Josée Yvon est à la fois empreint de sensibilité et de violence ?

1. Pierre MORENCY, *Au nord constamment de l'amour*, Ottawa, Nouvelles éditions de l'arc, 1973, p. 173.
2. Josée YVON, *Travesties-kamikaze*, Montréal, Les herbes rouges, 1979, s. p.
3. Dominic TARDIF, « On passe sa vie à s'évanouir (dans les bras de Josée Yvon) », *Voir Estrie*, 29 novembre 2012, voir.ca.

Corno (1952-). *Torse d'homme NY* (2014).
Techniques mixtes sur toile, 72 x 60 cm.

CHAPITRE 6

LE CHOC DES MILLÉNAIRES (1980–2016)

Le contexte
SOCIOHISTORIQUE (1980-2016)

Après le référendum perdu de 1980 sur la souveraineté-association, le Québec se transforme politiquement presque sur-le-champ. Ainsi, on voit beaucoup de citoyens se désintéresser du projet de pays. Seulement un francophone sur deux l'a appuyé, ce qui en décourage plusieurs, et les luttes constitutionnelles reviennent à la mode. À la suite d'un discours solennel prononcé devant une foule de 10 000 personnes le 14 mai 1980 au Centre Paul-Sauvé de Montréal, le premier ministre canadien Pierre Trudeau réussit à convaincre une partie des Québécois qu'un rejet de l'option péquiste enclencherait immédiatement des négociations menant à un renouvellement du fédéralisme canadien. D'intenses négociations prennent donc place entre les gouvernements fédéral et provinciaux, mais elles cessent quand les représentants des neuf provinces s'entendent avec les fédéraux pour rapatrier la Constitution canadienne en 1982 sans même l'accord du Québec.

Avec un gouvernement conservateur au fédéral dès 1984 et le retour au pouvoir des libéraux québécois en 1985, un accord est conclu en juin 1987, soit l'Accord du lac Meech. Le Québec y est reconnu comme une « société distincte » conditionnellement à l'approbation du Parlement et des assemblées provinciales. Mais le texte n'est pas adopté. Un autre référendum — pancanadien, celui-là — est tenu en 1992 sur un autre accord, l'Accord de Charlottetown, visant à résoudre plusieurs disputes ancestrales, mais il est rejeté haut la main. Tout cela nous conduit ensuite au second référendum sur la souveraineté du Parti québécois en 1995. Cette fois, les résultats sont serrés : le projet de Jacques Parizeau est rejeté par 50,58 % des votants.

Du point de vue des valeurs, l'effritement de la religion catholique entraîne un certain vide que chacun comble à sa manière. La multiplication des familles monoparentales et des personnes vivant seules est l'une des nombreuses conséquences de cette remise en question. Souvent, on sait ce qu'on ne veut pas, mais on a plus de mal à déterminer ce à quoi on tient. La production littéraire emprunte ainsi des voies multiples, à l'image de ce qui se déroule dans les autres secteurs d'activité au Québec.

Il en résulte ce qui peut apparaître comme un paradoxe au premier abord. Dans une société de consommation de plus en plus matérialiste, dans un monde plus que jamais axé sur les apparences et l'argent, les écrivains explorent abondamment ce qui touche à la vie intérieure. Retour sur l'enfance, analyse au « je », quête du bonheur et du bien-être, regard sur l'intimité et l'émotion, voilà autant d'aspects qui stimulent les voies de la création, marquant la naissance du postmodernisme, ici comme ailleurs sur la planète.

Les caractéristiques du mouvement postmoderne, établi dans les années 1980, prédominent encore aujourd'hui. Les idéologies, particulièrement celles de la gauche (les éléments progressistes, libéraux ou même extrémistes du monde politique), perdent de leur crédibilité, et le cynisme s'enracine dans la population. Aux yeux de la majorité, c'est la société au complet qui se dirige vers le pire. Une nouvelle droite libérale prône le tout économique et le désengagement de l'État. La base industrielle de l'économie rétrécit au profit du secteur des services, et la main-d'œuvre à statut précaire est de plus en plus nombreuse. Les vieilles idées sont recyclées

Geneviève Cadieux (1955-). *Parfum* (1991). Épreuves à développement chromogène, 2/2, 178 x 562 cm. Collection : Musée national des beaux-arts du Québec (2002.145), Québec, Québec.

et les idées nouvelles sont rares. La société se fragmente en groupes de pression à cause unique. Le temps s'accélère et l'espace se rétrécit. Ce contexte de mondialisation, au sein duquel la culture s'homogénéise, bouleverse nos existences et nous oblige à «reconsidérer, avec des yeux et des mots neufs, l'humaine condition[1]».

Le visage de notre planète a grandement changé, et cette transformation se poursuit toujours. L'opposition entre le bloc de l'Ouest et l'URSS et ses pays satellites, qui datait de 1947, prend fin en 1989 avec la chute du mur de Berlin, érigé en 1961 pour empêcher le passage entre Berlin-Est et Berlin-Ouest. Avec le déclin puis la chute de l'URSS, la course aux armements ralentit et la carte du monde est redessinée. L'économie connaît des ratés. En 2008, le prix du baril de pétrole dépasse les 147 dollars. Des récessions frappent tous les pays. Les taux de chômage et d'intérêt fluc-

tuent. De graves crises frappent, dont celle de 2008. Un peu partout, des guerres régionales éclatent et les orthodoxies religieuses montent inexorablement en puissance.

L'attentat du 11 septembre 2001 marque l'entrée dans le nouveau millénaire. Rien ne sera plus jamais pareil. Le terrorisme et la peur s'imposent. S'amorce une ère d'incertitude et de soupçon. Mais l'ouverture sur le monde passe maintenant moins par les grands médias d'information que par la communication interpersonnelle. Si l'ordinateur s'est insinué dans nos vies dans les années 1980, sa place est maintenant prépondérante. C'est que l'Internet et les réseaux sociaux se sont développés à la vitesse de l'éclair. Plus de 97 % de la population de pays comme l'Islande communique en ligne. Téléphones intelligents, gadgets et livres électroniques sont monnaie courante. Le changement de millénaire demande de pouvoir vite s'adapter.

Bien que contenant à peu près de tout, la période 1980-2016 est composée de trois tendances littéraires majeures qui recoupent la presque totalité des textes alors produits au Québec :

- le postmodernisme ;
- les écritures migrantes ;
- l'autobiographie.

LE POSTMODERNISME
en théorie

ORIGINES

Si l'idée de modernité littéraire remonte au XIXe siècle en France, c'est dans la décennie 1960-1970 qu'elle apparaît au Québec. Elle mise sur le culte de la nouveauté et de l'originalité, privilégiant le dépassement dans une course effrénée vers le progrès. C'est aussi une remise en question des croyances. La contestation y prend beaucoup de place. On a le désir d'innover, ce qui nous mène souvent vers la transgression et l'invention. Le joual s'avère par exemple une manière d'être plus vrai. Le désir d'émancipation touche aussi tous les sujets. L'émancipation de la femme et celle du pays sont les plus populaires. On se heurtera toutefois aux désillusions et à des retours à la réalité, d'où un glissement progressif vers le vif cynisme du postmodernisme.

DÉFINITION

À la différence de la modernité, le postmodernisme ne rattache plus l'idée de progrès à un sens qui le justifie. Le passé ayant déçu et l'avenir ne réservant plus de promesses, l'imaginaire de l'ici et du maintenant les éclipse tous deux. C'est la remise en cause des modèles dominants qui ont mené à l'impasse, c'est-à-dire à une société décevante à plusieurs égards. L'auteur revisite tous les styles, modes et cultures qui existent déjà, s'employant à tout mélanger. Il ne se fait

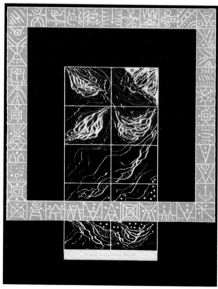

René Derouin (1936-). *Un monde en devenir et en continuité* (1989). Gravure sur bois, bon à tirer, 74,4 x 56,4 cm. Collection : Musée national des beaux-arts du Québec (1992.161), Québec, Québec.

pas d'illusions, mais cherche à provoquer des étincelles en y allant d'associations nouvelles ou de mélanges jamais vus. La culture populaire se mêle à la culture d'élite, l'art devant appartenir à tout le monde. Le postmodernisme repose également sur un questionnement identitaire.

THÈMES

Outre le cynisme teintant plusieurs de ses productions, le postmodernisme repose sur toutes sortes de thèmes dont le premier reste l'individualisme. Dans un monde tourbillonnant et déstabilisant, on passe du «nous» au «je» en tant que refuge. Certes, les apparences, la confusion, le temps, l'errance, la sexualité, les rapports humains, le réel, le virtuel, les valeurs, le désir et les questions existentielles défilent comme d'autres thèmes, mais ils sont reliés chaque fois à des formes personnelles d'écriture. L'hédonisme (la recherche du bien-être), la philosophie du *carpe diem* (l'importance du moment présent) et le relativisme (il n'existe pas de vérité absolue) dominent aussi, le passé et les anciens étant fréquemment relégués aux oubliettes de l'histoire.

GENRES

- **L'ESSAI :** Serge Bouchard, Jean Larose, Maxime-Olivier Moutier…
- **LE ROMAN :** Francine Noël, Francine D'Amour, Monique LaRue, Jocelyne Saucier, François Gravel, Monique Proulx, Gaétan Soucy, Sylvain Trudel, Christian Mistral, Catherine Mavrikakis, Stéphane Dompierre…
- **LE THÉÂTRE :** Jean-Pierre Ronfard, Robert Gravel, Carole Fréchette, Normand Chaurette, Larry Tremblay, René-Daniel Dubois, Robert Lepage, Dominique Champagne, Évelyne de la Chenelière, Fanny Britt…
- **LA POÉSIE :** Jean-Paul Daoust, Élise Turcotte, Hélène Dorion…

EXEMPLE

Catherine Mavrikakis
LE CIEL DE BAY CITY (EXTRAIT)

Les invités arrivent. Les premières voitures se rangent pêle-mêle dans le *driveway,* les autres se garent à la queue leu leu de chaque côté de Veronica Lane et s'avancent un peu sur les pelouses des voisins. À Bay City, il n'y a aucun trottoir. La ville trouve superflu d'en installer. Personne ne marche. Nos convives ont respecté les consignes
5 et font honneur à notre drapeau. Ils contournent la maison et vont directement dans le jardin où mon cousin a déjà mis la musique. À l'approche des gens, la chienne aboie très fort, mais on ne peut l'entendre. Victor débute la soirée avec *The Star-Splangled Banner,* l'hymne américain joué par Jimi Hendrix, un morceau extraordinaire, terriblement sombre. Ce soir Victor veut nous faire vibrer avec tous les airs
10 qui louangent les États-Unis.

COMMENTAIRE Si l'écriture est ici autobiographique, elle est aussi postmoderniste parce qu'elle est cynique et irrévérencieuse comme le reste de ce roman dénonçant l'indifférence du ciel à notre souffrance. D'abord, voilà ici un concentré de l'Amérique, où l'auto a remplacé la marche, et la présence de Jimi Hendrix n'est pas surprenante dans le contexte. Suivront entre autres Frank Sinatra, Ray Charles et Elvis Presley, après qu'il aura été question de Charles de Gaulle et de sa femme Yvonne. On en aura aussi profité pour démontrer les liens étroits entre Henry Ford et Adolf Hitler, tout en revisitant le passé : «Tout a commencé sous le ciel de l'Amérique. Le Michigan est complice des morts d'Auschwitz. » Le Colgate, le Crest, les Special K, les barbecues et les *skate-boards* côtoient la Camaro rouge 1967 et le Kmart, tout cela autour de réflexions sur des questions existentielles.

LES ÉCRITURES MIGRANTES
en théorie

ORIGINES

Jusqu'au milieu du XXᵉ siècle, le Québec connaît ce qu'on appelle «la revanche des berceaux». Avec la bénédiction de l'Église, les familles sont nombreuses et la population croît rapidement. Le phénomène s'inverse dans les années 1960, d'où un déficit démographique qu'on décide de combler avec l'immigration. Le ministère de l'Immigration du Québec est ainsi créé en 1968. La littérature migrante est déjà présente. Entre 1960 et 1990, année de sa mort, Alice Parizeau (1930-1990), née Poznanska, publie par exemple plusieurs romans sur la Pologne ou le Québec. Mais c'est surtout à partir de 1980 que les représentants des écritures migrantes commencent à déferler et à faire parler d'eux, l'expression étant un calque de l'anglais *migrant writing.*

DÉFINITION

Si toutes les catégories demeurent artificielles en littérature, celle des écritures migrantes l'est encore davantage. En fait, pour des raisons de commodité, on l'utilise pour désigner les écritures reflétant la nouvelle multiethnicité du Québec. C'est ainsi que tous les écrivains néo-québécois composeront l'essentiel du groupe, en plus de Québécois dits de souche dont les œuvres traitent de la réalité des nouveaux arrivants. Certains n'aiment pas être classés, avec raisons, puisque c'est réducteur. C'est notamment le cas de Dany Laferrière. Mais ils finissent par en comprendre l'utilité. La tendance s'inscrit d'ailleurs dans la mouvance du postmodernisme. Qu'on le veuille ou non, tout écrivain venu d'un autre pays remet en question nos référents.

Henry Wanton Jones (1925-). *L'arrivant* (1978).
Collection particulière.

THÈMES

Les référents culturels, identitaires et politiques englobent les principaux thèmes des écritures migrantes. Tout tourne d'abord autour de l'étranger, du pays, du monde, de l'exil équivalant à la fois à un déracinement et à un enracinement. La nature de l'être humain se retrouve ensuite au cœur des questionnements. L'inévitable choc des cultures a des répercussions infinies. S'adapter à la langue, à l'environnement, aux coutumes et aux valeurs n'est pas une mince tâche, et le Québécois qui en résultera est nécessairement différent de ceux qu'il joint. Les racines, le langage, les mœurs, le métissage, le nationalisme, la pluralité et l'avenir deviennent des thèmes centraux, mais on bénéficiera ici de sensibilités différentes, d'horizons inédits et de formes renouvelées.

GENRES

- **LE ROMAN :** Naïm Kattan, Alice Parizeau, Émile Ollivier, Sergio Kokis, Dany Laferrière, Régine Robin, Flora Balzano, Ying Chen, Kim Thúy…
- **LA POÉSIE :** Mona Latif-Ghattas, Anne-Marie Alonzo, Nora Atalla…
- **LE THÉÂTRE :** Marco Micone, Abla Farhoud, Wajdi Mouawad…
- **L'ESSAI :** Georges Anglade, Antonio D'Alfonso, Djemila Benhabib…

EXEMPLE

Flora Balzano
SOIGNE TA CHUTE (EXTRAIT)

Pourquoi je serais pas une infirmière québécoise, d'abord ? Hein ? Pourquoi ? Infirmière, d'accord, ça c'est un mensonge, mais québécoise ? Je suis québécoise. Depuis bientôt vingt-cinq ans que j'vis, que j'gèle, que j'chiale ici, j'chus québécoise, je l'jure. La preuve, quand je vais en France, *aloreu vous aloreu, vous venez du Québèque vous,*
5 *hé ? Ah, si, si, si, ça s'entang bieng, allez, ça s'entang tout de suiteu ça s'entang.*

Ah puteu borgneu, je le mords ou je le moreu pas ? Je le moreu pas. Je suis pas uneu chienneu je suis pas. Ni une p'tite Française. Je suis née d'un père moitié italien moitié espagnol et d'une mère moitié polonaise moitié corse, en Algérie, pendant la guerre. Je ne suis pas une p'tite Française. Déjà le mot p'tite, ça m'énerve. Je trouve
10 que ça nous minimise, moi et la problématique.

COMMENTAIRE Quand la narratrice du roman fait une brillante audition pour un rôle d'infirmière, elle ne décroche pas le rôle à cause de son accent. On lui propose un rôle muet. La porte s'ouvre alors sur la difficulté de s'intégrer au Québec. Même après vingt-cinq ans d'immersion totale, elle ne se sent pas d'ici ou d'ailleurs : le problème d'identité est lourd à porter. « On est sûr de rien quand on est immigrant. » Même l'écriture s'en ressent. On tâtonne, on questionne : « Tous les immigrants sont des écoliers. » Elle se sent un moignon de la minorité invisible et une handicapée verbale de Montréal. Nous sommes aussi ici dans l'écriture postmoderne, vu le problème traité et la causticité du texte : « Ah, comme la neige a neigé. Ah, comme l'Afrique a freaké. » Enfin, il y a ici présence de l'autobiographie. La pertinence des observations auxquelles nous avons droit n'est pas étrangère au fait que Balzano puise dans sa vie pour nous atteindre et nous faire comprendre.

L'AUTOBIOGRAPHIE
en théorie

ORIGINES

L'autobiographie est issue d'une longue tradition et remonte même à l'Antiquité. Le terme n'apparaît toutefois qu'au XIXe siècle. Dans les années 1970, on parle de genre autobiographique, et les récits se caractérisant par la présence des trois «je» — ceux de l'auteur, du narrateur et du personnage principal — se multiplient. On parle aussi d'autofiction, celle-ci provenant du récit d'événements de la vie de l'auteur sous une forme plus ou moins romancée. En France, plus que jamais, des écrivains mettent sur pied des œuvres composées de personnages et d'événements réels. Seule l'écriture marque la différence entre le réel et la fiction. Certains se retrouveront donc avec des livres traitant successivement de tous les membres de leur entourage.

DÉFINITION

L'autobiographie peut être décrite comme la recherche du véritable soi-même par rapport au monde extérieur. L'auteur envahit systématiquement le territoire de son œuvre. Non seulement il se met en scène, mais ses proches et son environnement sont mis à contribution, qu'ils le veuillent ou non. Ce retour sur soi-même peut évidemment prendre des tangentes très diverses. Plusieurs régleront des comptes; d'autres tâcheront plutôt de comprendre; quelques-uns, enfin, s'abandonneront à raconter sans savoir où cela mène. Fait à noter: le double de l'auteur lui permet de conter sa vie de façon romanesque sans vraiment avouer que c'est lui-même. Bref, le narrateur, même s'il dit «je», peut déformer la vérité jusqu'au déni complet de ce qu'il a vécu.

THÈMES

Le moi intime et l'introspection de l'auteur figurent souvent en tête de liste des thèmes de l'autobiographie. L'enfance, la jeunesse, le passé et le temps émergent donc naturellement dans l'histoire, mais aussi les rela-

Violaine Leclerc (1955-). *La mystérieuse* (2007). Acrylique technique mixte, 40,6 cm x 20,3 cm. Collection particulière.

tions avec les parents, les proches, les amis, les amours, les autres, l'autorité et les événements. Ces derniers vont des réminiscences les plus banales aux traumatismes les plus graves, mais la littérature peut alors transformer des horreurs en éléments comportant du positif ou en leçons utiles. Le quotidien est souvent scruté à la loupe. Il est chargé de tout un passé. S'interroger sur les raisons de vivre, les appartenances, la solitude, l'amour, l'amitié, le destin et les rapports avec un monde changeant devient chose fréquente.

GENRES

- **LA POÉSIE :** André Roy, Denise Desautels, Danielle Roger, Marie Uguay...
- **LE ROMAN :** Suzanne Jacob, Lise Tremblay, Stéphane Bourguignon, Guillaume Vigneault, Nelly Arcan...
- **LE CONTE :** Jean-Marc Massie, Michel Faubert, Fred Pellerin...
- **L'ESSAI :** Denise Bombardier, Normand Baillargeon, Mathieu Bock-Côté...

EXEMPLE

Lise Tremblay
LA HÉRONNIÈRE (EXTRAIT)

Lorsqu'Élisabeth nous rendait visite, mon mari prétextait un travail urgent, un texte à faire parvenir à son associé de recherche pour le lendemain et il s'enfermait dans son bureau. La plupart du temps, je le retrouvais, les écouteurs sur les oreilles, en train de s'amuser sur un de ses jeux vidéo favoris. Nous avons eu plusieurs discus-
5 sions à ce sujet. Il trouvait Élisabeth menteuse et mesquine et était contre le fait que j'aie une relation trop personnelle avec elle. En campagne, il passe sa vie enfermé dans son bureau en train d'écrire ou de préparer ses cours. Il est tellement dans la lune que je doute qu'il puisse se rappeler le nom de nos voisins immédiats. Il n'a de lien avec personne et n'en veut pas. Il est là pour son travail. Pour lui, plus rien
10 n'existe en dehors de son ouvrage en cours. Il dit que quoi que l'on fasse, les relations avec les habitants du village ne seront jamais égalitaires et qu'ils nous tolèrent simplement parce que nous et les autres propriétaires de résidences secondaires sommes une source de revenus importante.

COMMENTAIRE L'œuvre de Lise Tremblay est représentative de ce que peut donner l'écriture autobiographique. Ses histoires restent investies par la vie passée et présente de l'écrivaine. Les faits passent cependant par les yeux de quelqu'un qui a vieilli, mais les liens avec le réel sont grands. Tout ce qui est dans les textes est vrai dans l'émotion, dit-elle. Cela n'est donc pas sans conséquence. *La héronnière*, entre autres, dépeint les petits villages québécois repliés sur eux-mêmes, et Tremblay sera la cible de menaces de la part de citoyens de L'Isle-aux-Grues qui l'a inspirée. Elle devra même quitter l'endroit pour sa propre sécurité, les gens s'étant sentis insultés de leurs descriptions supposément méprisantes. «Si je pensais aux réactions des gens que je pourrais heurter avec mes livres, je n'écrirais pas», glisse-t-elle, ce qui vaut également pour les réactions de sa mère : «Je m'en fous comme de l'an quarante.»

Sylvain Trudel (1963-)
DU MERCURE SOUS LA LANGUE (2001)

Dès 1980, les voies multiples qu'emprunte la littérature québécoise transparaissent d'abord dans l'univers du roman. Celui-ci peut être qualifié de multidirectionnel. Là comme ailleurs, l'avenir dira quels titres s'imposeront. Mais des romanciers se démarquent en enfantant des best-sellers mémorables.

Tout en continuant d'œuvrer brillamment en théâtre, Michel Tremblay lance en 1978 un roman intitulé *La grosse femme d'à côté est enceinte*, premier des six tomes des *Chroniques du Plateau Mont-Royal*. Comme dans ses pièces, il offre un microcosme de notre société. D'autres œuvres de valeur suivront, comme *Un ange cornu avec des ailes de tôle*, rempli de souvenirs d'enfance. En 1981, *Le matou*, d'Yves Beauchemin (1941-), connaît un succès monstre. Plus de 1 500 000 exemplaires — en 18 langues — sont vendus.

Sylvain Trudel (1963-), lui, fait une entrée remarquée en 1986 avec *Le souffle de l'harmattan*. Dans un style rappelant celui du grand écrivain français Émile Ajar, l'histoire de Frédéric Langlois révèle un solide écrivain. Des ouvrages comme *Terre du roi Christian* et *Du mercure sous la langue* confirment ensuite cette impression.

DU MERCURE SOUS LA LANGUE

Je me rappelle avoir entendu un jour mon grand-père Baillargeon affirmer qu'il n'y a pas trente-six misères, seulement deux : la jeunesse et la vieillesse. On vit ou on meurt, c'est tout, et ce sont là les seules vraies misères du monde, qu'il disait. Et puis, pour lui, les poètes sont des peureux qui vivent la cervelle dans les cieux avec
5   les moineaux zinzins, qui papillonnent autour d'un soleil qui est leur nombril, et qui font jamais rien de bon dans la vie, contrairement aux manuels qui, eux, savent quoi faire en toutes circonstances sans s'enchanter d'eux-mêmes, qui ne craignent pas la vraie vie terne et sale et sans gloire, mais si pleine de vraies souffrances à soulager tout autour de soi, et pas plus loin qu'au coin de la rue ou que dans la pièce d'à côté.
10   La grande dignité des hommes, et la seule chose noble à faire en ce bas monde selon mon grand-père, c'est de vivre comme si de rien n'était, comme si on ne voyait rien venir à l'horizon ; et ceux qui vont bien doivent s'occuper de ceux qui vont mal en attendant d'aller mal à leur tour, et puis c'est tout. Pas de quoi, là-dedans, torchonner des poèmes. Évidemment, mon grand-père ne parle plus de ces choses-là depuis
15   que je suis devenu moi-même toutes les misères du monde, depuis que je poétise ma pauvre réalité élémentaire, et je sais qu'il aurait honte s'il savait que je me souviens de ce dimanche-là, honte d'avoir trop parlé à travers son chapeau même si je crois qu'il a raison, et, pour le lui prouver, je dis rien de grave, je parle de la météo au nom de l'amour qui nous unit, comme si je ne voyais rien venir à l'horizon, et
20   j'espère qu'il s'en rend compte.

« Est-ce qu'il fait beau dehors ?

— Pas chaud... Y a un p'tit vent... »

Oui, dehors, un p'tit vent mortel souffle sur ton pays que je vois par la fenêtre et qui est un bien étrange pays, grand-papa, où les gens sont gras durs mais pleurnichent
25 comme des lavettes, où deux et deux ne font pas quatre comme ailleurs, où les campagnes saccagées sont des capharnaüms de vinyle et d'aluminium, où les villages défrichés ressemblent à des tas de boîtes de souliers qui cuisent au soleil ou qui suffoquent sous la neige, où les villes sont des verrues, où les écoles ont l'air de manufactures, où tout pourrait avoir lieu, mais où jamais rien n'arrive ; et si je
30 n'allais pas mourir de mort naturelle, je me demande si à vingt ans je n'aurais pas songé à me faire sauter la cervelle, comme tous les jeunes de ton triste pays gris, grand-papa.

POUR ÉCLAIRER cet extrait

Du mercure sous la langue raconte les derniers jours, à l'hôpital, de Frédéric, un adolescent atteint d'un cancer. Il a 17 ans et, aucun doute là-dessus, il sait qu'il va mourir. Le lecteur se retrouve à vivre avec lui des instants privilégiés. «Bientôt, écrit Frédéric dans son journal de fin du monde, très bientôt, je vivrai ma dernière nuit, mon dernier matin, ma dernière heure, et je rendrai mon dernier souffle entre mes dents. Mais, c'est bizarre, on dirait que je parle de quelqu'un d'autre, d'un pur étranger sans visage et sans émotion.» Il se réfugie dans la métaphysique et devient ainsi son propre Dieu. Cela ne l'empêche pas de jeter un regard critique sur la réalité. Pour lui, la société est pourrie et il ne perd pas grand-chose en la quittant. Sa description des lieux physiques est dure, sévère et emblématique de sa nature profonde.

QUESTIONS DE COMPRÉHENSION ET D'ANALYSE

1. Quelles hypothèses peut faire naître le titre ?
2. Pourquoi parler de «trente-six misères» ?
3. La vision des poètes du grand-père évoque-t-elle celle de la société ?
4. Du point de vue de la langue, que peut-on conclure des mots «zinzins» et «qui font jamais rien de bon» ?
5. Quel passage peut intriguer le lecteur attentif, à la fin de l'extrait ?

Dissertation
Cet extrait renferme-t-il le cynisme propre au postmodernisme ?

Nelly Arcan (1973-2009)
PUTAIN (2001)

Chez les femmes, les trois tomes des *Filles de Caleb*, d'Arlette Cousture (1948-), forment une saga historique réussie et adaptée pour la télévision. Marie Laberge (1950-), elle, représente un cas particulier. D'abord dramaturge à succès, avec des pièces comme *L'homme gris*, elle se tourne en 1989 vers l'univers romanesque. Ses romans *Juillet* et *Quelques adieux* attirent l'attention, mais sa trilogie *Le goût du bonheur* constitue un sommet.

Parmi les romancières ayant créé des œuvres de grande qualité, signalons Francine Noël (1945-), Francine D'Amour (1948-), Monique LaRue (1948-) et Monique Proulx (1952-). Chacune possède un style caractérisé par une grande précision. Mais, à l'image de la tendance qui prédomine dans le roman de cette époque, leurs récits suivent des directions variées qui vont jusqu'à s'opposer. *Ce qu'il reste de moi*, de Monique Proulx, en 2015, relie par exemple le cosmopolitisme d'aujourd'hui et la fondation de Montréal.

Par ailleurs, parmi les plumes les plus prometteuses qui se confondent avec le style autobiographique figure Nelly Arcan (1973-2009). Avec *Putain*, son premier roman, histoire d'une «escorte» qui voit défiler les hommes, on découvre l'un de ces récits au «je» comme il s'en écrit alors en France. Grâce à la force de l'écriture, on dépasse cependant ici l'anecdote, même si on a l'impression que Nelly Arcan se piège elle-même lorsqu'elle insiste pour dire dans les entrevues que sa fiction ne doit pas être confondue avec sa vie. Pétrie de contradictions, elle met fin à sa vie par pendaison.

EXTRAIT *PUTAIN*

Il a été facile de me prostituer car j'ai toujours su que j'appartenais à d'autres, à une communauté qui se chargerait de me trouver un nom, de réguler les entrées et les sorties, de me donner un maître qui me dirait ce que je devais faire et comment, ce que je devais dire et taire, j'ai toujours su être la plus petite, la plus bandante, et à
5   ce moment, je travaillais déjà dans un bar comme serveuse, il y avait déjà les putains d'un côté et les clients de l'autre, des clients qui m'offraient un peu plus de pourboire qu'il ne m'en fallait et qui m'obligeaient à leur accorder un peu plus d'attention qu'il ne leur en fallait, une ambiguïté s'est installée tout doucement, naturellement, ils ont joué de moi et moi d'eux plusieurs mois avant de me résoudre à aller vers ce
10   à quoi je me sentais si fort poussée, et lorsque j'y repense aujourd'hui, il me semble que je n'avais pas le choix, qu'on m'avait déjà consacrée putain, que j'étais déjà putain avant de l'être, il m'a suffi de feuilleter le quotidien anglophone la *Gazette* pour trouver la page des agences d'escortes, il m'a suffi de prendre le téléphone et de composer un numéro, celui de la plus importante agence de Montréal, et selon
15   ce que disait l'annonce l'agence n'engageait que les meilleures escortes et n'admettait que la meilleure clientèle, c'est dire que se retrouvaient là les plus jeunes femmes et les hommes les plus riches, la richesse des hommes est toujours allée de pair avec la jeunesse des femmes, c'est bien connu, et comme j'étais très jeune je fus admise

20 avec empressement, on est venu me cueillir chez moi pour me déposer aussitôt dans une chambre où j'ai reçu cinq ou six clients de suite, les débutantes sont toujours très populaires m'ont-ils expliqué, elles n'ont même pas besoin d'être jolies, il m'a suffi d'une seule journée dans cette chambre pour avoir l'impression d'avoir fait ça toute ma vie. J'ai vieilli d'un seul coup, mais j'ai aussi gagné beaucoup d'argent, je me suis fait des amies avec lesquelles la complicité était possible et même redou-

25 table, car elle trouvait sa source dans une haine commune, la haine des clients, mais dès que nous sortions du cadre de la prostitution, nous redevenions des femmes normales, sociales, des ennemies.

Et je me suis mise à vieillir à toute allure, il me fallait quelque chose pour ne pas rester ainsi agenouillée dans la succession des clients, dans cette chambre où je

30 passais tout mon temps, et puis j'étais en analyse avec un homme qui ne parlait pas, quelle idée d'ailleurs d'avoir voulu m'étendre là, sur un divan alors que toute la journée il me fallait m'allonger dans un lit avec des hommes qui devaient avoir son âge, des hommes qui auraient pu être mon père […].

POUR ÉCLAIRER cet extrait

L'écriture autobiographique va bien au-delà du témoignage. La vie de l'auteur passe par la création littéraire qui la transforme. «Cette technique d'écriture s'apparente à ce que les anglophones nomment "stream of consciousness", le flot de la conscience», note Stanley Péan (1966-). Les destins de l'écrivaine et de son double se superposent toutefois ici. Il n'y a aucune solution possible, aucun espoir, aucune porte de sortie. «L'héroïne ne devient pas femme, elle l'est déjà. À travers l'histoire de sa famille et de son milieu, la prostitution, et l'image qui en est transmise par la société, les médias, elle constate ce que signifie être une femme aujourd'hui. Elle ne veut pas de cette image, mais elle ne peut faire autrement puisqu'elle est cela. La narratrice fait partie de ce qu'elle dénonce», confie Nelly Arcan, pour qui la mère est une larve et le père une sorte de fou de Dieu.

QUESTIONS DE COMPRÉHENSION ET D'ANALYSE

1. Sur quelle surprise s'ouvre cet extrait de *Putain*?
2. Quelles difficultés traverse la narratrice pour exercer ce métier?
3. Quel rapport se dégage entre le temps et l'argent dans cet univers?
4. Pourquoi parler dans ce cas d'une double volonté de plaire?
5. Repérer deux ou trois caractéristiques de ce style particulier.

Dissertation
Peut-on affirmer qu'il est ici question de sexualité, mais pas du tout de plaisir ni de désir?

Stéphane Dompierre (1970-)
UN PETIT PAS POUR L'HOMME (2004)

Si l'on doit compter leurs aînés Jacques Poulin (1937-), Robert Lalonde (1947-) ainsi que Noël Audet (1938-2005) parmi les meilleurs romanciers québécois, Louis Hamelin (1959-) et Christian Mistral (1964-) représentent chacun deux valeurs sûres du postmodernisme. *La rage*, de Hamelin, est explosif; *Vamp*, de Mistral, déconcerte.

Des écrivains comme Stéphane Bourguignon (1964-), Guillaume Vigneault (1970-) et Éric Dupont (1970-) s'illustrent également. Leurs romans *L'avaleur de sable*, *Carnet de naufrage* et *La fiancée américaine* retiennent l'attention. Que dire aussi de *La petite fille qui aimait trop les allumettes*, de Gaétan Soucy (1958-2013), salué par la critique, bien que nous ayons certaines réserves?

Stéphane Dompierre (1970-)? «Aussi cynique que tendre, aussi drôle que cinglant, il sait comme nul autre raconter les hommes de sa génération, avec leurs pulsions et leurs remises en question. Toujours vive et intelligente, son écriture allie profondeur et autodérision», écrit-on en quatrième de couverture de son roman *Un petit pas pour l'homme*. La peine d'amour y est démystifiée et dédramatisée. L'écrivain postmoderne se joue de tout.

EXTRAIT   *UN PETIT PAS POUR L'HOMME*

Phase 1

Phase dite du *taureau relâché*, connue aussi sous le nom de *phase du caniche en rut zignant sur la jambe du mononcle habillé propre qu'on ne voit pas souvent.*

Aujourd'hui j'ai fait quelque chose de bien. J'ai laissé Sophie. Un 12 juillet brûlant, vraiment une journée magnifique. Quelle bonne idée j'ai eue! Et les bonnes idées
5 ne débarquent pas souvent dans ce fouillis que j'ai sous le crâne. J'ai passé exactement un mois et quatre jours à réfléchir, analyser et faire tous les tests dans les revues pour filles. Et c'est sans parler des nuits d'angoisse et d'insomnie à la regarder dormir à mes côtés, insipide, la bouche grande ouverte, dans un silence morbide. C'est une bonne façon de savoir si on aime quelqu'un que de le regarder
10 dormir bouche béante et bave coulante.

On abandonne souvent pour les mêmes raisons qu'on a aimé. La plupart des amis à qui j'en parle, pour les torturer un peu, me l'avouent. Ça leur est tous arrivé. Alors qu'un tel se pavanait en disant: «Elle et moi, on pense pareil», on l'entend maintenant dire: «Elle n'avait pas d'opinions.» Une telle affirmait: «On s'apporte beaucoup
15 parce qu'on est différents»; elle dit maintenant: «Nous n'avions aucun point commun.» Le «elle est si ingénue» devient «c'est une irresponsable». Le «il est très mature» devient «il ne savait pas s'amuser».

Il y a autour de moi une quantité innombrable de filles qui sont tombées amoureuses de mecs pour leur «côté mystérieux» et qui ont fini par les quitter parce qu'ils ne

20 | parlaient jamais de leurs émotions. Personnellement, je ne vois pas la différence entre les deux. Faudra un jour qu'elles réussissent à m'expliquer tout ça de façon cohérente et sans bégayer. L'amour a-t-il toujours une date d'expiration ? Cette fois, mon couple a tenu six ans et demi.

Une chose est sûre, c'est que ce bon vieux Joe Dassin a raison : «On s'est aimés 25 | comme on se quitte. Simplement. Sans penser à demain.» Et aujourd'hui, Joe, je t'écoute en boucle. Un peu pour remuer mes émotions, un peu pour énerver les clients.

Il n'y a que quelques flâneurs dans la boutique et j'ai tout mon temps à perdre, alors j'ai l'œil vide qui dérape vers l'horizon, je me remémore l'instant précis où j'ai su 30 | que mon amour pour Sophie n'était plus qu'un jouet brisé oublié au fond d'une malle. Ça me change presque les idées parce que je présume qu'en ce moment elle défonce à coups de couteau les meubles dans notre appartement. Elle déchire nos photos. Elle jette mon linge par les fenêtres en hurlant. Elle étripe le poisson. Elle brûle mes papiers importants (je n'ai pas de papiers importants). Elle remplit 35 | mes souliers de ketchup.

POUR ÉCLAIRER cet extrait

Le titre du roman rappelle la phrase de Neil Armstrong lorsqu'il met le pied sur la Lune. Les parents de Daniel, personnage principal, lui ont appris que sa «maculée» conception s'est probablement produite ce jour-là sur le divan de tante Lucienne (cette date est aussi celle de la naissance de l'auteur). Cet événement est symbolique. «Ce que vit mon personnage, c'est un petit pas pour l'homme, mais pas de grand pas pour l'hu-manité. Il se sent tourner en rond dans pas beaucoup d'espace, comme dans un bocal», explique Dompierre. Le poisson rouge est sous observation. La peine d'amour devient alors centrale dans le récit. On en traite toutefois de façon amusante et originale. La preuve en est que, au fil des ans, plusieurs personnes en peine d'amour ont lu ce livre à notre invitation pour ensuite être prêtes à passer à autre chose.

QUESTIONS DE COMPRÉHENSION ET D'ANALYSE

1. Qu'indique déjà le nom de la première phase du cycle du célibat ?
2. En quoi ce passage représente-t-il de l'imprévisibilité ?
3. Peut-on penser qu'il y a ici du sérieux derrière l'humour ?
4. Quelle est la part des paradoxes dans ces lignes ?
5. Quels éléments pourraient rattacher ce texte au postmodernisme ?

Dissertation

Le présent extrait recoupe-t-il des préoccupations de toujours et d'aujourd'hui ?

Éric Plamondon (1969-)
MAYONNAISE (2012)

Les plus jeunes romanciers à se distinguer ? Marie-Sissi Labrèche (1969-), Mélanie Vincelette (1975-), Jean-Simon DesRochers (1976-), Sophie Létourneau (1980-), Simon Boulerice (1982-) et Samuel Cantin (1986-). Citons également certains lauréats du Prix littéraire des collégiens comme Jocelyne Saucier (1948-) / *Il pleuvait des oiseaux*, Marc Séguin (1970-) / *La foi du braconnier*, Catherine Mavrikakis (1961-) / *Le ciel de Bay City* et Perrine Leblanc (1980-) / *L'homme blanc*. La trilogie *Brigitte des colères*, de Jérôme Lafond (1977-), reste mémorable. « Le monde est un endroit dangereux. Nous ne sommes à l'abri nulle part, pas même à Sainte-Scholastique, constate ma mère[1]. »

Une autre trilogie, *1984*, révèle un redoutable romancier : Éric Plamondon (1969-). Pourquoi *1984* ? Parce que l'acteur Johnny Weismuller, le « héros » du premier roman, meurt cette année-là. Parce que c'est l'année du suicide de l'écrivain Richard Brautigan, le héros du deuxième. Parce que c'est l'année de l'invention du Macintosh dans le troisième. Au moyen de chapitres percutants, on avance dans des récits fragmentés sans s'en rendre compte. C'est le périple de Gabriel Rivages, qui se révèle surtout dans le deuxième roman : *Mayonnaise*.

EXTRAIT *MAYONNAISE*

Je n'aime pas le monde dans lequel il grandit. Je suis inquiet quand je le vois plié sur une boîte en plastique pleine d'électronique. Il pousse des boutons. Il est le maître du jeu. Il fait sauter le personnage bleu. Il tape sur le rouge. Il saute par-dessus le ravin. Il rampe. Il trouve une clé. Il ouvre une porte. Il croise un monstre qui arbore
5 un cercle jaune dans lequel il doit lancer des flèches pour que la barre rouge de l'énergie atteigne le niveau zéro. Il meurt. On passe au prochain tableau. Le personnage bleu doit traverser une rivière. Il doit éviter les crocodiles. Il avance sur des pierres qui dépassent de l'eau. Plus la partie avance, plus les pierres sont instables. Il ne faut pas rester plus d'une seconde sur chacune d'elles, sinon elles coulent.
10 L'enfant appuie maintenant frénétiquement sur les touches, à gauche, à droite, droite, gauche, haut, bas. Il faut avancer rapidement, appuyer sur le bouton A pour accélérer, maintenir les deux boutons de commande pour sauter plus haut. On est en pleine jungle, à l'heure du crépuscule. Un pointeur en forme de cible lui donne l'impression d'être derrière la mitraillette, vue subjective. Il avance en regardant à
15 gauche et à droite, une forme derrière une feuille de palmier. Ça bouge. Un militaire en treillis chargé de mille gadgets électroniques surgit.

MISSION ÉPISODE JUNGLE FIRE

La mitraillette crache le feu. Le sang gicle sur l'écran, sur l'écran du monde de la jungle. L'enfant sur le canapé reste propre. Il a du chocolat autour de la bouche, mais
20 pas de sang sur les mains. La partie continue. Il ne lui reste plus qu'une vie. Il faut qu'il tienne pour battre son record. Ses nerfs sont à vif. Il se mord les lèvres. Il faut

atteindre la clairière et détruire le dernier tank avec une grenade antichar. Il lève le bras. Trop tard, le char a tiré. Game over. Il a envie de pleurer, c'est la dix-huitième fois qu'il arrive à cette étape et il est incapable de la franchir. Il va falloir tout recom-
25 mencer depuis le début. Il perd courage. Heureusement, son père l'appelle. Il est l'heure de venir manger. Il peut poser son machine gun. Il peut enlever ses lunettes infrarouges. Il peut sortir de la jungle. Il pose sa console de jeu. Il se lève, engourdi. Il n'est pas encore revenu dans la maison, dans le salon de sa maison, avec son père et sa mère. Il est encore un peu loin. Il revient à peine au monde. Il a les bouts des
30 doigts engourdis. Il a des crampes au niveau des trapèzes. «Va te laver les mains», lui dit sa mère. Au même moment, à Kandahar, le sergent Rosewater marche sur une mine antipersonnel artisanale qui contient des morceaux de verre, des clous, des lames de rasoir et d'autres babioles.

POUR ÉCLAIRER cet extrait

Dans une critique pour le Prix littéraire des collégiens, Anthony Morin-Hébert, un élève, écrit de *Mayonnaise*: «Avec ses 201 pages et ses 113 "chapitres" qui ne comportent parfois pas plus de 3 lignes, on sent qu'on tient quelque chose de différent entre nos mains. Et dès qu'on en lit les premières pages, cette impression est confirmée.» Les réflexions y fourmillent sur des thèmes comme le suicide et l'immense banalité de notre existence, mais aussi sur toutes sortes de mini-sujets présentés en mode Wikipédia. Le ton désabusé de Gabriel Rivages, le narrateur, frappe. Le mot de passe de son ordi: «faitchier100%». Mais les surprises guettent. Ainsi, alors que la préparation de mayonnaises semble être ce qui passionne ce personnage, les questions existentielles les plus sérieuses surgissent au détour d'un passage léger.

QUESTIONS DE COMPRÉHENSION ET D'ANALYSE

1. Quelles sont les caractéristiques de ce style?
2. Quelle impression se dégage de la première partie?
3. Est-il possible de préciser les vérités que nous lance l'auteur?
4. Peut-on dire que le banal et l'extraordinaire se côtoient ici?
5. Qu'est-ce qui nous renvoie au postmodernisme?

Dissertation
Cet extrait fait-il ressortir les univers réel et virtuel qui sont maintenant les nôtres?

---

1. Jérôme LAFOND, *Brigitte des colères*, Montréal, Marchand de feuilles, 2010, Tome I, p. 39.

Ceux et celles venus d'ailleurs

Dany Laferrière (1953-)
COMMENT FAIRE L'AMOUR AVEC UN NÈGRE... (1985)

Arrivé d'Haïti en 1976, Dany Laferrière (1953-) devient vite le plus illustre des écrivains migrants. Son roman *Comment faire l'amour avec un Nègre sans se fatiguer*, en 1985, est un grand succès populaire.

Laferrière écrit notamment, au début d'un chapitre : «Faut lire Hemingway debout, Basho en marchant, Proust dans un bain, Cervantès à l'hôpital, Simenon dans le train (Canadian Pacific), Dante au paradis, Dosto en enfer, Miller dans un bar enfu-mé avec hot dogs, frites et coke... Je lisais Mishima avec une bouteille de vin bon marché au pied du lit, complètement épuisé, et une fille à côté, sous la douche[1].»

Vivant à Miami et à Montréal depuis 1990, Laferrière élabore ensuite une œuvre qui se révèle complexe, dans un va-et-vient entre ses trois ports d'attache. En 2009, il reçoit le prix Médicis pour *L'énigme du retour*, avant d'être élu membre de l'Académie française en 2013.

EXTRAIT *COMMENT FAIRE L'AMOUR AVEC UN NÈGRE...*

Je me surprends à regarder Miz Littérature d'un autre œil. Elle a l'air tout à fait normal, pourtant. C'est une grande fille légèrement cassée à la taille avec des bras d'albatros, des yeux trop vifs (trop confiants), des doigts fins et un visage étonnamment régulier. Il semble qu'elle n'a jamais porté d'appareil aux dents, ce qui est à
5 peine croyable pour une fille d'Outremont. Elle a aussi de petits seins et elle chausse du 10.

— Tu ne manges pas ? lui dis-je.

— Non.

Elle me répond avec un sourire. Le sourire est une invention britannique. Pour être
10 précis, les Anglais l'ont rapporté de leur campagne japonaise.

— Comment ! tu ne manges pas ?

— Je te regarde, souffle-t-elle.

Elle me dit cela tranquillement, tout en me regardant.

— Ah ! bon, tu me regardes.

15 — Je te regarde.

— Alors, t'aimes ça me voir manger ?

— T'as un tel appétit...

— Tu te fous de ma gueule.

— Je t'assure, ça me fascine de te voir manger. Tu fais ça avec une telle passion. Je
n'ai jamais vu personne d'autre le faire ainsi.

— Et c'est drôle?

— Je ne sais pas. Je ne crois pas. Ça me touche, tout simplement.

Ça la touche de me voir manger. Elle est incroyable, Miz Littérature. Elle a été dres-
sée à croire à tout ce qu'on lui dit. C'est sa culture. Je peux lui raconter n'importe
quel boniment, elle secoue la tête avec des yeux émus. Elle est touchée. Je peux lui
dire que je mange de la chair humaine, que quelque part dans mon code génétique
se trouve inscrit ce désir de manger de la chair blanche, que mes nuits sont hantées
par ses seins, ses hanches, ses cuisses, vraiment, je le jure, je peux lui dire ça et elle
comprendra. D'abord, elle me croira. Tu t'imagines, elle étudie à McGill (une véné-
rable institution où la bourgeoisie place ses enfants pour leur apprendre la clarté,
l'analyse et le doute scientifique) et le premier Nègre qui lui raconte la première
histoire à dormir debout la baise. POURQUOI? Parce qu'elle peut se payer ce luxe.

POUR ÉCLAIRER cet extrait

Comment faire l'amour avec un Nègre sans se fatiguer
lance Dany Laferrière. Plus tard, avec son humour
habituel, il évoque sa frustration de se voir étiqueté
«écrivain immigrant», «écrivain ethnique», «écrivain
caraïbéen», «écrivain du métissage», «écrivain post-
colonial» ou «écrivain noir»... «Je suis condamné,
quelle que soit la posture que je prends, à me faire
coller une étiquette sur le dos. [...] Le premier qui
écrit que j'ai un style tropical ou solaire, je lui casse
la gueule. Est-ce si difficile de dire d'un type qui
écrit qu'il est un écrivain? [...] À la limite, je préfére-
rais qu'on dise que je suis un mauvais écrivain tout
court plutôt que d'être qualifié de bon écrivain haï-
tien, caraïbéen ou exilé[2].»

QUESTIONS DE COMPRÉHENSION ET D'ANALYSE

1. Peut-on relever des traces de la tonalité ironique?
2. Pourquoi les dialogues paraissent-ils si naturels?
3. La fascination de Miz Littérature fait référence à quelle croyance?
4. Se moque-t-on de la Québécoise anglophone gentiment ou cruellement?
5. Les propos sur la conscience ont-ils rapport avec des situations passées?

Dissertation
Peut-on affirmer que le présent extrait illustre ce qu'est le choc des cultures?

1. Dany LAFERRIÈRE, *Comment faire l'amour avec un Nègre sans se fatiguer*, Montréal, VLB, 1985, p. 21.
2. Dany LAFERRIÈRE, *J'écris comme je vis*. Entretien avec Bernard Magnier, Montréal, Lanctôt, 2000, p. 104-105.

Ying Chen (1961-)
LES LETTRES CHINOISES (1993)

Les écrivains migrants ont beaucoup reçu de leur terre d'accueil — une nouvelle identité collective, une autre langue, une culture spéciale, une immense liberté, un respect chaleureux —, mais, dans une sorte d'osmose, ils lui ont aussi énormément donné. Tout en conservant leur personnalité, ils ont souvent pris part aux combats des Québécois de souche, s'intéressant parfois plus que ces derniers à l'histoire de leur pays et à son évolution.

Les noms de Naïm Kattan (1928-) et d'Alice Parizeau (1930-1990) viennent tout de suite à l'esprit dès qu'on pense aux premiers artisans des écritures migrantes. Né en Irak, Kattan écrit depuis des décennies romans, essais et nouvelles à profusion, occupant également des postes importants pour la vie culturelle. Alice Parizeau, pour sa part, signe des romans comme *Survivre* et *Les lilas fleurissent*

à *Varsovie*, qui racontent les horreurs de la guerre, l'arrivée du communisme ou la lutte pour la liberté, tout en donnant d'impressionnantes leçons de survie et d'espoir.

Plus récemment, la romancière d'origine chinoise Ying Chen (1961-) se révèle également une figure importante de l'écriture migrante. Ses romans *La mémoire de l'eau* et *L'ingratitude* sont salués par la critique, et *Les lettres chinoises*, publié en 1993, apparaît en bonne place dans l'ouvrage *Les 100 romans québécois qu'il faut lire*[1]. Ses livres abordent nombre de problématiques propres aux immigrants, dont le thème de l'étranger, surtout vu sous l'angle des Chinois. Établie depuis 2003 à Vancouver, Chen représente aussi ces écrivains d'ailleurs qui ne sont pas restés au Québec. Dans son cas, elle a été très critique de ce dernier. «Je suis une étrangère depuis la naissance, car je n'aime pas l'air de mon temps», avoue-t-elle.

EXTRAIT   *LES LETTRES CHINOISES*

Merci pour ta généreuse lettre, Sassa. Chaque fois que je pense à toi, j'ai envie de pleurer. Comment sont les choses pour toi? Su Yuan m'a dit que tu as eu des problèmes avec le bureau des passeports. Mais tout sera réglé, tu n'as pas trop à t'inquiéter. Un de mes oncles occupe un poste au bureau des passeports. Quand je me
5 préparais à partir, il m'a un peu nettoyé le chemin. Je lui ai écrit pour qu'il prenne soin de ton dossier.

Tu m'as beaucoup étonnée avec ta remarquable compréhension des idées nouvelles. Or, ce qui se passe en Amérique du Nord serait peut-être hors de ton imagination. Depuis l'époque de notre Révolution culturelle, les gens de notre génération
10 ne fréquentent plus les églises. Chez nous, on a dû détruire les temples à coups de bâton. Ici, c'était beaucoup plus simple. Comme si de rien n'était, on a quitté les églises pour se plonger dans les magasins. On appelle ça la Révolution tranquille. Et tranquillement aussi les familles s'écroulent. Sur leurs ruines, des milliers et des milliers d'enfants sans parents, de parents sans enfants, de maris sans femme, de
15 femmes sans mari, d'individus seuls avec chien ou chat. Ce phénomène, encore curieux en Chine, est devenu ici un mode de vie. On voulait la liberté. On l'a presque

20 obtenue, au moins en ce qui concerne les relations sexuelles. Cette liberté me semble visible sur le front des habitants. Elle est là, dans les rues, sur les terrasses, au fond des bars, derrière les rideaux des fenêtres, partout. Hommes, femmes et enfants, ils avancent et se croisent tout le temps, rapides comme le vent et solitaires comme les étrangers, la liberté luisante collée au front, laquelle rend leur visage pâle comme la neige.

Il m'arrive parfois d'avoir peur de devenir comme eux. Je n'ose plus l'aimer, cet homme qui n'est pas libre. Pour moi et pour les autres, j'ai peur de le libérer,
25 puisque moi-même je n'ose pas m'élancer dans cette liberté dont la porte m'est enfin ouverte. J'en ai pourtant tellement rêvé.

Je ne sais plus ce que je veux.

Da Li,
de Montréal

POUR ÉCLAIRER cet extrait

Roman épistolaire, *Les lettres chinoises* nous montre les lettres des trois membres d'un triangle amoureux. D'abord, Sassa, une jeune femme, écrit de Shanghai. Elle s'adresse à son fiancé, Yuan, parti à Montréal, ainsi qu'à son amie de jeunesse, Da Li, elle aussi partie à Montréal. Yuan et Da Li, à leur tour, écrivent à Sassa. Dès le début, il est clair que Yuan a toujours plu à Da Li et que les deux jeunes femmes ont été des rivales, se disputant l'amour de Yuan. Conséquence? L'échange épistolaire habituel et son va-et-vient binaire sautent. Ils font place à des chassés-croisés reposant à la fois sur le changement et l'immobilisme. Partir ou rester deviennent des thèmes majeurs. Le Québécois écope aussi, mais rien n'est simple. «On n'a pas besoin d'aller à l'étranger pour devenir étranger. On peut très bien l'être chez soi», écrit Sassa.

QUESTIONS DE COMPRÉHENSION ET D'ANALYSE

1. Que nous indique sur la Chine le premier paragraphe?
2. Les remarques sur l'Amérique semblent-elles justes?
3. Comment justifie-t-on l'arrivée de la société de consommation?
4. Quels sont les paradoxes qui frappent dans ce texte?
5. Sommes-nous devant une immigrante qui paraît vouloir s'intégrer?

Dissertation
Pourrait-on qualifier de très sévère le regard porté ici sur le Québec?

---

1. Jacques MARTINEAU, *Les 100 romans québécois qu'il faut lire*, Québec, Nuit blanche, 1994, p. 88.

Wajdi Mouawad (1968-)
FORÊTS (2006)

Parmi les solides écrivains qui sont venus d'ailleurs, citons Régine Robin (1939-). Dans *La Québécoite*, un personnage de juive ukrainienne de Paris temporairement installée à Montréal montre une connaissance du Québec, mais cette vie qui se refait semble incapable de s'attacher à un seul lieu. *Soigne ta chute*, de Flora Balzano (1951-), surprend aussi. Mère à moitié française et à moitié polonaise, père à moitié italien et à moitié espagnol, l'auteure y traite d'intégration.

Émile Ollivier (1940-2002), Sergio Kokis (1944-) et Marco Micone (1945-) font également partie des écrivains d'ici de grande valeur. Venus de Haïti, du Brésil et de l'Italie, ils proposent des œuvres phares. Au surplus, Micone, par exemple, désire participer à la définition de la sociéte québécoise au moyen de la présentation de la culture immigrée.

Quant à Wajdi Mouawad (1968-), ses années d'enfance au Liban, son adolescence en France, ses années de jeune adulte au Québec et son retour en Europe colorent ses pièces. Son quatuor formé de *Littoral*, *Incendies*, *Forêts* et *Ciels* s'inscrit dans les douleurs de ce siècle. L'œuvre soulève quantité d'excellentes questions, à commencer par celle de l'identité.

EXTRAIT *FORÊTS*

AIMÉE. Je ne me souviens plus de rien et ce que je sais, je le sais parce qu'on me l'a appris. Je ne me souviens ni de la fin de la guerre du Vietnam ni du début de la guerre du Liban et je confonds la Crise d'octobre avec l'Immaculée Conception avec mai 68 parce qu'on m'interdit d'injurier l'un ou l'autre. Je suis née à Rimouski et je
5 vis à Montréal, mais j'aurais très bien pu naître en Floride et vivre à Honolulu. Je ne suis jamais allée en Europe, ou en Asie et encore moins en Afrique et la seule fois où j'ai traversé une frontière, c'était pour aller à Plattsburgh de l'autre côté des lignes américaines pour m'acheter une TV 26 pouces. Je ne sais plus exactement quand on a marché sur la lune, je sais seulement que c'est après la mort de Kennedy parce
10 que je suis née quelque part entre les deux, mais pourquoi on a tué Kennedy et pourquoi je suis née, fouillez-moi. Je ne me souviens même pas de la dernière tempête de neige, à peine si je peux me souvenir du visage de ma mère adoptive, de mon père adoptif, morts et enterrés. Je peux prononcer le prénom *Baptiste* parce que c'est celui de l'homme que j'aime, même s'il me casse les oreilles avec son
15 mortier et sa truelle or, aimer un homme a encore un certain sens, je l'avoue! Mais pour être tout à fait honnête, mes chers amis artistes, je me sens un peu perdue quand on s'exclame devant la chute du mur de Berlin. Je ne dis pas que ce n'est pas un événement historique, je dis seulement que ça n'a jamais fait partie de ma vie! Jamais personne, ici, ne m'a empêchée d'emprunter telle ou telle rue pour rendre
20 visite à mon oncle ma tante mon chien ou *whatever*! Je n'y pensais pas au mur de Berlin! Notre enthousiasme est proportionnel — pour ne pas dire promotionnel — à notre lecture des journaux. Il suffit qu'une guerre éclate à Tombouctou pour

qu'on s'intéresse aux Tombouctois, qu'on monte des pièces de théâtre tombouc-
toises et qu'on se mette à faire des tomboucto'ôtons! Je ne savais même pas ce que
25   représentait le D dans R.D.A., puis d'un jour à l'autre, il faut être content et ému!
Comment voulez-vous être ému pour le mur de Berlin alors que personne ne vous
encourage à vous révolter dans votre propre pays! En plus, il faut donner son opinion! J'en ai pas d'opinion, fuck, je ne sais même pas ce que je vais faire demain,
comment voulez-vous que je puisse avoir une quelconque opinion sur un mur que
30   je ne sais même pas qui l'a construit ni pourquoi! Notre vie doit être assez plate pour
avoir besoin du bonheur des autres!

BAPTISTE. Aimée! Le rôti d'agneau va être froid.

POUR ÉCLAIRER cet extrait

Forêts est le récit de femmes faisant soudain face à l'incohérence de leur existence. Viols, incestes, suicides, meurtres, guerres mondiales, résistance et déportation sont au programme. Chacune de ces femmes verra sa raison mise en pièces, et il y est aussi question de désertion, de cancer et d'autres problèmes. Mouawad note: «Un artiste est un sca-rabée qui trouve, dans les excréments mêmes de la société, les aliments nécessaires pour produire les œuvres qui fascinent et bouleversent ses sem-blables. L'artiste, tel un scarabée, se nourrit de la merde du monde pour lequel il œuvre, et de cette nourriture abjecte il parvient, parfois, à faire jaillir la beauté.» Sur *Forêts*, il dit: «C'est une pièce sur les promesses. Sur ce qui fait qu'on ne tient pas nos promesses. Sur ce qui fait qu'on ne se remet pas des promesses jamais tenues qu'on nous a faites.»

QUESTIONS DE COMPRÉHENSION ET D'ANALYSE

1. Que pourrait symboliser ici l'absence de mémoire de la mère?
2. En quoi peut-on relier ce dialogue avec la mondialisation?
3. Comment décrire la langue utilisée par le personnage?
4. Où voit-on le plus l'écart entre identités individuelle et collective?
5. Aimée semble-t-elle satisfaite de son existence et de celle de son pays?

Dissertation
La tirade d'ouverture renvoie-t-elle à une perte d'identité?

Kim Thúy (1968-)
RU (2009)

Certains auteurs québécois d'origine canadienne-française sont associés aux écritures migrantes. C'est le cas de Gil Courtemanche (1943-2011), dont le roman *Un dimanche à la piscine à Kigali* est une émouvante observation du génocide rwandais ayant eu lieu en 1994. L'histoire est celle d'une relation amoureuse entre Bernard Valcourt, un Canadien expatrié d'un certain âge, et Gentille, une jeune et jolie Rwandaise. Elle sera entachée de cet épisode où les Hutus désireront exterminer les Tutsis, entraînant la mort de 800 000 Rwandais, en majorité tutsis, en l'espace de trois mois.

L'apport de Louis Carmain (1983-) surprend aussi. Dans *Guano*, dans *Bunyip*, c'est le Pérou, la Tasmanie, la Papouasie, etc. «Je trouve très rafraîchissant que les auteurs d'ici écrivent sur d'autres choses que le Québec. Je me suis détourné de la littérature québécoise en tant que lecteur à cause de ça: j'étais tanné qu'on me tende toujours un miroir au lieu d'une lampe de poche, qu'on se regarde au lieu d'exploiter la planète[1]», dit-il.

Mais, si l'on revient aux écrivains venus de loin, on ne saurait ignorer Kim Thúy (1968-). Née à Saigon pendant l'offensive du Têt, elle quitte le Viêt-Nam comme boat-people avec ses parents à l'âge de dix ans, ce dont elle rend merveilleusement compte dans son premier livre: *Ru*. Il s'agit de très courts récits où, sans se plaindre une seule seconde, la narratrice évoque les expériences vécues par elle et les siens avant, pendant ou après la traversée. «L'histoire que je raconte n'est pas seulement la mienne. Si c'était seulement ma vie à moi, ça ne serait pas grand-chose. Ça tiendrait sur trois pages!» affirme l'auteure quand on lui parle du succès de son livre qui relève plus de la chronique biographique que de la fiction romanesque.

EXTRAIT *RU*

Cependant, une fois obtenu, le rêve américain ne nous quitte plus, comme un greffe, ou une excroissance. La première fois que je suis allée avec mes talons hauts, ma jupe droite et mon porte-documents dans un restaurant-école pour enfants défavorisés à Hanoi, le jeune serveur de ma table n'a pas compris pourquoi je lui
5   parlais en vietnamien. Je croyais au début qu'il ne saisissait pas mon accent du Sud. Mais, à la fin du repas, il m'a dit candidement que j'étais trop grosse pour être une Vietnamienne.

J'ai traduit cette remarque à mes patrons, qui en rient encore aujourd'hui. J'ai compris plus tard qu'il ne parlait pas de mes quarante-cinq kilos, mais de ce rêve amé-
10   ricain qui m'avait épaissie, empâtée, alourdie. Ce rêve américain a donné de l'assurance à ma voix, de la détermination à mes gestes, de la précision à mes désirs, de la vitesse à ma démarche et de la force à mon regard. Ce rêve américain m'a fait croire que je pouvais tout avoir, que je pouvais me déplacer en voiture avec chauffeur et, en même temps, mesurer le poids des courges transportées sur une bicy-
15   clette rouillée par une femme aux yeux brouillés par la sueur; que je pouvais danser au même rythme que les filles qui se déhanchaient au bar pour étourdir les hommes

20 | aux portefeuilles bien garnis de dollars américains ; que je pouvais vivre dans ma grande villa d'expatriée et accompagner les enfants aux pieds nus jusqu'à leur école installée directement sur le trottoir, à l'intersection de deux rues.

Mais ce jeune serveur m'a rappelé que je ne pouvais tout avoir, que je n'avais plus le droit de me proclamer vietnamienne parce que j'avais perdu leur fragilité, leur incertitude, leurs peurs. Et il avait raison de me reprendre.

Euclide Cormier (1935-). *La danseuse J. B.*
(1993). Sculpture sur bois, noyer tendre.
Collection particulière.

POUR ÉCLAIRER cet extrait

Voyage dans la cale surpeuplée d'un bateau, peur de l'inconnu, camp de réfugiés, difficultés d'adaptation dans le nouveau pays, ce que traversent la narratrice et les siens tient parfois de l'horreur. « Avant que Monsieur An nettoie le plancher de l'usine de bottes de pluie dans le parc industriel de Granby, il avait été juge, professeur, diplômé d'une université américaine, père et prisonnier », lit-on par exemple (p. 95). Seulement, à l'instar de ce dernier qui s'en sort et en profite pour mieux apprécier les bleus du ciel, les personnages restent dignes et en apprécient davantage la vie que n'importe qui. « La fleur de lotus pousse dans la vase des marécages, rappelle Kim Thúy en entrevue. J'ai toujours aimé cette image. Pour moi, ce que ça signifie, c'est que peu importe l'environnement dans lequel vous baignez, la véritable beauté ne peut pas en être affectée. »

QUESTIONS DE COMPRÉHENSION ET D'ANALYSE

1. Quel mot important, dans le premier paragraphe, est à prendre au figuré ?
2. À quel endroit l'auteure joue-t-elle assez bien sur les contrastes ?
3. En quoi peut consister ce qu'on appelle ici « le rêve américain » ?
4. Quelle image du Viêt-Nam se dégage-t-elle tout au long de ces lignes ?
5. Pourquoi la fin de ce texte peut-elle apparaître très étonnante ?

Dissertation

Peut-on affirmer que le présent extrait de *Ru* montre que l'identité est toujours en mouvement ?

---

1. Catherine LALONDE, « Louis Carmain. Une histoire d'épave », *Le Devoir*, vol. CV, n° 207, les samedi 13 et dimanche 14 septembre 2014, p. F 1.

Richard Desjardins (1948-)
TU M'AIMES-TU ? (1990)

Florissante pendant la période précédente, la chanson québécoise l'est encore plus ces dernières années. Grâce à la contribution d'artistes dont la production couvre l'une et l'autre époque, la transition se fait naturellement. Plusieurs chanteurs continuent à créer, comme Vigneault ou Jean-Pierre Ferland (1934-), mais d'autres s'imposent avec assurance. Dès l'âge de 17 ans, Claude Dubois (1947-) compose *J'ai souvenir encore*, pur bijou à propos de la rue Sanguinet de son enfance: «J'ai souvenir encore d'une vieille maison/Que l'on se partageait chacun à sa façon/Un logement bien chauffé/On a si bien gelé/Les rats dans l'escalier/Prenaient leur déjeuner.» Au fil des ans, Dubois accumule les réussites, mariant paroles et musique dans un style «tendre voyou».

Michel Rivard (1951-), membre de Beau Dommage, entame une belle carrière solo après la dissolution du groupe. Son disque *Un trou dans les nuages*, en 1987, séduit par sa finesse et sa fraîcheur. On y trouve une chanson que l'on peut qualifier d'immortelle: *Je voudrais voir la mer*.

Les grands talents sont nombreux dans les années 1980. Richard Desjardins (1948-), d'Abitibi, n'est pas le moindre. Imperméable aux modes, il promène de bar en café des chansons peu commerciales à première vue. Un public d'inconditionnels l'aide à lancer son premier album, avant qu'un plus large public finisse par goûter son approche «poésie pure». Pour plusieurs, des chansons telles que *Tu m'aimes-tu ?* le propulsent au rang d'artistes comme Vigneault. À ses heures, il se fait en outre cinéaste engagé avec des films comme *L'erreur boréale*, consacré au massacre éhonté de nos forêts.

CHANSON *TU M'AIMES-TU ?*

Ton dos parfait comme un désert
quand la tempête
a passé sur nos corps.
Un grain d'beauté où j'm'en vas boire.
5 Moi j'reste là les yeux rouverts
sur un mystère
pendant que toi, tu dors
comme un trésor au fond de la mer.

J'suis comme un scaphandre
10 au milieu du désert
qui voudrait comprendre
avant d'manquer d'air.

Y est midi moins quart
et la femme de ménage
15 est dans l'corridor
pour briser les mirages.

T'es tell'ment tell'ment tell'ment belle
un cadeau d'la mort
un envoi du ciel
20 j'en crois pas mon corps.

Pour moi t'es une prisonnière
en permission :
Qu'importe le partenaire.
J'dois être le vrai portrait d'ton père.
25 Une dare-devil Nefertiti
des sensations…
C'tu ta philosophie
d'aller coucher avec un homme t'haïs ?

Pour moi t'as dit à ta chum :
30 «Check le gars 'ec des lunettes
m'as t'gager un rhum
que j'y fixe le squelette. »

Y est midi moins quart
et la femme de ménage
35 est là pis a fait rien qu'
compter les naufrages.

T'es tell'ment tell'ment tell'ment belle
un paquebot géant
dans 'chambre à coucher.
Je suis l'océan
40 qui veut toucher ton pied.

J'pense que je l'ai : j't'ai sauvé 'a vie
dans queuqu'pays
dans une vie antérieure.
La fois j't'ai dit : «Va pas à Pompéi ! »
45 C'est quoi d'abord ? Si c'est pas ça
c't'à cause d'un gars
qui t'a tordu le cœur.
J't'arrivé drett'avant qu'tu meures !

C'pas pour mon argent
50 ni pour ma beauté
ni pour mon talent...
Tu voulais-tu m'tuer ?

Y est midi tapant
et la femme de ménage
55 'a cogne en hurlant :
«J'veux changer d'personnage ! »

T'es tell'ment tell'ment tell'ment belle
j'vas bénir la rue
j'vas brûler l'hôtel.
60 Coudon...
Tu m'aimes-tu ?
Tu m'aimes-tu ?

POUR ÉCLAIRER ce texte

Ayant grandi à côté de la seconde plus grosse fonderie de cuivre du monde à Noranda, Richard Desjardins prend très tôt le parti des petites gens éreintés par les entreprises et la vie. Des jeunes de son âge, découvrant qu'il apprend le piano, lui donnent une volée. Mais il se met quand même à l'écriture de poèmes qu'il imprime en plusieurs copies, sous forme de recueils, avant de les proposer dans les bars, les collèges et les universités.

Il parvient ainsi à vendre plus de 3 000 exemplaires de son recueil *Le beau cowboy de terre cuite*, à «une piasse dans les bars, 50 cennes pour les étudiants pis cinq piasses pour les profs ! » mentionne-t-il. À l'instar de ses musiques, ses textes sont sans concessions. Il cherche la vérité. Il vise l'absolu. Sa voix et son univers ne cadrent pas dans les standards habituels, d'où une originalité qui gagne à être revisitée.

QUESTIONS DE COMPRÉHENSION ET D'ANALYSE

1. Du point de vue de la langue, qu'est-ce qui émane de ce titre ?
2. Montrer que, dès le début, l'auteur joue avec les contrastes.
3. Le texte tient-il compte de l'infiniment petit et de l'infiniment grand ?
4. Quel est le profil se dégageant de la femme aimée décrite ici ?
5. Comment le narrateur se perçoit-il dans ce qu'il raconte ?

Dissertation
Peut-on prétendre que *Tu m'aimes-tu ?* illustre tant la québécitude que l'ouverture sur le monde ?

Loco Locass (1995-)
MALAMALANGUE (2000)

Avec les Colocs, le regretté André « Dédé » Fortin (1962-2000) surprend le Québec dix ans durant. Il déploie une énergie débordante tant sur disque que sur scène. Mais la liste des artistes exceptionnels qui s'imposent avant les années 2000 témoigne d'une extraordinaire vitalité de la chanson québécoise d'alors. On songe à Sylvain Lelièvre (1943-2002), aux textes fluides et réalistes, Daniel Lavoie (1949-), au style personnel et feutré, Jim Corcoran (1949-), orfèvre de la langue, Richard Séguin (1952-), l'authentique, Paul Piché (1953-), l'engagé social, Pierre Flynn (1954-), le ténébreux, Daniel Bélanger (1962-), au talent fou, Lynda Lemay (1966-), qui fait un malheur en France, et Luc De Larochellière (1966-), auteur d'une merveille : *Si fragile*. Quant à Jean Leclerc (1961-), alias Jean Leloup, et à Éric Lapointe (1969-), plus imprévisibles et délinquants, leurs œuvres virevoltent dans une belle fantaisie de surdoués.

Les années 2000 voient poindre une nouvelle vague. Les groupes les Trois Accords, les Cowboys Fringants et Loco Locass occupent l'avant-scène. Dans le premier cas, des accents surréalistes enrichissent leur écriture. Des chansons comme *Hawaïenne* ou *Elle s'appelait Serge* s'inscrivent dans la lignée des formations punk françaises. Les Cowboys Fringants, énergiques et effrontés, dérident souvent leur auditoire en dénonçant les travers d'une société du confort et de l'indifférence. L'auteur-compositeur du groupe, Jean-François Pauzé (1975-), se dit influencé dans l'écriture par Plume Latraverse (1946-), champion de l'irrévérence en chanson. Loco Locass, enfin, groupe rap, cible souvent la politique et les politiciens dans ses chansons très rythmées et indépendantistes (*Libérez-nous des libéraux*), quand il n'écrit pas des chansons à saveur existentielle (*Spleen et Montréal*) ou prônant la défense d'une langue française en danger (*Malamalangue*).

CHANSON *MALAMALANGUE*

Peuple à la mer
À la merci des courants
Qui n'est pas au courant
Dont la langue à vau-l'eau
5   Navigue entre deux eaux
Dont la culture dérive au large des rives
D'un incontinent mercantile
Quand il s'agit de s'agiter sache
Que les Loco Locass occupent la place
10   Jacassent avec audace et cassent la glace
En dénonçant la menace
Qui sévit sur la masse
C'est assez sérieux
Plutôt pernicieux
15   On croirait au complot tacite de la nation

[…]

> Sache que les Loco Locass
> Sont des koubrass qui causent et qui haranguent
> Ce qui leur cause des mots sur le bout de la langue
> Tous et toutes, professeurs, citoyens
20 Animateurs de Musique Plus et politiciens
> Je nous accuse au tribunal de la conscience
> D'avoir immolé le français sur l'autel de l'indifférence
> Malgré que le combat soit perdu d'avance
> Même en France
25 Nous défendons notre patrie contre l'anglosphyxie
> Tel que le firent les Phrygiens face à l'Empire romain
> Nous avons pris le maquis linguistique
> Et opposons à l'Amérique une résistance lyrique
> Notre tactique est unique et consiste en la verbalistique
30 Nous faisons flèche de tout mot
> Nos arbalettres envoient des carreaux lexicaux
> Au macrophone, les Loco détonnent
> Et proposent, entre autres choses
> Une prose qui ose et qui désankylose
35 Si texturé soit-il
> Ton texte doit expliquer le contexte de ton cortex, car
> Sans sens le son n'est que sensation
> Mais sans son le sens est sans action

■ **POUR ÉCLAIRER** cet extrait

Pour saisir la poésie de Loco Locass, il importe de connaître le sens exact des vocables. Le terme *koubrass*, par exemple, est un néologisme qui fait référence à Stanley Kubrick, le cinéaste, et qui signifierait «totalement bizarre». Il faut ensuite être sensible aux nombreux jeux de mots. On en compte ici plusieurs. Enfin, les éléments du contexte dans lequel la chanson a été créée s'avèrent déterminants.

Des noms renvoient à certaines réalités passées plus ou moins importantes. Idem pour des expressions du genre *Grande Noirceur, Où vais-je? Où vis-je?, Nègres blancs, Je me souviens, French frogs* ou *prendre le maquis*. Évidemment, cela nous amène à une densité certaine, laquelle nous force à nous concentrer lorsque ces paroles défilent.

QUESTIONS DE COMPRÉHENSION ET D'ANALYSE

1. Quelle est la situation du peuple décrit dans les premiers vers?
2. Comment expliquer que les niveaux de langue se mélangent ici?
3. Pourquoi affirmer que les auteurs sont sensibles au passé?
4. À qui surtout s'en prennent les paroles de ce texte intense?
5. Quel est donc l'objectif visé par le groupe à travers cette chanson?

Dissertation

Malamalangue évoque-t-elle un nationalisme ouvert sur le monde?

Mes Aïeux (1996-)
DÉGÉNÉRATIONS (2006)

Au milieu des années 1970, Luc Plamondon (1942-) imprime un nouveau mouvement à la chanson. Pour Diane Dufresne, il écrit 75 textes dans lesquels il fait «rocker» la langue française. Ensuite, avec le musicien français Michel Berger, c'est l'aventure de l'opéra rock *Starmania*: «Stone/Le monde est stone/Je cherche le soleil/Au milieu de la nuit.» Militant des droits des auteurs-compositeurs, Plamondon accumule alors les succès par l'entremise d'une foule d'interprètes d'ici et d'ailleurs. L'opéra rock *Notre-Dame de Paris* — musique de Richard Cocciante — est l'un de ces triomphes. Mais certaines de ses plus simples chansons ont un parfum d'éternité: «Ne tuons pas la beauté du monde/Faisons de la terre un grand jardin/Pour ceux qui viendront après

nous.» La poétesse Huguette Gaulin (1944-1972) s'était immolée par le feu place Jacques-Cartier, à 17 heures, criant aux clients de l'hôtel Iroquois: «Vous avez tué la beauté du monde.»

Les groupes jouent aussi un rôle important. Après Beau Dommage, Offenbach s'impose. Un après-midi, avec Gerry Boulet (1946-1990) comme leader, alors que le groupe improvise à partir d'une de ses compositions en anglais intitulée *Calling the blues*, Pierre Harel (1944-), auteur de plusieurs textes d'Offenbach, propose d'adapter ces mots en *Câline de blues*. Suivra la rime historique «Faut que j't'e jouse». «Le premier blues-rock québécois venait de naître[1].» Viendront par la suite d'autres groupes originaux, dont il sera question plus loin, créateurs de chansons qui marqueront l'inconscient collectif québécois comme *Dégénérations*.

CHANSON   *DÉGÉNÉRATIONS*

Ton arrière-arrière-grand-père, il a défriché la terre
Ton arrière-grand-père, il a labouré la terre
Et pis ton grand-père a rentabilisé la terre
Pis ton père, il l'a vendue pour devenir fonctionnaire

5　Et pis toi, mon p'tit gars, tu l'sais pus c'que tu vas faire
Dans ton p'tit trois et demi bien trop cher, frette en hiver
Il te vient des envies de devenir propriétaire
Et tu rêves la nuit d'avoir ton petit lopin de terre

Ton arrière-arrière-grand-mère, elle a eu quatorze enfants
10　Ton arrière-grand-mère en a eu quasiment autant
Et pis ta grand-mère en a eu trois c'tait suffisant
Pis ta mère en voulait pas; toi t'étais un accident

Et pis toi, ma p'tite fille, tu changes de partenaire tout l'temps
Quand tu fais des conneries, tu t'en sauves en avortant
15　Mais y'a des matins, tu te réveilles en pleurant
Quand tu rêves la nuit d'une grande table entourée d'enfants

Ton arrière-arrière-grand-père a vécu la grosse misère
Ton arrière-grand-père, il ramassait les cennes noires
Et pis ton grand-père — miracle ! — est devenu millionnaire
20 Ton père en a hérité, il l'a tout mis dans ses RÉERs

Et pis toi, p'tite jeunesse, tu dois ton cul au ministère
Pas moyen d'avoir un prêt dans une institution bancaire
Pour calmer tes envies de hold-uper la caissière
Tu lis des livres qui parlent de simplicité volontaire

25 Tes arrière-arrière-grands-parents, ils savaient comment fêter
Tes arrière-grands-parents, ça swignait fort dans les veillées
Pis tes grands-parents ont connu l'époque yé-yé
Tes parents, c'tait les discos ; c'est là qu'ils se sont rencontrés

Et pis toi, mon ami, qu'est-ce que tu fais de ta soirée ?
30 Éteins donc ta tivi ; faut pas rester encabané
Heureusement que dans' vie certaines choses refusent de changer
Enfile tes plus beaux habits, car nous allons ce soir danser...

POUR ÉCLAIRER ce texte

Créé en 1996, *Mes Aïeux* est considéré comme le meneur du mouvement de la « nouvelle musique traditionnelle » (« néo-trad »). Pour traiter de thèmes modernes comme la politique (*Ça va mal*), la mondialisation (*Qui nous mène ?*), le rythme de vie (*Continuer pareil*) ou l'environnement (*Le déni de l'évidence*), il se réfère à des sujets et à des personnages traditionnels du folklore québécois. C'est ainsi que la chasse-galerie, le diable ou les chansons à répondre auront ici des échos, de même que des personnages légendaires comme la Corriveau, Alexis le Trotteur ou le Grand Antonio. Côté musique, ses pièces pop, folk, rock ou disco créent parfois la surprise, y compris le rythme amérindien de *Dégénérations*. On s'y attaque à l'individualisme des jeunes Québécois, conformément à une volonté du groupe de faire de la chanson à messages.

QUESTIONS DE COMPRÉHENSION ET D'ANALYSE

1. Pourquoi la première strophe est-elle si lourde de sens ?
2. Le texte s'adresse-t-il à une seule personne ou à plusieurs ?
3. Comment réussit-on dans le texte à jouer avec les contrastes ?
4. Les observations de la dernière strophe reposent-elles sur un fond de vérité ?
5. La chanson se termine-t-elle sur une note positive ou négative ?

Dissertation
Est-il possible d'affirmer que *Dégénérations* constitue une véritable histoire du Québec ?

1. Robert LÉGER, *La chanson québécoise en question*, Montréal, Québec Amérique, 2003, p. 83.

Pierre Lapointe (1981-)
AU BAR DES SUICIDÉS (2009)

Stefie Shock (1969-), Daniel Boucher (1971-) ainsi que Mara Tremblay (1969-) incarnent des révélations qui vont rester. Ils manient l'art de la mélodie et s'amusent avec la langue : « Il paraît que j'ai l'amour éphémère » (Shock) ; « Heille ! / Ma gang de malades / Vous êtes donc où ? » (Boucher) ; « J'aime ton bordel toutes tes bebelles / Me font rêver me font chanter » (Tremblay). C'est également le cas d'Ariane Moffatt (1979-) et de Louis-Jean Cormier (1980-), du groupe Karkwa, dont les succès n'empêchent pas Cormier d'entreprendre une carrière solo. Formé de Justine Laberge (1978-) et de David Bussières (1977-), Alfa Rococo fait aussi un malheur.

Pierre Lapointe (1981-) reste peut-être la plus grande surprise des années 2000 aux yeux de plusieurs. Lauréat du Festival international de la chanson de Granby, qui, comme celui de Petite-Vallée, fait connaître de jeunes artistes, c'est avant tout un personnage. Parfois pieds nus, mais cravaté et en haut-de-forme, Lapointe se pose en héritier de la vieille chanson française, ciselant ses textes et ses musiques afin de surprendre.

Dans les titres de ses chansons, comme *Place des abbesses*, *Au nom des cieux galvanisés* ou *Au pays des fleurs de la transe*, Lapointe montre sa passion pour les assemblages de mots qui sonnent. Sa virtuosité n'est cependant pas gratuite. Il sait se montrer grave : « Car, tel un seul homme, nous avançons / Vers la même lumière, vers la même frontière / Toujours elle viendra nous arracher la vie / Comme si chaque bonheur devait être puni. »

CHANSON   *AU BAR DES SUICIDÉS*

Allez, on va danser
Au bar des suicidés
Comme autrefois, on gardera les yeux fermés
Allez, on va danser
Au bar des suicidés
Laisse tes pas, un à un devant toi, s'aligner

Tu aimes encore et aimes toujours
Ce bel amour à l'imparfait
Ce bel amour aux yeux trop clairs
Ce bel amour aux yeux trop vrais
Tu aimes encore et sans arrêt
Ce bien trop véritable amour
Si véritable qu'il finira
Par vraiment massacrer tes jours

[Refrain]

5

10

15
Tu sais
Moi aussi, j'ai aimé
Des amours déjà estropiées
Le cœur se serre, mais on finit par s'habituer
Tu sais
20
Moi aussi, j'ai aimé
Des amours déjà fatiguées
Les blessures restent, mais on finit par oublier
Oh ! s'il te plaît, ne pleure pas, je te promets qu'un jour on rira
De cet amour de trahison, oh ! s'il te plaît, ne pleure pas

[Refrain]

25
Et si je meurs là-bas
Eh bien, tant pis pour moi
Je n'avais qu'à savoir
Qu'on ne rit pas de ces choses-là
Si mon cœur se débat
30
Ne t'en fais pas pour moi
J'ai gardé un sourire en souvenir de toi
J'ai gardé un sourire en souvenir de toi
J'ai gardé un sourire en souvenir de toi

POUR ÉCLAIRER ce texte

« Mon but, c'est de m'assurer de ne jamais être mièvre », confie Pierre Lapointe à un journal français. En 2013, à l'occasion de la sortie de *Punkt*, on lit : « Je trouve que la chanson s'est assagie depuis quelques années... à un tel point qu'elle en est devenue plate, s'inquiète Lapointe. Je ne veux pas chialer, ni généraliser, mais elle s'est quand même aseptisée, alors que le cinéma, la littérature, le théâtre et la danse contemporaine ont continué à évoluer dans une certaine liberté et non-censure par rapport aux images fortes. La chanson, elle, s'est assagie. » Voilà pourquoi l'artiste touche aux tabous ou aux sujets inexplorés avec une poésie qu'on a qualifiée de riche, imagée, absconse, bon enfant, saint-exupéryenne, personnelle ou provocante. La mort le hante aussi depuis l'enfance, mais l'achat d'un piano à 12 ans lui sauve la vie.

QUESTIONS DE COMPRÉHENSION ET D'ANALYSE

1. Montrer que, dès le début, la chanson joue sur les contrastes.
2. Quel autre thème est-il lié tout le long à celui du suicide ?
3. Est-ce que l'on trouve dans le texte des conseils qui sont donnés ?
4. Est-il possible d'avancer que la solitude côtoie ici son contraire ?
5. Sur quel sentiment exact se termine la chanson de Lapointe ?

Dissertation

Peut-on prétendre que la chanson *Au bar des suicidés* représente tout à fait le couple vie et mort ?

Samian (1983-)
PLAN NORD (2012)

Qui s'imposera en chanson? Béatrice Martin, alias Cœur de pirate (1989-), ne sera pas la dernière. Avec des chansons personnelles et aux paroles émanant de ses expériences, elle réussit à conquérir un large public jusqu'en France: «Ah tu vois, comme tout se mêle / Et du cœur à tes lèvres, je deviens un casse-tête / Ton rire me crie de te lâcher / Avant de perdre prise et d'abandonner.»

Toujours chez les femmes, Catherine Major (1980-), Amélie Veille (1981-), Marie-Mai (1984-) et Salomé Leclerc (1987-) constituent des candidates intéressantes. Chacune se forge un univers touchant un public spécifique. Major offre des chansons romantiques portées par un lyrisme sombre. Veille opte pour une fraîcheur voluptueuse. Marie-Mai donne tête baissée dans le rock. Leclerc, enfin, «est une belle passeuse d'impressions poétiques».

Chez les hommes, Vincent Vallières (1978-), Yann Perreau (1976-), Bernard Adamus (1977-) et Karim Ouellet (1984-) ressortent. Vallières aborde des thèmes rassembleurs avec des mélodies accrocheuses. Perreau n'hésite jamais à faire preuve d'audace. Adamus y va de compositions alliant folk, blues, country et hip-hop à des paroles populaires. Ouellet fait de la pop «qui ne suit pas les règles, qui ne se plie pas au carcan que cette musique impose». Mais voilà une liste subjective. Samian (1983-), rappeur d'origine algonquine, est un autre des noms pouvant avantageusement figurer ici.

CHANSON *PLAN NORD*

Le gouvernement a décidé de perdre le Nord
Pour des diamants, de l'argent et de l'or
Il prétend vivre dans un pays libre
Mais ils ignorent que la nature est notre parfait équilibre
5   Trop de consommation pour des biens matériels
On est en train de perdre le Nord et les enjeux sont réels
Vous profitez de la terre pour vos propres envies
Sans même réaliser qu'elle nous maintient en vie
Vous voulez profiter pour une seule génération
10   Mais ces terres nourrissent toute une population
Vous voulez déraciner tout le Nord québécois
Mais un jour vous comprendrez que l'argent ne se mange pas…

T'inquiète j'ai compris, c'est une question de business
Vous gouvernez un territoire rempli de richesses
15 Ne venez surtout pas me faire croire que cette terre vous appartient
C'est plutôt grâce à elle qu'on respire chaque matin
Je représente mon peuple à travers l'art
Et je vous annonce de leur part que le peuple en a marre
Mais on connaît vos politiques, des êtres obsédés
20 Là où y reste un peu d'air frais, vous devez le posséder
Vous faites même basculer notre chaîne alimentaire
Assis bien au chaud sur la colline parlementaire
Vous pensez refaire le monde avec votre projet de loi
Mais un jour vous comprendrez que l'argent ne se mange pas…

[…]

25 Sur ces terres, il y a des gens remplis de sagesse
Enfermés dans vos réserves prisonniers de vos gestes
Qui protègent ce territoire depuis la nuit des temps
Parce qu'on habite ces terres depuis plus de dix mille ans
Avez-vous pensé aux gens qui habitent ces forêts ?
30 Vous avez mal calculé l'impact de votre projet
Cette terre est fragile, sauvage et indemne
Aussi riche et fertile qu'une terre africaine
On ne peut la posséder cette terre nous a élevés
On doit la protéger elle est mère de l'humanité
35 Le Plan Nord repose sur une génération
Je m'y oppose au nom de toute la nation !

POUR ÉCLAIRER ce texte

Proposé par Jean Charest en mai 2011, le Plan Nord est un programme de développement des régions nordiques au nord du 49e parallèle du Québec. Prévoyant des investissements de 80 milliards de dollars sur 25 ans, il est d'abord vu comme une promesse électorale. Dénoncé par les Innus, il est relancé en 2014 par Philippe Couillard. Le rappeur algonquin Samian, de Pikogan, ne se gêne pas dès le début pour annoncer «une grande erreur». Car ce plan, estime-t-il, ne vise qu'à rentabiliser les ressources naturelles se trouvant au nord.

QUESTIONS DE COMPRÉHENSION ET D'ANALYSE

1. Les valeurs de notre société sont-elles présentes au début du texte ?
2. Qui représente le «nous» présent dès le quatrième vers ?
3. Commenter cette citation d'un Amérindien : «L'argent ne se mange pas.»
4. Les éléments de dénonciation semblent-ils exagérés ou réalistes ?
5. L'émotion se combine-t-elle avec la raison ?

Dissertation

Peut-on dire que *Plan Nord* embrasse en même temps le passé, le présent et l'avenir ?

Marie Uguay (1955-1981)
L'OUTRE-VIE (1979)

Dans une société matérialiste de plus en plus centrée sur l'argent, la productivité et la vitesse, la parution d'un recueil de poèmes peut paraître anachronique. Mais, dans un Québec où les taux de suicide chez les moins de 25 ans et chez les hommes sont parmi les plus élevés du monde, certains comprennent que la fréquentation de la poésie peut être bénéfique, voire thérapeutique.

Décédée d'un cancer à l'âge de 26 ans, Marie Uguay (1955-1981) est peut-être la poète qui émeut le plus à partir de 1980. Passionnée par l'expérience humaine, sensible à la beauté comme à la souffrance, elle parle autant de Montréal que de l'océan éblouissant, et autant du sommeil, qui permet, par le rêve, de se rapprocher de soi et des autres, que du désir amoureux, lieu de la passion, qui nous fait voir autrement. Certains évoquent le courant de l'autobiographie. Tout s'articule autour du «je», alors que la fiction se confond avec la vie de l'écrivain.

Amputée d'une jambe quatre ans avant sa mort pour freiner son cancer, Marie Uguay nous touche lorsqu'elle aborde la maladie, la mort — «l'instant où il n'y a plus rien à dire» — ou le temps. Son journal, publié plus récemment, en témoigne également. Il faut d'ailleurs voir le documentaire émouvant que le cinéaste Jean-Claude Labrecque a tourné sur cette jeune femme fragile, mais intense, alors qu'elle se livre au journaliste et poète Jean Royer (1938-) peu de temps avant sa mort. Ce film, *Marie Uguay*, sorti en 1982, est proposé gratuitement et en tout temps sur le site de l'ONF.

POÈME | *L'OUTRE-VIE*

Il existe pourtant des pommes et des oranges
Cézanne tenant d'une seule main
toute l'amplitude féconde de la terre
la belle vigueur des fruits
5 Je ne connais pas tous les fruits par cœur
ni la chaleur bienfaisante des fruits sur un drap blanc

Mais des hôpitaux n'en finissent plus
des usines n'en finissent plus
des files d'attente dans le gel n'en finissent plus
10 des plages tournées en marécages n'en finissent plus

J'en ai connu qui souffraient à perdre haleine
n'en finissent plus de mourir
en écoutant la voix d'un violon ou celle d'un corbeau
ou celle des érables en avril

15 N'en finissent plus d'atteindre des rivières en eux
qui défilent charriant des banquises de lumière
des lambeaux de saisons   ils ont tant de rêves

Mais les barrières   les antichambres n'en finissent plus
Les tortures   les cancers n'en finissent plus
20 les hommes qui luttent dans les mines
aux souches de leur peuple que l'on fusille à bout portant
en sautillant de fureur
n'en finissent plus
de rêver couleur d'orange

25 Des femmes n'en finissent plus de coudre des hommes
et des hommes de se verser à boire

Pourtant malgré les rides multipliées du monde
malgré les exils multipliés
les blessures répétées
30 dans l'aveuglement des pierres
je piège encore le son des vagues
la paix des oranges

Doucement Cézanne se réclame de la souffrance du sol
                                    de sa construction
35 et tout l'été dynamique s'en vient m'éveiller
s'en vient doucement   éperdument me léguer ses fruits

POUR ÉCLAIRER cet extrait

Marie Uguay écrit dans *L'outre-vie*: «L'outre-vie c'est quand on n'est pas encore dans la vie, qu'on la regarde, que l'on cherche à y entrer. On n'est pas morte, mais déjà presque vivante, presque née, en train de naître peut-être, dans ce passage hors frontière et hors temps qui caractérise le désir. Désir de l'autre, désir du monde. Que la vie jaillisse comme dans une autre gonflée. Et l'on est encore loin. L'outre-vie comme l'outre-mer ou l'outre-tombe. Il faut traverser la rigidité des évidences, des préjugés, des peurs, des habitudes, traverser le réel obtus [...]. Traverser l'opacité du silence et inventer nos existences, nos amours, là où il n'y a plus de fatalité d'aucune sorte.» Une étoile filante a parlé.

QUESTIONS DE COMPRÉHENSION ET D'ANALYSE

1. Sur quelle ambiguïté joue le titre du texte?
2. Quel effet produit le mot «pourtant» au début du poème (vers 1)?
3. La première strophe (vers 1-6) constitue-t-elle une ode à la vie?
4. Quel message ressort le plus dans l'avant-dernière strophe?
5. Quelle expression est répétée à dix reprises et quel est son effet?

Dissertation
Ce texte représente-t-il une lutte entre la mort et la vie où cette dernière l'emporte?

Jean-Paul Daoust (1946-)
L'AMÉRIQUE (1993)

La poésie étant une écriture condensée explorant les ressources du langage verbal, il faut prendre le temps de la décoder. Bien entendu, le texte n'est pas toujours limpide et, à l'occasion, l'auteur mise sur la plurivocité. Il suffit alors de persévérer. Quand Anne-Marie Alonzo (1951-2005) amorce un poème par «Sous un catalpa en fleurs. Et tout semble commencer comme dans une histoire. Il y avait. Et l'herbe autour», le ton est donné. Peut-être faut-il cependant lire et relire, tout en cherchant le sens de «catalpa».

Si elle manque de lecteurs, la poésie ne manque pas d'auteurs ni de vitalité. Le Festival international de la poésie de Trois-Rivières accueille chaque année, depuis 1985, plus d'une centaine de poètes. De plus, le *Dictionnaire Guérin des poètes d'ici* regroupe en 1 400 pages presque autant de poètes qui ont publié au Québec. Plusieurs éditeurs — tels Le Noroît et Les Écrits des Forges — et revues diffusent des textes. Des revues littéraires et culturelles comme *Dérives* ou *Vice versa* jouent aussi un rôle notable.

Après une vague formaliste qui dure jusqu'en 1980 — des recueils de poésie sont insérés dans des boîtes de conserve ou forment des cubes de carton pouvant être lancés à la manière de dés[1] —, on assiste à un retour au livre traditionnel. Le corps, la ville, l'amour, la révolution, le bonheur, la solitude, tous les sujets sont abordés: une fois encore, la multiplicité des directions s'impose. Parmi les poètes qui abandonnent le formalisme, citons Claude Beausoleil (1948-), Yolande Villemaire (1949-) et Jean-Paul Daoust (1946-).

EXTRAIT *L'AMÉRIQUE*

                              Montréal
face   à face
corps   à corps
                              avec
5   L'AMÉRIQUE
    L'AMÉRIQUE où scintillent   des casinos
                    au cœur de ses déserts
                                              peuplés de rois déchus
    sur les écrans de ses yeux des hologrammes
10   de guerres
                                              de stratégies
    L'AMÉRIQUE et ses danses aérobiques
            dans ses ruelles les corps hostiles s'affrontent
                                              en dansant
15   fouetté le reste du monde apprend
                                          à se mouvoir
            sur des pistes miroitantes made in

---

1. Bernard TANGUAY, *Bla-bla-bla*, Montréal, Font, 1970, s. p.

AMERICA
                    remember rock'n'roll
20   que le rap zappe
    L'AMÉRIQUE rutile de gadgets
                    électriques
                    électroniques
                    synthétiques
25   magnétiques
                    psychologiques
                    philosophiques
                    théophysiques
                    name it
30 L'AMÉRIQUE qui ne semble jamais s'ennuyer
    L'AMÉRIQUE menaçante   menacée
                    de Nostradamus à
                    who's next ?
                    ses stars qui s'écroulent dans le Pacifique
35   les cendres de leurs volcans éphémères
    L'AMÉRIQUE la prude
        la granola
        la toute nue
            on a dit que ses trottoirs étaient faits d'or
40   et des millions de personnes l'ont cru
    L'AMÉRIQUE a pillé le monde entier pour se faire
                        des musées
                        des styles
                        des recettes
45   pour se donner
    sans cesse le goût   du nouveau
            alors qu'en 1492
                et sur le plus ancien globe terrestre conservé
    L'AMÉRIQUE ne figure pas
50 L'AMÉRIQUE un échiquier
            où the game is never over
    L'AMÉRIQUE ses TV guides
            ses TV dinners
    L'AMÉRIQUE a généreusement importé ce qu'elle n'avait pas
55   a exporté   ses excès
            Coca-Cola la boisson la plus vendue au monde
    là où la fortune moyenne des quatre cents Américains les plus riches frôle
                        le milliard
    Robert Guccione du magazine Penthouse vaut combien ?
60   it's a porno affair

voilà à peine quatre siècles L'AMÉRIQUE ne valait rien
quand L'AMÉRIQUE s'invente de nouveaux hamburgers
la gloire   la richesse   la culture
                       l'université McDonald's
65 | sur ses territoires règne l'odeur de l'aventure
                  le parfum âcre de
                             On the Road[1]
dans le smog de L.A. la mer se mêle au sang des drogués
L'AMÉRIQUE
70 | la sueur de ses villes tentaculaires
                    qui empoisonne jusqu'à la vie du ciel
    à Universal Studio
        ces visages curieux
            béats
75 | sans pudeur
là L'AMÉRIQUE fait un show
          de son mythe
       les ordinateurs qui sécurisent
                le mécanisme du star system
80 | ce fleuve de rêves où L'AMÉRIQUE
noie ses enfants
      Mickey Mouse semble un musicien si gentil
pour faire ce parfum hollywoodien il faut broyer
                    combien d'idoles?
85 | ici le génie du renouveau
          coûte que coûte
   quand L'AMÉRIQUE s'invente des dynasties
             star star star
    mot mantra de L'AMÉRIQUE
90 | une star se promène sur la grève de Malibu
          et personne ne s'en soucie
   sa solitude
    puisqu'elle est enfin chez elle
         anonyme
95 | ces collines derrière   les Himalayas du rêve
      puisqu'ici le destin sera celui de l'Atlantide
un des puissants karmas de   L'AMÉRIQUE
et au nord   Detroit

---

1. Roman américain (1957) de Jack Kerouac, chef de file des beatniks. Le mouvement beatnik s'opposait aux valeurs et au mode de vie américains (consommation effrénée, standing social, sédentarisme, etc.). Dans le roman, Jack Kerouac se met lui-même en scène alors que, par toutes sortes de moyens de locomotion (auto-stop, voitures «empruntées», wagons vides de marchandises…), il parcourt d'est en ouest le continent américain. L'expression *on the road* associe la recherche d'aventures au parcours du vaste territoire américain.

Christine Major (1966-). *Màdjà (partir)*
(2016). Acrylique sur toile, 122 x 122 cm.
Collection de l'artiste.

POUR ÉCLAIRER cet extrait

Poème épique de 200 pages tenant de la fresque délirante, *L'Amérique* repose sur une écriture incantatoire et éclatée. Sous-titré *Poème en cinémascope*, deux barres noires y figurent au haut et au bas des pages comme un film en cinémascope passant à la télé. « Les mots envahissent toute la page pour montrer la démesure de l'Amérique, l'espace incroyable qu'on a, lequel fait l'envie du monde entier », dit Daoust. « Nous sommes tous et toutes obsédé(e)s par l'Amérique, consciemment ou non, ici comme ailleurs. » Il ajoute : « C'est un rythme très jazz où les improvisations se juxtaposent et finissent par se mêler à la mélodie de base, dont le mot-clé, L'AMÉRIQUE / AMERICA, revient sans cesse. Une sorte de mantra qui devient obsessionnel et qui veut faire comprendre combien "l'Amérique nous habite tous et toutes jusqu'au vertige de la faute". »

QUESTIONS DE COMPRÉHENSION ET D'ANALYSE

1. Quelle image de l'Amérique nous est-elle présentée ici ?
2. Comment qualifier la relation unissant ici Amérique et monde ?
3. Quel paradoxe retrouve-t-on au milieu de ces vers de Daoust ?
4. Quelle illusion liée à l'Amérique s'amuse-t-il à faire ressortir ?
5. Quel message pourrait se dégager des derniers vers de l'extrait ?

Dissertation

Cet extrait du poème *L'Amérique* est-il en lien direct avec la quête de notre identité ?

Hélène Dorion (1958-)
PORTRAITS DE MERS II (2000)

Membre, comme son collègue Claude Beausoleil, de la prestigieuse Académie Mallarmé, Hélène Dorion (1958-) est l'une de nos poètes les plus actives. Lauréate de nombreux prix au Québec et à l'étranger, elle participe à de multiples rencontres, lectures et colloques d'écrivains partout dans le monde. Longtemps directrice du Noroît, Dorion fait aussi paraître des textes dans des revues comme *Estuaire* (Québec), le *Courrier du Centre International d'études poétiques* (Belgique) et *Présages* (France).

Chacun avec une personnalité forte, André Roy (1944-), Denise Desautels (1945-) et François Charron (1952-) forment un trio qu'on ne peut ignorer. Roy explore l'érotisme homosexuel dans *Les passions du samedi* («Mon cul est ton cul, mais prends mais donne»), tandis que Desautels («La passion erre quand nous cherchons nos mots») et Charron («Je continuerai à vieillir pour perfectionner mon enfance») révèlent un sens de la formule.

Ce survol de la poésie contemporaine reste très superficiel. Soulignons en terminant la contribution de poètes comme Patrice Desbiens (1948-), qui est aussi conteur, Carole David (1955-) («entre ma voix écrite et ma voix réelle,/il y a le dragon de soi») et Élise Turcotte (1957-), qui voit plusieurs de ses recueils couronnés, avant de passer à la nouvelle et au roman. Quant à la génération des Yves Patrick Augustin (1968-), Jérôme Lafond et Tania Langlais (1979-), elle déborde de talent. Dans *Poèmes du wah-wah*, Lafond écrit: «Après un pique-nique au centre ville/Tu me ramènes là où je ne suis jamais allé/Ferme tes yeux de poupée/Que je puisse enfin te maquiller[1].»

EXTRAIT *PORTRAITS DE MERS II*

Nous ne sommes plus très loin de la mer ;
là s'achèvent les années d'attente
et de lutte.

Je n'ai pas de réponse, ma vie tient à ce fil
5 *de poèmes lentement édifiés.*
S'y élève et s'y brise. Telle est ma demeure
et telle, ma destinée.

Ainsi disais-je, tandis qu'une lumière pointa
sur l'autre rive. Traverserai-je
10 maintenant que ta voix s'est tue, maintenant
que ton visage fixe l'absence et fléchit l'ombre
— je touche l'infinie quiétude
l'espace immense
encore inhabité.

15 Me voici à cet âge
où les jours larguent nos poids de peurs
défrichent nos sentiers de silence
et de ruines réunis.

La mer dessine une parfaite traversée :
20 je n'emporte rien.
Nulle empreinte, nulle histoire brisée.
Comme île, m'emporte le voyage.

Maxime Lacourse. *Parcours du temps*. Huile et encaustique sur bois, 50,8 cm de diamètre. Collection particulière.

POUR ÉCLAIRER cet extrait

Les recueils d'Hélène Dorion offrent une poésie tournée vers les sensations et les détails de la vie. Ils dénotent aussi un sens aigu de la perception. On devine également une écrivaine hypersensible au choix des mots, au point de tomber parfois dans l'opacité. Bref, ses poèmes gagnent souvent à être relus. Ainsi lit-on dans le recueil *L'intervalle prolongé* : «Remous d'échouer à toi.» Voilà qui est complexe, peut-être ardu à suivre, il est vrai, mais il reste que la formulation frappe par sa beauté. Dans *Hors champ*, dédié à la mémoire de son collègue Michel Beaulieu, elle écrit : «Les croissants le café déjà / sept heures *I love you* / *in the morning* le taire / cet amour à peine / reconnu dans le vertige / des peurs que tu connais / pour les vivre / ces peurs m'aimeras-tu / demain serai-je encore / l'embrasure de tes chemins ? »

QUESTIONS DE COMPRÉHENSION ET D'ANALYSE

1. Qui est représenté par ce «nous» ouvrant l'extrait ?
2. À quoi correspond l'italique dans la deuxième strophe ?
3. À quel stade de son évolution paraît en être rendue la narratrice ?
4. Pourrait-on dire que ce personnage plonge vers l'universel ?
5. En quoi les présents vers rejoignent-ils le postmodernisme ?

Dissertation
Peut-on affirmer que la narratrice est en mouvement du point de vue de l'identité ?

1. Jérôme LAFOND, *Poèmes du wah-wah*, Montréal, Marchand de feuilles, «Poésie sauvage», 2003, p. 32.

Robert Gravel (1944-1996)
DUROCHER LE MILLIARDAIRE (1991)

Robert Gravel, cet extraordinaire comédien, devient vite l'âme de la Ligue Nationale d'Improvisation (LNI). Il y cristallise plusieurs idées : une pièce peut être unique à chaque représentation ; en aucun moment le théâtre n'a le droit d'être «platte» ; le spectacle doit être interactif comme un match des Canadiens. Dès lors, joueurs, entraîneurs, arbitre, juges de ligne, statisticiens, annonceur, patinoire, bandes et hymne apparaissent, comme dans un match de hockey.

Gravel fonde peu après le Nouveau Théâtre Expérimental (NTE) avec Jean-Pierre Ronfard, Anne-Marie Provencher et Robert Claing. Il écrit et met en scène nombre de pièces qui bousculeront les idées reçues. Il réfléchit 24 heures par jour au théâtre, et ce n'est pas une image. On le voit dans le livre *Robert Gravel, Les pistes du cheval indompté* ou dans le film de Jean-Claude Coulbois *Mort subite d'un homme-théâtre*.

Dans *Durocher le milliardaire*, Gravel exige que chaque interprète consomme vraiment de l'alcool sur scène et en gère les conséquences. En panne d'inspiration, il demande aussi à Alexis Martin (1964-) d'en rédiger la fin. Martin suggère : «À la fin, tu arrives, tu sors des bécosses, tu marches sur les eaux, tu t'installes à la table avec tes paperasses. Tu es une espèce de sémiologue qui fait un discours sur le théâtre. Normalement, ça devrait être assez plate pour que les gens sortent[1].»

EXTRAIT *DUROCHER LE MILLIARDAIRE*

JEAN-PIERRE. — Non, non, j'veux qu'il nous parle de son bonheur… Durocher, parlez-nous de votre bonheur…

ANNE. — Tu t'en viens impoli.

DUROCHER. — Laissez, Anne. D'abord, je pourrais dire que je suis heureux parce que
5   je jouis d'une excellente santé et que je suis dans une forme physique étonnante. Cela joue beaucoup, il est vrai. Je pourrais expliquer mon bonheur par le fait que j'ai eu une femme formidable et que je l'ai aimée au plus haut point et qu'elle m'a aimé aussi. De même que j'ai eu d'elle deux enfants que j'adore et qui aiment également leur père d'une façon sincère. Je pourrais aussi ajouter que j'aime mon travail, ce qui
10 n'est pas à dédaigner non plus. Je pourrais parler de tout ça et au fond, je tournerais autour du pot indubitablement. Je suis un homme heureux parce que je suis riche. Je suis riche à craquer. C'est un secret pour personne que j'ai fait ma fortune dans l'offshore au début des années soixante, puis dans la pierre réfractaire et plus récemment dans l'hôtellerie ; j'aurais passablement de difficultés à vous donner le chiffre
15 exact du total de ma fortune. Je suis riche, comme Crésus pour être original. Et c'est là la source de mon bonheur… C'est l'essentiel de ce qu'il faut savoir.

MAURICE, *un peu arrogant.* — Est-ce que si on garde la fin de notre film telle quelle, vous allez nous aider quand même ? Même si on prend pas vot' fin, j'veux dire ?

ANNE. — Voyons donc Maurice, t'es niaiseux! Monsieur Durocher l'a dit qu'y aimait
20 ça, not' film.

JEAN-PIERRE. — Le proverbe «L'argent fait pas le bonheur»... Prenons le proverbe
«L'argent fait pas le bonheur»... O.K.? C'est-tu vrai ou si c'est pas vrai? Micro... (*Il
mime bouffonnement un intervieweur.*)

DUROCHER. — Même les gens intelligents comme vous tombent dans le panneau.

25 MAURICE. — Quel panneau?

ÉLISABETH. — Papa, la discussion va encore s'échauffer, là...

JEAN-PIERRE. — Pourquoi: encore?

ÉLISABETH. — Quand papa est allé donner une conférence à l'Université du Québec
l'an dernier, il a tenu ses mêmes propos habituels; les étudiants étaient en furie...

30 DUROCHER. — Depuis que le monde est monde, une curieuse croyance veut que les
gens très riches soient profondément malheureux, ne sachant plus que faire de leur
argent, se morfondant dans un ennui profond et une décadence consommée...

◼ POUR ÉCLAIRER cet extrait

«Je n'ai rien à dire, puisqu'avec Shakespeare, tout a été dit», rappelait souvent Robert Gravel. «Par contre, je peux essayer de faire du théâtre autrement.» Il s'y employa donc et de façon spectaculaire. Être sensible, mais toujours en ébullition, il n'hésite jamais à poser un regard critique sur sa société. Quant à son style, il se situe à tous les niveaux. Ses textes, d'abord, sont marqués de surprises et de pro-vocations. Sur la scène, c'est le non-jeu et le naturel. En répétition, c'est le travail d'équipe et le sérieux dans la désinvolture. On carbure aussi à l'alcool et au langage. Première partie d'une trilogie, *Durocher le milliardaire* montre de jeunes cinéastes rendant visite à un milliardaire afin d'obtenir son concours financier pour leur prochain film. Ce garden-party trop arrosé tourne cependant au vinaigre.

◼ QUESTIONS DE COMPRÉHENSION ET D'ANALYSE

1. Que ressent-on quand Jean-Pierre appelle l'autre «Durocher»?
2. Qu'est-ce qui se dégage de «Tu t'en viens impoli» (ligne 3)?
3. Pourquoi le début de la tirade de Durocher est-il lourd de sens?
4. Quelle phrase de la première réplique de Durocher est la clé de la scène?
5. Quelles valeurs l'extrait de la pièce oppose-t-il?

Dissertation
Est-il possible de prétendre que l'extrait reflète les valeurs dominantes de notre société?

---

1. Raymond PLANTE, *Robert Gravel. Les pistes du cheval indompté*, Montréal, Les 400 coups, 2004, p. 237.

Robert Lepage (1957-)
LA FACE CACHÉE DE LA LUNE (2000)

La pièce *Vie et mort du roi boiteux* permet à Jean-Pierre Ronfard (1929-2003) d'appliquer plusieurs idées qu'il partage avec Gravel, notamment que le théâtre est une fête. La pièce est d'une durée de 15 heures, et les rôles des spectateurs et des comédiens y sont intervertis. Ronfard n'est jamais à court d'idées, comme le démontrent les trois tomes d'*Écritures pour le théâtre*.

D'autres dramaturges produisent des textes de grande qualité. René-Daniel Dubois (1955-) est de ceux-là. En 1979, il fonde la compagnie de théâtre La Gougoune de fantex, qui crée *Panique à Longueuil*. Mais ce sont surtout ses pièces *Ne blâmez jamais les Bédouins* et *Being at home with Claude* qui en font un incontournable.

Avec Robert Lepage (1957-), le théâtre québécois s'exporte. Après des réussites comme *Vinci*, *Les plaques tectoniques* ou *Les aiguilles et l'opium*, dans lesquelles on découvre un magicien de l'image et de la mise en scène, Lepage parcourt les cinq continents pour y présenter ses œuvres ou mettre en scène un opéra. Les nouvelles technologies et les procédés cinématographiques jouent souvent un rôle important dans son travail.

EXTRAIT *LA FACE CACHÉE DE LA LUNE*

Les portes s'ouvrent. André pousse l'étagère dans l'ascenseur, mais les portes se referment, coinçant le meuble. Il appuie sur plusieurs boutons, en vain. Il tire de sa poche un calepin et compose un numéro sur son téléphone cellulaire.

Oui, bonjour! Vous êtes le concierge?

5 Excusez-moi de vous déranger. Écoutez, pouvez-vous monter me dépanner? Je suis pris au 17e étage, je suis dans l'ascenseur.

Non, je suis un des fils de la convalescente qui était dans la chambre 1701.

Oui, mon frère a vidé l'appartement ce week-end et moi je devais venir chercher une étagère qui restait. J'ai pas réussi à la rentrer complètement dans l'ascenseur
10 pis les portes se sont refermées dessus, et le système de retour automatique n'a pas fonctionné, et je connais rien en mécanique. Est-ce que vous pouvez venir m'aider?

Non, je ne manque pas d'oxygène, pourquoi? Vous pouvez pas monter tout de suite?

Dans combien de temps alors?

15 Quarante-cinq minutes? Je ne peux pas attendre quarante-cinq minutes, moi, monsieur, il faut que je sois au studio dans une demi-heure. Vous pouvez pas monter tout de suite?

Oui, mais vous êtes où, là?

20 | Mais qu'est-ce que vous faites à Charlesbourg? C'est quoi ce numéro-là, c'est pas censé être la conciergerie? C'est votre cellulaire, j'imagine?

Mais oui, mais c'est un scandale!

Mais oui, mais écoutez, mon pauvre monsieur, qu'est-ce qu'ils font, les petits vieux, pendant le week-end, quand il y a des urgences? Ils vous téléphonent sur votre cellulaire, puis là, il faut qu'ils attendent que vous ayez terminé votre partie de golf?

25 | J'ai jamais entendu parler d'une chose pareille!

Il n'en est pas question, je vous dis, je peux pas attendre quarante-cinq minutes, il faut que je sois en studio dans une demi-heure.

Écoutez, je fais la météo, moi, monsieur! J'ai une grosse tempête de neige à annoncer, alors, c'est une question d'intérêt public que vous me sortiez d'ici le plus rapi-

30 | dement possible!

Oui, mais il y a pas une personne responsable dans votre entourage qui peut me dépanner en attendant?

Comment il s'appelle, votre neveu?

Mais c'est sûr que je vais l'attendre, où est-ce que vous voulez que j'aille? Pouvez-

35 | vous lui dire de faire ça le plus rapidement possible?

Il termine l'appel et compose un autre numéro.

▮ POUR ÉCLAIRER cet extrait

Créée en 2000 et adaptée au cinéma en 2003, la pièce *La face cachée de la lune* met en scène deux frères à l'opposé, mais qui n'ont d'autre choix que de se retrouver après le suicide de leur mère. L'un d'eux est annonceur météo à la télévision; l'autre a échoué à sa soutenance de thèse et fait de la télévente au journal *Le Soleil*. Ce dernier remporte toutefois un concours planétaire de messages à diffuser dans l'espace pour d'éventuels extraterrestres grâce à une vidéo qu'il a tournée. Le film dépeint ainsi l'environnement et la vie de Philippe, mais c'est aussi une occasion pour lui de critiquer l'espèce humaine. Comment fait-on pour réconcilier l'infiniment banal et l'infiniment essentiel? Voilà le genre de question à laquelle il voudrait une réponse.

QUESTIONS DE COMPRÉHENSION ET D'ANALYSE

1. Que comprend-on de la situation dès le début?
2. Montrer que la présente vision du temps est moderne.
3. Peut-on déduire quelque information sur les relations humaines?
4. Quelle opinion le personnage paraît-il avoir de lui-même?
5. Quels thèmes sont évoqués dans ce passage?

Dissertation
L'extrait de la pièce de Lepage constitue une satire de notre société: commenter.

Évelyne de la Chenelière (1975-)
BASHIR LAZHAR (2003)

Appelez-moi Stéphane et *Les voisins* marquent l'imagination en 1981-1982. C'est le triomphe de l'humour absurde. Les pièces de Louis Saia (1950-) et Claude Meunier (1951-) constituent rapidement des classiques de notre littérature. Elles sont empreintes d'une folie que Meunier pousse encore plus loin à la télévision. Le 20 mars 1995, un épisode de *La petite vie* obtient des cotes d'écoute de 4 098 000 téléspectateurs : un record.

Citons aussi quelqu'un comme Michel Marc Bouchard (1958-), qui crée un théâtre fortement teinté d'humour et d'audace, avec des pièces comme *Les muses orphelines* («Ça s'appelle "un amant¹"»). Carole Fréchette (1949-), Larry Tremblay (1954-), Jean-Marc Dalpé (1957-) et Dominic Champagne (1963-) mènent des carrières internationales.

L'une des plus importantes dramaturges s'avère certainement Évelyne de la Chenelière (1975-). Sa pièce la plus connue, *Des fraises en janvier*, est montée en Europe, tandis que *Bashir Lazhar*, histoire d'un suppléant d'origine algérienne, relève du grand art et inspire à Philippe Falardeau un film en lice pour les Oscars en 2011.

EXTRAIT *BASHIR LAZHAR*

Les enfants, vous pouvez sortir sans vous bousculer... Sans vous bousculer, on dirait que je libère des fauves ma parole... Allez-y allez prendre l'air, prenez tout ce que vous pouvez, ne vous bousculez pas dans l'escalier regardez bien où vous mettez les pieds ne ratez pas de marche et couvrez-vous, n'allez pas prendre froid en avril ne
5   te découvre pas d'un fil et restez au soleil partagez votre collation elle en sera meilleure, mais attention aux allergies il y a des traces d'arachides partout, et bâtissez des amitiés solides et enfermez des souvenirs impérissables de vos années d'école et ne rejetez personne n'empêchez personne de s'amuser avec vous un jour je nourrissais les pigeons et il y en avait un avec une seule patte, il lui manquait une patte
10 et ça lui donnait l'air idiot, et je ne voulais pas le nourrir parce qu'il me dégoûtait un peu, avec son moignon mauve, ma mère m'a dit de le nourrir, lui aussi, et peut-être même plus que les autres, parce qu'il avait besoin de beaucoup de courage pour vivre. D'ailleurs on a toujours fait allusion à mon courage, dont je pourrais avoir besoin un de ces jours, et que je fasse bien attention de ne pas ranger mon courage
15 trop loin au cas où j'en aurais besoin. Je ne sais pas pourquoi je vous raconte tout ça peut-être pour que vous vous parliez toujours avec une extrême tendresse. Et moi je vous promets que je resterai ici dans la classe bien vivant, bien tranquille à tailler mes crayons, bien sage et vous me retrouverez bien sage et bien vivant tout à l'heure c'est promis.

20 ... Pardon? Excuse-moi Martin j'étais dans mes pensées... Ah non. C'est pas possible. Tu as besoin de prendre l'air comme les autres. Tu dois aller t'amuser pour

donner un sens à la récréation et pour revenir disposé à apprendre des choses et peut-être même à me poser des questions qui me feront me dépasser comme enseignant je veux dire comme remplaçant. Allez. Descends rejoindre tes amis. Non, tu
25 ne peux pas rester. Tu ne seras plus capable de te concentrer si tu ne vas pas t'amuser. Va jouer avec tes amis… Et puis j'ai besoin, moi aussi, de cette récréation pour me reposer de vous. Pour être tranquille, pour penser, tu comprends? Et surtout pour ne pas parler du tout parce que je ne sais pas si tu t'imagines ce que ça prend comme énergie de parler comme ça sans arrêt. Et c'est pas juste parce que vous si
30 vous arrêtez d'écouter, ça ne se voit pas, tandis que moi si j'arrête de vous parler ça se voit tout de suite. Allez, va vite avec tes amis. Comment, tu n'as pas d'amis? Mais tout le monde a des amis. Pardon ce n'est pas ce que je voulais dire. Moi non plus je n'ai pas d'amis, en tout cas pas d'amis assez proches pour jouer au ballon avec. Mais moi j'ai le choc des cultures comme circonstance très atténuante. C'est le
35 temps ou jamais de te faire des amis.

POUR ÉCLAIRER cet extrait

Bashir Lazhar présente un Algérien cherchant à obtenir le statut de réfugié au Québec pour préparer l'arrivée de sa famille. Il va remplacer au pied levé une institutrice qui s'est suicidée à l'école. «J'ai voulu essayer, avec de la recherche, de l'imagination et de la compassion, de parler de quelque chose qui m'était très étranger. Devoir quitter un pays à cause du terrorisme, je n'ai jamais rien vécu de ce genre», explique l'auteure. À partir de l'Algérie natale de M. Lazhar, déchirée par la guerre civile et le terrorisme, et la violence inhérente au Québec, tout démocratique soit-il, ce sera le choc entre deux types de violence. Ce sera aussi celui de deux cultures. Les élèves et le suppléant ne voient pas la réalité de la même façon. En ce sens, l'histoire devient un merveilleux récit contre le racisme.

QUESTIONS DE COMPRÉHENSION ET D'ANALYSE

1. Quel procédé montre qu'on est dans les pensées du personnage?
2. Prouver que le personnage se sert de son passé et de son présent.
3. Comment l'auteure fait-elle intervenir les autres protagonistes?
4. Quel passage révèle que l'Algérien est conscient de son statut précaire?
5. Montrer qu'il s'implique avec émotion auprès des élèves.

Dissertation

Pensez-vous que cet extrait véhicule des messages universels bien au-delà des frontières?

---

1. Michel Marc BOUCHARD, *Les muses orphelines*, Montréal, Leméac, «Théâtre», 1989, p. 85.

Fanny Britt (1977-)
COUCHE AVEC MOI (C'EST L'HIVER) (2006)

Aujourd'hui, les expériences théâtrales foisonnent et continuent d'aller dans toutes les directions. Le Théâtre du Grand Jour, par exemple, offrait récemment une «soirée Tupperware de théâtre à domicile», pendant laquelle il était question de responsabilité sociale. Si la technique, le multimédia et le numérique déteignent de plus en plus sur le théâtre, des auteurs et metteurs en scène comme Olivier Choinière (1973-) et Fabien Cloutier (1975-) prouvent que la créativité reste à la base de tout. *Pour réussir un poulet*, de Cloutier, marque la rentrée 2014. «L'honnête travailleur mange de la marde»: voilà le leitmotiv de l'œuvre dramatique.

Fanny Britt (1977-), avec *Couche avec moi (c'est l'hiver)*, présentée à l'Espace Go, se démarque en vertu de l'autodérision dont elle est capable «sur le sexe triste, la place de l'art et la quête des inaccessibles 15 minutes de gloire[1]». Cinq personnages de 27 à 34 ans se côtoient dans une urbanité contemporaine pour vivre un désastre en direct. *Bienveillance*, en 2012, confirme son grand talent. «Entre la bonté et moi, il y a une autoroute de campagne devant un verger», dit Gilles, avocat au portefeuille à droite et au cœur on ne sait trop où.

EXTRAIT *COUCHE AVEC MOI (C'EST L'HIVER)*

PIERRE

La question que tu nous posais cette semaine c'est: à la réalisation de quel fantasme votre partenaire est-il un obstacle

La réponse c'est: vivre pour toujours dans l'amour pur avec Gillian.

Ma partenaire Suzanne est forcément un obstacle à ça parce que pour vivre pour
5 toujours dans l'amour pur avec Gillian, faudrait que j'arrête d'être avec Suzanne. Ça, ça veut dire arrêter de la voir, de lui parler, d'aller la chercher à son travail, de faire l'épicerie le samedi, ça veut dire qu'on est obligé d'annuler le mariage, même si on n'a pas encore fixé de date, ça veut dire qu'elle rira pus de mes jokes, ça veut dire qu'on changera pas notre deux portes pour un hatchback quatre portes dans trois
10 ans, ça veut dire que je vais m'ennuyer d'elle pis que ça va être plate, ça veut dire qu'elle me fera pas de solution de réhydratation quand je vais pogner la gastro — peut-être

Peut-être Gillian pourrait remplacer Suzanne, ça je sais pas, peut-être qu'elle pourrait la remplacer, mais je
15 Je suis pas sûr

C'est

Quand on était petits ma sœur pis moi nos parents nous avaient acheté un chien qui s'appelait Buick parce que mon père avait eu une Buick dans son adolescence pis ça l'avait marqué y disait toujours: dans la Buick le temps passait d'une drôle de façon,
20 pas moins vite, pas plus vite, juste

Le temps devenait une abstraction — y disait ça
En tout cas
Buick, le chien, y faisait le même effet que Buick, le char
Avec lui le temps passait pus de la même façon pour moi
25 Y me semble que mes étés jusque-là avaient été une série de papiers de gomme
bazooka empilés dans une boîte pis un emmerdement absolument abyssal en visite
chez les cousins du lac Cayamant. Quand Buick est arrivé, j'avais une excuse pour
détaler, pour me pousser, pour aller dans le bois, pour parler aux filles, pour glander
sans avoir l'air d'un épais. Buick faisait tout ça. Y chiait par terre, y bouffait mes
30 comics, y sentait le vieux bouc, mais y faisait tout ça.
Pis c'est sûr qu'on aurait envie de rire de l'ironie de la patente que n'importe qui
peut voir venir là, mais bon à la fin de notre deuxième été avec Buick y a
Ben oui
Une Buick
35 Qui a écrasé Buick
Parce que je l'avais amené avec moi au dépanneur près du chalet pour acheter des
collants phosphorescents de Batman pis que je l'avais laissé dehors sans laisse pis
que bon.

▎ **POUR ÉCLAIRER** cet extrait

«Même si la génération Passe-Partout-Plateau des 25-35 ans est directement visée, les thèmes sont universels, du moins occidentaux, propres à notre société individualiste», note Claudia Larochelle à propos de *Couche avec moi (c'est l'hiver)*. Il y a notamment la quête de sens d'une poignée de jeunes adultes ainsi que des sujets comme la solitude, d'autant plus cruelle qu'elle se vit parmi les autres. Nous sommes à Montréal. Les passions s'échauffent, tandis qu'il fait froid à l'extérieur. Un couple est l'objet d'un documentaire. Il se laisse donc aller à toutes sortes de fantasmes. La relation est toutefois ébranlée lorsque Pierre rencontre, chez sa soeur Millie, Gillian. C'est une Britannique de passage pour qui rien n'est grave et qui mourrait plutôt que de prendre racine. Les questionnements ne tardent pas. Rien ne fait le poids face au vide existentiel.

QUESTIONS DE COMPRÉHENSION ET D'ANALYSE

1. Quels sont les thèmes s'opposant dès le début de ce texte?
2. Quelles sont les sortes de peurs qui semblent prévaloir chez Pierre?
3. Le retour sur son enfance est-il exagéré ou porteur de leçons utiles?
4. Qu'est-ce qui pourrait relever du postmodernisme?
5. Montrer que passé, présent et avenir se trouvent ici réunis.

Dissertation
Peut-on dire que l'extrait de la pièce fait ressortir un monde axé sur l'individualisme?

---

1. Sylvie SAINT-JACQUES, «Tout nu, l'hiver, on gèle», *La Presse*, 122ᵉ année, n° 351, lundi 16 octobre 2006, p. Arts et spectacles-6.

Hubert Reeves (1932-)
PATIENCE DANS L'AZUR (1981)

L'essai s'impose à partir de 1980 en raison de la multiplicité des directions qu'il emprunte. Non seulement tous les sujets sont-ils abordés, mais les essayistes viennent d'horizons divers. Ces auteurs se heurtent toutefois au même obstacle: le milieu québécois «n'accepte pas les essayistes, au fond, ou les accepte très mal[1].» Peut-être est-il difficile de se faire dire ses quatre vérités…

Comme dans les autres domaines, nombre de penseurs d'avant 1980 continuent d'être actuels.

C'est le cas de Pierre Vadeboncoeur (1920-2010) et de Fernand Dumont (1927-1997). Pensons aussi à Jacques Grand'Maison (1931-), dont l'œuvre comprend des dizaines de livres. Sociologue, théologien et prêtre engagé dans son milieu, il mène des combats pour promouvoir la justice sociale.

Hubert Reeves (1932-), lui, astrophysicien vivant en France, vulgarise des sujets complexes pour ensuite prendre position en humaniste défendant notre fragile environnement. Sa réputation s'étend partout dans le monde.

EXTRAIT   *PATIENCE DANS L'AZUR*

Essayons d'imaginer ce qui se passera sur notre malheureuse planète en ces temps avancés. Avons-nous les éléments requis pour établir un scénario à peu près vraisemblable, au moins dans ses grandes lignes? Je le crois, sans en être totalement convaincu. Sous la chaleur accrue, les glaces polaires vont commencer à fondre,
5   élevant progressivement le niveau des océans et exhalant dans l'atmosphère d'épaisses couches nuageuses, qui, pour un temps cacheront les étoiles. Ces nuages effaceront largement les contrastes climatiques entre pôles et équateur. Une vaste Amazonie, chaude et humide, s'étendra sur toute la planète où, comme dans une serre, une végétation luxuriante s'installera. Puis l'atmosphère commencera à
10   s'évaporer dans l'espace. Le ciel redeviendra clair. Sous l'ardeur de l'immense disque rouge, la végétation desséchée flambera spontanément. D'interminables feux de broussailles achèveront de consumer tout ce que la surface terrestre contient d'éléments organiques.

Des paysages lunaires feront leur apparition. Sur les continents, comme au fond des
15   océans évaporés, le règne minéral reprendra la place qu'il avait aux premiers temps de notre planète et qu'il n'a jamais perdue sur la Lune. Quelques centaines de milliers d'années encore et, comme dans les bouches volcaniques d'aujourd'hui, la pierre elle-même entrera en fusion. En cascades rougeoyantes, des nappes de lave incandescente descendront des montagnes, et s'amasseront au fond des antiques
20   fosses océaniques.

Le ventre rouge du Soleil continuera son inexorable progression, projetant devant lui, issu de ses entrailles, un formidable vent. Sous l'impact, les planètes intérieures,

Mercure, Vénus, la Terre, Mars peut-être, se vaporiseront lentement. Leur matière se joindra à cet ouragan et, en flots tumultueux, foncera vers l'espace. Plus tard encore, l'évacuation de la matière prendra une allure plus saccadée et plus violente. À leur tour, les planètes extérieures, Jupiter, Saturne, Uranus, Neptune et Pluton, se volatiliseront sous l'impact des bouffées torrides.

Vu de loin, l'événement prendra l'allure richement colorée des nébuleuses planétaires familières à l'astronome. D'une étoile chaude, bleu-violet, située au centre, partent des anneaux concentriques, successivement vert-jaune puis rouges sur les bords. L'astre central est le noyau résiduel de la géante rouge agonisante, tandis que les anneaux sont constitués de la matière stellaire évacuée au loin. Suffisamment diluées, ces masses gazeuses deviennent transparentes et s'illuminent, stimulées par la lumière de l'étoile qui les a rejetées. De l'oxygène provient la frange verte, de l'hydrogène et de l'azote, la couronne rouge. Le Soleil mourant ne s'effritera pas complètement. Un cœur dénudé restera sur les lieux, une «naine blanche» comme celle qui gravite autour de Sirius. La matière de notre planète vaporisée retournera au gaz galactique dont elle a été formée il y a 4,6 milliards d'années. À partir de cette matière diluée, de nouvelles nébuleuses s'assembleront. Dans ces nébuleuses, de nouvelles étoiles et de nouveaux cortèges planétaires s'édifieront.

POUR ÉCLAIRER cet extrait

Nous ne sommes pas nés hier. L'univers est un cocon. Notre monde est en gestation permanente. Pierres et étoiles sont nos sœurs. Telles sont quelques-unes des idées chères à Hubert Reeves. Même s'il a la tête dans les étoiles, le jeune Hubert Reeves avait pris l'habitude de se promener dans le cimetière Notre-Dame-des-Neiges, où il observait la nature. Il confie: «Un jour, j'ai regardé la fosse qu'on avait creusée pour y déposer un cercueil. Le corps allait y être transformé en atomes, en molécules. Les racines viendraient y chercher de la matière nutritive. Cette idée de recyclage cosmique, si je puis dire — les étoiles font les atomes, les systèmes planétaires la vie —, m'a toujours beaucoup plu quand je venais ici.» La vie est manifestation de cette tendance de la matière à s'organiser.

QUESTIONS DE COMPRÉHENSION ET D'ANALYSE

1. À quel exercice inhabituel pour lui nous convie ce scientifique?
2. À quoi perçoit-on que l'astrophysicien ne tient rien pour acquis?
3. Expliquer que ces données peuvent être à la fois concrètes et abstraites.
4. Qu'est-ce qui pourrait relever du postmodernisme?
5. Quel rapport établir entre la permanence et le changement?

Dissertation
Pourrait-on dire que ce passage allie la catastrophe totale à une certaine forme de beauté?

1. André BELLEAU, «La passion de l'essai», *Liberté*, n° 169, février 1987, p. 95.

Pierre Falardeau (1946-2009)
LA LIBERTÉ N'EST PAS UNE MARQUE DE YOGOURT (1990)

C'est en politique que les essais sont le plus nombreux. Leur qualité est cependant inégale. De gauche ou de droite, indépendantistes ou fédéralistes, ces ouvrages contribuent à animer la démocratie, mais il ne faut pas les confondre avec les confidences d'anciens ministres fumant la pipe qui veulent se réhabiliter aux yeux de leurs petits-enfants. Le véritable essai politique est un livre où l'auteur fait preuve de courage intellectuel. Le texte constitue alors le tremplin d'un débat ouvert. On peut citer Jean-François Lisée (1958-) comme exemple d'essayiste politique.

De Pierre Falardeau (1946-2009), Pierre Foglia (1940-) a déjà dit qu'il écrivait au lance-flammes. Réalisateur de films comme *Elvis Gratton*, *Le party*, *Le steak*, *Octobre* et *15 février 1839*, Falardeau collabore à des revues comme *Le Couac*, en plus de multiplier les lettres ouvertes. Dans un style mêlant réflexion intellectuelle, joual et vulgarité, il n'hésite pas à s'attaquer avec véhémence aux injustices et aux puissants, insistant aussi pour mettre un vers de René Char, le poète français, sur une affiche de film pour que les ti-culs de l'Est puissent avoir accès à la poésie. Le combat pour l'indépendance du Québec reste cependant au cœur de ses rêves.

EXTRAIT   *LA LIBERTÉ N'EST PAS UNE MARQUE DE YOGOURT*

Dans *Le party*, j'ai voulu montrer des hommes qui savent encore le sens du mot *liberté*. Certains de mes contemporains s'imaginent qu'il s'agit d'une marque de yogourt. Ils pensent que la liberté est nouvelle comme un tampon hygiénique. Ou que la liberté c'est à 55 ans, une police d'assurance qu'on achète à tant par mois.

5   Dans la société bureaucratique de consommation dirigée, décrite par Henri Lefebvre, le pouvoir en arrive à pervertir même le langage. *Revolt* est devenu une marque de jeans. Jean-Sébastien Bach et la Joconde servent à publiciser la mac-marde de *McDonald's*. On a enrôlé Einstein pour vendre des dictionnaires et les Rois mages pour vendre des téléphones. Spéculer est devenu une vertu. Les hommes d'affaires
10   sont sacrés bienfaiteurs de l'humanité. La chanson n'est plus québécoise, elle est francophone ou mieux, canadienne d'expression française. Même la publicité est devenue un art.

Lors d'un récent congrès du Publicity Club, des réalisateurs revendiquaient leur droit à la création. Dans cet univers grattonnesque (on m'accuse ensuite de caricaturer le
15   réel alors que le réel est devenu lui-même une caricature), j'ai tenté de faire un film sur la liberté. La liberté, que les bagnards de Cayenne appelaient «La Belle».

Et ce film sur la liberté, j'ai essayé de le faire le plus librement possible. Gilles Groulx disait à peu près ceci: «Si mes films défendent la liberté des peuples, comme créateur je me dois de lutter pour ma propre liberté.»

20 | La liberté de création n'est pas un droit. C'est un devoir. Dans le monde merveilleux de la consommation, le seul droit reconnu est le droit de consommer. Le bonheur est une obligation. Le sourire de satisfaction est de rigueur. Les seuls modèles permis sont ceux de l'idéologie de consommation. Et cette idéologie domine sans partage. Toute critique est étouffée. Il suffit de monter le volume de Moche Musique. Le
25 | goulag du câble, sans barbelés, sans chiens, sans gardes armés. C'est beaucoup plus efficace. Et cette idéologie est totale. Donc totalitaire. Un totalitarisme cool.

[...] Contre ces morts embaumés et souriants de la publicité, du cinéma et de la télévision, j'ai voulu montrer des vivants. Des vivants ramassés au fond des poubelles, au fond de l'égout. Et je les ai vus, ces gens de bien, ceux qui possèdent des
30 | biens, faire la fine bouche et parler de vulgarité. C'est Pierre Perrault qui m'a appris que *vulgaire* venait de *vulgus*, le peuple.

La véritable vulgarité, pour moi, c'est un plein de marde à cravate et à attaché-case qui, sûr de lui, m'envoie un mémo pour couper une scène, une phrase, un mot, fort des quèques piasses qu'il a investies.

▨ **POUR ÉCLAIRER** cet extrait

Le party est un film montrant un groupe d'artistes de variétés donnant un spectacle au pénitencier de Saint-Vincent-de-Paul. Des hommes et des femmes se rencontrent dans une cage de fer et de ciment. C'est l'union du monde des clubs et de celui de l'univers carcéral. Pendant quelques heures, 300 prisonniers tentent d'oublier l'enfer. Mais des drames se passent en coulisses. Un détenu prépare par exemple une évasion en se déguisant en femme. «Je voulais montrer les prisonniers et pas les angoisses métaphysiques du directeur.» Le scénario est écrit dans un moment de dépression, raconte Falardeau, car les producteurs avaient refusé le scénario d'*Octobre*. Quant à Henri Lefebvre (1901-1991), qui est cité, c'est un sociologue français et marxiste ayant dénoncé la mainmise du capitalisme sur l'individu.

QUESTIONS DE COMPRÉHENSION ET D'ANALYSE

1. Quel lien l'auteur fait-il entre langage et société de consommation?
2. Que veut dire Falardeau lorsqu'il utilise l'adjectif *grattonnesque*?
3. Les propos tenus vous paraissent-ils réalistes ou exagérés?
4. Quels types de citoyens sont-ils détestés par l'auteur?
5. Le raisonnement de Falardeau sur la vulgarité est-il convaincant?

Dissertation
Pourrait-on dire que l'extrait du texte est d'abord et avant tout un écrit politique?

Jean Larose (1948-)
L'AMOUR DU PAUVRE (1991)

Fondées en 1990, les Éditions Liber sont une maison d'édition publiant des essais de penseurs québécois. Touchant surtout la philosophie, les sciences humaines et la littérature, elles ne s'occupent pas vraiment de politique: d'autres le font déjà. Les Éditions Liber publient également des ouvrages de réflexion en psychanalyse, en éthique publique et biomédicale, ainsi que sur la santé mentale. De grands philosophes comme Michel Freitag (1935-2009) ou Laurent-Michel Vacher (1944-2005) y ont fait paraître des bijoux comme *Une petite fin du monde*, carnet de Vacher au seuil de la mort. La certitude d'être mortel ne devrait jamais devenir un obstacle à notre bonheur, estime-t-il. On ne doit uniquement penser à la mort que pour mieux vivre.

Le type même de l'essayiste pamphlétaire est Jean Larose (1948-). Dans *La petite noirceur* et *L'amour du pauvre*, il s'emporte sur plusieurs sujets, et, en intellectuel sincère, met parfois le doigt sur des aberrations et propose des points de vue intéressants, par exemple sur l'importance d'enseigner la littérature. Mais, s'il est adroit, Larose tombe souvent dans l'exagération, son désir de provoquer tenant alors lieu de pensée. Il soutient par exemple que «la seule manière de réussir l'éducation moderne, ce serait de rendre l'éducation littéraire, de donner à la littérature une position hégémonique dans l'éducation[1]». Sa dénonciation de la transformation de la Chaîne culturelle par Sylvain Lafrance illustre comment il peut faire œuvre utile. Et l'extrait suivant n'est pas sans rappeler le Frère Untel.

EXTRAIT *L'AMOUR DU PAUVRE*

Aujourd'hui, le projet joualisant est mort, espérons-le, mais la pédagogie de la communication et le créationnisme en prolongent les effets néfastes dans le domaine de l'enseignement. Dans les deux cas, même si cela ne se réfère plus au joual, le discours est analogue à celui qui justifiait le joual: il s'agit toujours d'un refus de la
5 distance entre le sujet et son langage. Il s'agit toujours, devant un étudiant, non pas de lui apprendre à maîtriser des formes, mais, dans le cas du nationalisme, à poser sa situation québécoise, sa parole québécoise, dans celui du créationnisme, son vécu d'étudiant ou son état de culture quand il arrive à l'école, comme une parole ou un état de culture aussi valables que d'autres, qui n'ont pas à être vraiment jugés
10 d'après une échelle de valeurs extérieure à lui et à son milieu.

Dans la logique du nationalisme, tout ce qui n'est pas familier ou situé au plus près semble étrange, et peut-être dangereux. Et, après réflexion, il faut en venir à cette incroyable hypothèse selon laquelle, dans notre système d'enseignement, parce qu'il ne ressemble pas exactement à la langue parlée, le français, et surtout le fran-
15 çais écrit, a été et est toujours traité comme une langue étrangère. À entendre les raisons avancées pour justifier les programmes, ne dirait-on pas que le français est une langue pas tout à fait adéquate à notre identité, une langue un peu artificielle,

imposée de l'extérieur, et qui ne s'accorde pas avec notre sentiment de ce qui est authentique, naturel et vrai? Pour les programmes du secondaire, la langue québé-
20 coise parlée semble plus authentique et plus vraie que la langue française écrite, de la même manière qu'au collégial la tradition littéraire française semble moins authentique que la littérature actuelle d'ici ou même que la «littérature» qui sort de la plume du prof et de ses élèves. Ne cherchez pas plus loin pourquoi nous arrivons si mal à assimiler les immigrants: notre propre langue est traitée comme une immi-
25 grante, que nous n'arrivons pas à assimiler. Nous ne voulons pas apprendre notre langue, mais qu'elle nous apprenne. On se méfie de la langue française écrite, comme si elle parlait avec l'accent français et représentait une différence menaçante pour notre identité.

■ POUR ÉCLAIRER cet extrait

En 2006, lors de la sortie de son roman *Dénouement*, on rapporte ces propos de Jean Larose: «Ça ne me tente plus de faire des essais, lâche-t-il. Et surtout, ce qui ne me tente vraiment plus, c'est de faire des essais sur le Québec.» Y a-t-il une «fatigue culturelle» de Jean Larose, pour reprendre l'expression d'Hubert Aquin? «Mais qui n'est pas fatigué du Québec? demande-t-il avec l'air de celui qui en a ras le bol. On a l'impression qu'on est allés au bout de quelque chose, qu'on est en pleine régression. Je pense, en fait, que le Québec est un pays en pleine dépression. Et comme toute dépression digne de ce nom, c'est caché par des réussites épisodiques et par un humour débordant. On rit tout le temps…» Langue malmenée, nationalisme stérile, inculture généralisée, volonté molle, voilà les thèmes préférés de l'essayiste à la fois adulé et haï.

QUESTIONS DE COMPRÉHENSION ET D'ANALYSE

1. Que dénonce l'auteur dans le système d'enseignement?
2. Que reproche précisément Larose au nationalisme québécois?
3. Expliquer le rapport qu'établit l'auteur entre langue et identité.
4. Le reproche adressé au collégial vous semble-t-il encore justifié?
5. Quelle importante question sociale est-elle abordée à la fin?

Dissertation

Cet extrait recoupe plusieurs thèmes déterminants pour le Québec: expliquer.

---

1. Jean LAROSE, *L'amour du pauvre*, Montréal, Les éditions du Boréal, «Papiers collés», 1991, p. 15.

Serge Bouchard (1947-)
DU PIPI, DU GASPILLAGE ET
DE SEPT AUTRES LIEUX COMMUNS (2001)

Maxime-Olivier Moutier, dans *Pour une éthique urbaine*, dit vouloir léguer son corps à la littérature. Les quelque 25 courts textes civilisateurs formant ce recueil devraient être lus par tout le monde. Dans *La gestion des produits*, le psychanalyste se demande pourquoi nous sommes si malheureux dans une société aussi riche et en santé. C'est la déroute des modernes. «Quelque chose ne marche pas et personne ne se demande pourquoi.»

Bernard Arcand (1945-2009) et Serge Bouchard (1947-) ont contribué au renouveau de l'essai. Leurs ouvrages sur les lieux communs jettent sur la société un regard anthropologique et empreint d'humour. Leur méthode consiste à intervenir sur des phénomènes allant des plus simples aux plus complexes, souvent à partir d'un objet familier, par exemple un agenda, pour enchaîner sur une notion plus vaste telle que le temps.

Après le décès de son comparse, Serge Bouchard prend la relève en solo. Dans *C'était au temps des mammouths laineux*, il dit qu'il est d'une race lente, éteinte depuis longtemps. «Nous sommes huit millions de consommateurs qui protègent un lifestyle! Tout le monde veut son beigne de Tim Hortons et son spa maison. Ça prend un million de dollars pour prendre sa retraite pendant 30 ans, pour aller dépenser cet argent à Paris. Avant, les vieux s'assoyaient sur une chaise berçante. Ça ne coûtait pas cher.»

EXTRAIT *GASPILLAGE*

L'abondance abrite le gaspillage. La fréquentation d'un seul Costco en dit long sur les failles et les fantasmes d'une humanité millénaire. Cette grande surface est une fête, l'entrepôt de nos tentations, l'espace de notre triste paradis. Notre mémoire inconsciente garde le souvenir intemporel de la peur du manque. Le secret de ce

5 grand succès tient à sa vérité profonde. Le magasin est un grenier. Le Costco nous indique que tout va bien merci côté réserve. Nous n'allons manquer de rien. Ce que nous propose le marchand, c'est de reproduire chez nous le microportrait de cette abondance. Voilà pourquoi ces marchés inventent le régime de la démesure. Nous revenons à la maison avec cent livres de confiture, quatre immenses pots de corni-

10 chons dont la taille défie nos intentions, de la mayonnaise pour une armée, un demi-bœuf, un demi-veau dans autant de contenants en plastique, des poches de savon, des barils d'olives, une nouvelle chaîne stéréo, des caisses de cannettes, des montagnes de bonbons, une petite télévision, quarante tomates dans une boîte de carton, dix brocolis géants, vingt-cinq gros oignons. Dans le stationnement infiniment

15 grand, les stationnés se perdent jusqu'aux confins de l'horizon. Il y a de moins en moins d'automobiles, mais de plus en plus de camions pour transporter ces tas de vivres à la maison. Chaque client est un empereur qui ravitaille son empire afin de préparer quelques intimes batailles. Je suis presque certain que les soldats de Napoléon ne disposaient pas de pareils vivres et qu'un seul Costco de banlieue

20 aurait fait le bonheur de l'Empereur des Français. Avec de telles réserves, il eût pris la Russie.

Ces temples sont nus, sans fioriture et surtout pas d'architecture. Ce sont des entrepôts éclairés comme les arénas construits dans des terrains vagues. Les stationnements sont lisses, sans arbres ni bordures. Tout vise à mettre l'abondance en

25 relief, les produits en lumière. Les grandes surfaces sont des déserts où l'on empile les marchandises en un seul lieu. Cela nous dispose à nous saisir de tout ce que l'on peut, de prendre notre part du trésor accumulé au beau milieu de ce paysage désolé qui s'attaque aussi bien à notre résistance qu'à notre intelligence. S'ensuit une folie, une euphorie. Nous achetons en quantité sans réfléchir à l'arnaque. Notre

30 brioche est de plus en plus grosse et nous allons devoir la manger. Nous devenons de plus en plus gros et il faudra nous satisfaire encore. Spirale des émotions que nous mangeons aussi.

▓ **POUR ÉCLAIRER** cet extrait

Au Québec, jusqu'à l'arrivée de Serge Bouchard et de Bernard Arcand, les anthropologues étudiaient les Indiens, les Inuits ou des peuplades dites primitives à l'autre extrémité de la planète. Avec eux, le regard anthropologique est tourné vers les Québécois. Certes, Bouchard traite aussi des Premières Nations ou de la franco-américanité, mais il excelle particulièrement lorsqu'il examine nos habitudes ou nos travers. Lui qui a fait sa thèse de doctorat sur les camionneurs n'hésite pas à analyser toutes sortes de réalités faisant partie de notre quotidien avec un sens de l'humour qui nous rappelle qu'il faut d'abord être capable de rire de soi-même. Ainsi, dans le livre d'où est tiré le présent extrait, le pipi, la photo, la pelouse, le poisson, l'enseignement, le *scotch tape* et la divination sont passés à la loupe.

� **QUESTIONS DE COMPRÉHENSION ET D'ANALYSE**

1. Des remarques vous semblent-elles discutables ?
2. Ce que révèle le présent extrait est-il nouveau et propre au Québec ?
3. En quoi consiste l'effet produit par l'interminable énumération ?
4. Quel lien fait-on entre le Québécois moderne et ses ancêtres ?
5. Quel lien fait-on dans ce cas entre consommation et vie affective ?

Dissertation

Montrer que le texte touche à la fois des détails et des phénomènes lourds de conséquences.

Mathieu Bock-Côté (1980-)
EXERCICES POLITIQUES (2013)

Les essais politiques sont fascinants jusqu'aux extrêmes. Un peu dans la foulée de Jean-Marc Piotte (1940-), ex-marxiste, l'extrême-gauche abrite d'éblouissants penseurs. Celui qui vient à l'esprit est Normand Baillargeon (1958-), libertaire se réclamant de l'anarchisme, auteur d'ouvrages comme *Petit cours d'autodéfense intellectuelle* et *Légendes pédagogiques*. Dans ces livres connaissant le succès, sans doute parce qu'ils sont nécessaires, il s'attache à démanteler des croyances ou pratiques nocives. Dans le premier, il invite à se méfier du langage, source de manipulation, alors que le second déboulonne 14 «neuromythes» en éducation (on n'utilise que 10% de notre cerveau; on apprendrait mieux dans les 3 premières années; etc.).

Mathieu Bock-Côté (1980-) est accusé d'être conservateur. Pour peu qu'on le lise, l'accusation ne tient cependant pas la route. Quel que soit le sujet traité, on se retrouve souvent devant le gros bon sens, mais enrobé dans des raisonnements tenant parfois de la haute voltige. Indépendantiste invétéré, ses convictions teintent bien sûr sa pensée, sauf que l'honnêteté intellectuelle n'en est jamais affectée. En outre, on arrive toujours à le suivre. Il s'élève au-dessus de la mêlée, en même temps qu'il sait demeurer terre à terre: un acrobate. Souvent invité à commenter l'actualité, il n'a pas son pareil pour décrypter les événements. Évidemment, il est souvent contesté. Le multiculturalisme, disons? Il en pense le plus grand mal. «Il transforme la communauté d'accueil en une communauté parmi tant d'autres.»

EXTRAIT   *DÉSESPOIR SOUVERAINISTE?*

Un souverainiste québécois aura de bonnes raisons d'être pessimiste. Et pessimiste, je le suis, d'autant plus que la mutation démographique en cours n'est pas une condition favorable à l'indépendance. Mais ne confondons pas le pessimisme, qui n'est souvent qu'une forme de lucidité critique et mélancolique, avec le désespoir, qui n'est souvent, quant à lui, qu'un pessimisme devenu systématique, et qui s'enferme dans la certitude du déclin. Car c'est une leçon de l'histoire: il arrive qu'une idée que tous disaient morte renaisse sous la pression des événements, de circonstances inattendues. Il arrive, autrement dit, qu'une brèche s'ouvre dans une société et que des énergies enfouies dans ses profondeurs remontent à la surface, si elles sont adroitement canalisées. Il faudra peut-être une crise profonde pour que l'idée d'indépendance resurgisse — cela dit, le printemps érable ne s'en est pas du tout soucié.

Je relisais récemment certains analystes politiques qui expliquaient au milieu des années 1980 que jamais l'Union soviétique ne s'effondrerait, du moins de leur vivant. Jamais, non plus, ils ne verraient l'Allemagne se réunifier et les peuples sous la botte soviétique se libérer du communisme russe. L'Armée rouge était là pour rester. Ils écrivaient tout cela à l'encre de la certitude la plus absolue. C'était la science qui parlait et il était interdit de douter de leurs prévisions, sous peine

20   d'être taxé de naïveté. En cinq ans, pourtant, la carte du monde a changé, sous l'influence de mille circonstances imprévisibles et inattendues que les plus poétiques d'entre nous continuent d'appeler «l'histoire» (laquelle demeure, on le sait, la plus capricieuse des maîtresses). L'empire soviétique s'est écroulé, changeant ainsi la face du monde. Autrement dit, il arrive que l'histoire bifurque sans qu'on ne puisse le prévoir. La crise de la mondialisation pourrait-elle s'accompagner de

25   semblables changements ?

C'est toute la difficulté de l'action politique, surtout pour ceux qui ne se contentent pas de la définir comme la paisible gestion des jours ordinaires et persistent à croire à de grands projets collectifs : persévérer quand l'espérance n'a plus de raisons d'être objective, garder la foi en nos convictions profondes lorsque tout pousse

30   au désespoir. [...]

Que tirer de tout cela ? Une chose simple. Les indépendantistes, en ce moment, sont moins les porteurs d'un projet politique à la veille de se concrétiser que les gardiens d'une espérance, d'un idéal auquel les Québécois ne peuvent pas renoncer sans s'abîmer intérieurement, mais auquel ils ne sont pas prêts à consentir politiquement

35   pour l'instant.

▮ **POUR ÉCLAIRER** cet extrait

Ce texte découle d'un voyage de la première ministre du Québec en Écosse en 2013. Dans ce pays où l'on se prépare à un référendum sur l'indépendance, on accueille très froidement Pauline Marois. C'est que, même s'il est souverainiste, le premier ministre écossais Alex Salmond ne veut pas compromettre ses relations avec le Canada, sans compter que les sondages québécois indiquent que la souveraineté connaît un creux dans la population.

«Soyons honnêtes : le souverainisme québécois ne fait plus peur : il ennuie, il lasse, il fait bâiller. On ne prend plus vraiment au sérieux les souverainistes québécois dans le monde», mentionne Mathieu Bock-Côté au début de l'article. Et l'auteur d'y aller d'exemples historiques (Charles de Gaulle, Winston Churchill, Helmut Kohl) montrant que semblable situation peut s'inverser.

QUESTIONS DE COMPRÉHENSION ET D'ANALYSE

1. Quelle nuance déterminante est-elle faite au début du texte ?
2. Quelle circonstance négative peut-elle devenir un tremplin ?
3. Une période de cinq ans est-elle longue ou brève s'il s'agit d'histoire ?
4. À quoi voit-on que l'auteur a une haute conception de la politique ?
5. Cette vision pour les peuples s'applique-t-elle aux individus ?

Dissertation

Bock-Côté se sert-il à la fois des faits et des formulations afin de redonner espoir aux indépendantistes ?

Yvan Bienvenue (1962-)
JOYEUX NOËL JULIE (1995)

Jocelyn Bérubé (1946-), Alain Lamontagne (1952-), Michel Faubert (1959-) et d'autres ayant tenu le fort plusieurs années, le conte dit nouveau, ou moderne, connaît une popularité sans précédent depuis le début du XXIe siècle. Autour de la maison d'édition Planète rebelle, associant littérature et littérature de tradition narrative orale, des conteurs tels qu'André Lemelin (1958-) — ce dernier reçoit même dans son salon — et Jean-Marc Massie (1966-) émerveillent les gens dans leurs spectacles.

Tantôt urbains et modernes, tantôt traditionnels, tantôt oniriques, ces contes nouveaux s'inspirent de la riche tradition qui a traversé les siècles ici, tout en incluant beaucoup d'éléments contemporains. Ils sont aussi marqués du sceau de l'intangible, de l'impossible et de l'éphémère, par opposition au matérialisme ambiant. Enfin, à une société prônant jeunisme et vitesse, ils préfèrent le culte du passé et du «vécu», à rebours du rythme actuel, ce qui explique qu'on soit parfois étonné de leur grand succès.

Les noms de Christine Germain (1971-), Isabelle Saint-Pierre (1974-) et David Goudreault (1980-) — il remporte la Coupe du monde de slam de poésie — viennent en tête de liste si l'on songe aux conteurs urbains. Goudreault, par exemple, incarne le poète de l'oralité qui dérange avec sa poésie comme arme militante. Il use de calembours, allitérations et homophones, apprenant même le créole réunionnais, puisque «la poésie est une science exacte». Yvan Bienvenue (1962-) reste toutefois le plus connu de ces conteurs dits urbains. Directeur du Théâtre Urbi et Orbi et de Dramaturges Éditeurs, il est à l'origine de la spectacularisation du conte, après que la québécitude entière eut été étouffée en 1980, dit-il. «Nos folkloristes se sont expatriés et les gens chantaient en anglais.»

EXTRAIT *JOYEUX NOËL JULIE*

L'histoire a commencé y'a trois ans
Mais moé j'va's jusse vous en conter la fin
Pis la fin est encore en train d'se passer
La fin ça va être le 25
5 Qu'y'a un bonhomme qui disait des niaiseries
Qui va faire un crisse de saut
Le 25 ça va être fini pour de bon
Sinon dans leur tête
Pis dans leur corps
10 Aux 29 victimes qui ont organiquement survécu
Mais dont le spectre brumeux

Du self-estime s'est égaré
Dans les méandres
Des bonnes consciences
15 Pis des «La nuit une fille devrait pas
             s'promener tu seule»
Pis à huit heures crisse?
Hein à huit heures?

Sa dernière victime
20 C'tait Julie
Est morte y'a deux mois
Des suites de ses blessures
Julie c'tait la trentième
Julie est devenue le symbole
25 De la lutte de toutes
Pis d'un
Tit-mile
Qui a un garage
Au coin Rachel pis Iberville

30 Tit-mile a passé son garage aux filles
Pour qu'après la chasse
Y'eillent une place où amener l'bâtard sale

Ça c'tait toute la place qu'avait Tit-mile
Dans l'histoire
35 Pis au nom des filles
J'tenais à y dire marci
Publiquement
Pour que ça se sache
Que c't'un bon gars
40 Pis qu'des bons gars y'en a
Plus qu'on pense
Pis qu'y sont là
Prêtes à toute
Pour la vie
45 Le respect de la vie
Pis l'amour

◼ POUR ÉCLAIRER cet extrait

«Joyeux Noël Julie» est un bon exemple de ces contes urbains qui déferlent sur le Québec à partir de 1990. Comptant des centaines de courts vers qui établissent un rythme, le texte opère à partir d'une simplicité faisant place à des messages crus. Ici, par exemple, après la mise en liberté d'un violeur en série, on s'organise pour punir le criminel échappant à un système de justice dysfonctionnel. La violence répond à la violence. On en a assez de l'injustice. Au fil des ans, le conte urbain a souvent dépeint des marginaux, criminels, paumés ou exclus. «Un conte urbain peut très bien raconter l'histoire d'une vieille femme qui marche jusqu'au dépanneur pour acheter une pinte de lait. L'objectif a toujours été d'explorer la manière dont on habite la ville et la manière dont elle nous traverse», note Bienvenue.

QUESTIONS DE COMPRÉHENSION ET D'ANALYSE

1. Le niveau de langue convient-il au contenu du texte?
2. En quoi la date choisie revêt-elle un aspect symbolique?
3. À quel cliché longtemps répandu s'attaque-t-on directement?
4. De quelle manière la colère transparaît-elle dans ce conte?
5. Sur quoi le geste de Tit-mile débouche-t-il comme message social?

Dissertation

Montrer que le conte d'Yvan Bienvenue nous fait passer par des extrêmes sur le plan émotionnel.

Fred Pellerin (1976-)
COMME UNE ODEUR DE MUSCLES (2005)

Fils spirituel de Vigneault et de Sol, le «double» de Marc Favreau (1929-2005), la star du conte nouveau est Fred Pellerin (1976-). Originaire de Saint-Élie-de-Caxton, Pellerin propose un univers débridé et époustouflant. Si ses textes sont publiés, il estime, contrairement à d'autres conteurs, que l'oral et l'écrit sont deux entités distinctes. Pellerin, c'est le langage qui éclate. «Grevisse et Bescherelle, c'était des buzzés.»

CONTE   *LE SOIR COMMUN*

Pas un soir comme les autres. C'était un soir normal de la vie courante à se demander si on est encore dans le conte ou retombé dans le quotidien banal. Brodain Tousseur était aux champs. Il rassemblait son troupeau pour le mener au mouchoir. Puis faire le train. Une routine énorme dans une grange miniature. Il travaillait avec
5   méticulosité et démangeaisons. En sifflotant. Tout à coup, subrepticement, une tête ailée adolescente et rebelle s'échappa de l'essaim. Zzoum. Une mouchette détala vers la liberté. En bon berger, Brodain s'en voulut. Mais voilà. Soumis au rythme agricole des saisons et des soubresauts de la température, il évoluait loin de tous ces modèles ISO-9001 de qualité bureaucratique. Il ignorait même toutes ces légis-
10 lations concernant les interdits de rejets d'élevages dans l'atmosphère. Il laissa donc filer la déserteuse et n'y pensa plus. Parce que l'erreur est humaine. Et que ça met du piquant.

Cette mouche affranchie vola en ligne droite. Elle se posa bientôt sur le rebord du toit de la marraine d'Ésimésac. La mystérieuse bonne femme. Elle qui flânait dans
15 les sorcelleries légères. Elle qui avait oublié un flacon de sa portion magique près de la fenêtre. Une bouteille où on pouvait lire en toutes lettres sur l'étiquette : «Eau qui rajeunezit.» Un liquide très puissant. Comme un ancêtre non dilué du supplément alimentaire sulfogamine glucogénique Dakota. Un élixir qui avait pour vertu de faire rajeunezir la personne qui en consomme. Suivant la posologie. En gouttes
20 prudentes, qu'il fallait s'y adonner. On en avait vu trop souvent, assoiffés de jouvence, oser la gorgée et rajeunezir sans fin. Des victimes assommées de ribeurtes sans retour. Retrouvées couchées sur le plancher à l'état fœtal.

L'eau qui rajeunezit, avec parcimonie. Un produit non testé sur les animaux. Mais la mouche n'en savait rien. Elle-même en quête de nouvelles expériences, elle s'y
25 trempa la trompe. Slurp. En absorba un grand coup. Et l'effet fut immédiat. Le cerveau de l'insecte prit des allures multifacettes. La réalité s'ajusta à sa façon psychédélique. Un buzz. Un survolt. Avec des portes de la perception distorsionnées. Le cardiaque qui tape dans les tempes. Et sous l'intensité, le muffleur qui lui fend en

deux. Troquant son léger bourdonnement pour une pétarade de Harley Davidson.
30 Vroum. Une Aile's Angel lilliputienne.

Pour cause de tympans, pendant des semaines, les gens de Saint-Élie-de-Caxton ne dormirent plus. On entendait voler une mouche. Et rien d'autre. Des vrombissements à rendre fou. Et des nuits entières à veiller. Postés sur la galerie de leur maison, cannettes de push-push en main, tapettes à mouches armées, à attendre qu'elle
35 se présente à portée de tir. Elle, boustée de course, qui échappait aux rapides assauts dans des slaloms aériens. Multipliée de puissance par l'essence. Et les cernes épuisés qui rayonnaient sur tous les yeux du village.

Tousseur, pour sa part, en tant que titulaire légal, tentait de consoler les insomniaques en leur disant qu'il n'y avait pas de danger.

40 — Soyez patients ! Je connais cette mouche. Je l'ai portée. À la mi-octobre, elle devrait réagir comme toutes les autres. Elle va faire du poil noir, zigner dans une fenêtre et sécher tranquillement.

Brodain ne s'en doutait pas. Prétendre à l'expiration prochaine, c'était sous-estimer grandement le supplément alimentaire sulfogamine glucogénique Dakota. Les faits
45 le démontrèrent. À la fin de novembre, la mouche sévissait encore. Elle suivait la charrue, le museau dans le bourrelet de neige. Au trente et un de ce mois des morts, dans la suite des choses, il est donc tout à fait banal d'avoir vu se poser cette mouche sur le poing d'Ésimésac. Voilà. C'est un détour explicatif, mais on s'attache plus émotivement quand on connaît bien la bête.

▮ POUR ÉCLAIRER ce texte

Comme une odeur de muscles est un livre racontant les aventures d'Ésimésac Gélinas, l'homme le plus fort du monde de Saint-Élie-de-Caxton. Ce sont autant d'épisodes qui décrivent l'histoire de ce personnage haut en couleur que l'épreuve transforme en sauveur. « Ésimésac appartint à la race des surhormones musculaires, au même titre que ces Louis Cyr et autres Montferrances. Il fut un homme qui se démarqua par l'originalité de ses forçures », lit-on. Au passage, l'occasion est donnée d'entrevoir son village débordant de personnages hors de l'ordinaire.

QUESTIONS DE COMPRÉHENSION ET D'ANALYSE

1. Quelle ambiguïté apparaît-elle dès l'ouverture de ce conte ?
2. À quels détails perçoit-on que nous sommes dans le fantastique ?
3. Montrer que le langage ajoute beaucoup à la fantaisie présente.
4. En quoi la référence au supplément alimentaire est-elle ironique ?
5. Comment Pellerin arrive-t-il à détourner même les phrases toutes faites ?

Dissertation
Est-ce exact que « Le soir commun » nous transporte tant dans la réalité que dans le fantastique ?

Dans le cours *Littérature québécoise* et pour réussir l'Épreuve uniforme de français (ÉUF), vous aurez à rédiger une **dissertation critique** de 900 mots (aucune pénalité n'est imposée si votre texte compte au moins 800 mots) liée à des textes de genres littéraires et d'époques variés.

A. QU'EST-CE QUE LA DISSERTATION CRITIQUE ?

La **dissertation critique** est un exposé écrit et raisonné sur un sujet portant à discussion. L'élève doit prendre position sur le sujet proposé, soutenir son point de vue à l'aide d'arguments convaincants et de preuves tirées des textes proposés ou de ses connaissances littéraires.

La dissertation critique intègre les habiletés suivantes : analyser, disserter, critiquer. La **capacité d'analyse** se vérifie à travers les preuves que l'élève tire des textes à l'étude pour appuyer sa démonstration ; l'**habileté à disserter** passe par la discussion logique de l'affirmation proposée ; l'**habileté à critiquer** transparaît dans la prise de position défendue tout au long du texte.

B. LES SUJETS DE DISSERTATION

Le sujet d'une dissertation critique implique nécessairement une prise de position. Mais elle peut être nuancée à l'aide de restrictions comme *mais* ou *cependant*. Car il n'y a pas de bonne ou de mauvaise réponse. Tout repose sur la qualité de l'argumentation, c'est-à-dire sur la façon de développer ses idées à partir du texte. Récemment, un sujet se lisait ainsi à l'ÉUF :

> *Est-il juste d'affirmer que, dans l'extrait du roman* Les fous de Bassan *d'Anne Hébert, Nora ressent plus d'attirance que de dégoût pour les hommes ?*

Il arrive en outre que le sujet amène une comparaison entre deux textes. Un autre sujet se lisait :

> *Peut-on dire que dans l'essai* Les insolences du frère Untel *de Jean-Paul Desbiens et dans l'essai «Le joual et nous» de Gérald Godin, les auteurs ont des visions opposées du joual ?*

Bien évidemment, la lecture et la compréhension du ou des textes sont essentielles pour la suite.

C. LE RÉINVESTISSEMENT DES ACQUIS

La capacité d'analyse étant la matière première de la dissertation, il importe que vous sachiez transférer les connaissances de vos cours précédents, notamment les **analyses**

thématiques, les **tonalités** ainsi que les **procédés stylistiques et littéraires**. Vous pourrez ensuite développer un **point de vue critique,** tout en continuant de faire des liens entre l'œuvre et son temps.

Voici des éléments de la compétence à développer afin de mettre en évidence le réinvestissement des acquis.

Énoncé de la compétence Apprécier des textes de la littérature québécoise d'époques et de genres variés.	
Éléments de la compétence	**Critères de performance**
1. Reconnaître les caractéristiques de la littérature québécoise.	Tenir compte du contexte culturel et sociohistorique dans l'élaboration des idées.
2. Déterminer un point de vue critique.	Élaborer une position à partir des idées suggérées par la consigne et le texte.
3. Élaborer un plan de dissertation.	Dresser un plan assez complet du développement en prévoyant exemples et citations.
4. Rédiger une dissertation critique.	Rédiger à l'intérieur des limites du sujet sans abandonner d'éléments en cours de route.

D. STRUCTURE DE LA DISSERTATION CRITIQUE

- **L'introduction.**
  - Sujet amené : présenter des considérations générales (problématique, époque, auteur, etc.) ayant un lien avec le sujet choisi et menant en douceur au sujet posé.
  - Sujet posé : reformuler le sujet dans ses propres mots ou recopier textuellement l'énoncé du sujet en substituant, s'il y a lieu, la forme déclarative à la forme interrogative.
  - Sujet divisé : annoncer les principaux arguments du développement en les présentant dans l'ordre dans lequel ils apparaîtront dans la dissertation.

- **Le développement.**
  - On considère que deux ou trois parties, donc deux ou trois paragraphes, suffisent, attendu que ce qui importe reste la logique de l'argumentation.
  - La cohérence de chaque partie tient au fait qu'on énoncera clairement l'argument au début du paragraphe, avant de l'illustrer par des preuves reliées à des explications.
  - Quelques citations seront intégrées ainsi : la citation est amenée ; la citation est faite ; la citation est commentée ; une transition permet d'enchaîner avec la suite du texte.
  - L'utilisation des organisateurs textuels (*premièrement, de plus, par contre, en conclusion...*) est nécessaire, mais elle doit être faite correctement et sans abus.

- **La conclusion.**
  - Synthèse : rappel du sujet et bilan rapide du développement en évoquant brièvement ses étapes à l'aide de deux ou trois arguments reformulés.
  - Réponse : réponse officielle, claire et explicite à la question posée au départ en répétant le nom de l'auteur et le titre du texte étudié.
  - Ouverture : réflexion découlant logiquement de la réponse et ouvrant sur un sujet connexe, mais pouvant prendre des formes diverses.

E. CRITÈRES D'ÉVALUATION

GRILLE D'ÉVALUATION DE LA DISSERTATION CRITIQUE
CRITÈRE I   Compréhension et qualité de l'argumentation
1. Respect du sujet de rédaction
2. Qualité de l'argumentation
3. Compréhension des textes et intégration de connaissances littéraires
CRITÈRE II   Structure du texte de l'élève
4. Introduction et conclusion
5. Développement
CRITÈRE III   Maîtrise de la langue
6. Vocabulaire
7. Syntaxe et ponctuation
8. Orthographe d'usage et orthographe grammaticale

N. B. La planification du temps alloué (4 h 30 pour l'ÉUF) est déterminante. Elle doit permettre une révision systématique de la langue écrite, incluant syntaxe et ponctuation.

Charles Gill (1871-1918). *Paysage* (1917). Huile sur toile, 32,8 x 22,5 cm.
Collection Musée national des beaux-arts du Québec (1977.465),
Québec, Québec

Bibliographie

AQUIN, Hubert, *Journal. 1948-1971*, Montréal, Bibliothèque québécoise, 1992.

AQUIN, Hubert, *Prochain épisode*, Montréal, Le Cercle du Livre de France, 1965.

ARCAN, Nelly, *Putain*, Paris, Seuil, 2001.

AUBERT DE GASPÉ FILS, Philippe, *Le chercheur de trésors ou L'influence d'un livre*, Montréal, Réédition-Québec, 1968.

AUBERT DE GASPÉ PÈRE, Philippe, *Les anciens Canadiens*, Ottawa, Beauchemin, 1899.

AUCLAIR, Élie-Joseph, *Le curé Labelle. Sa vie et son œuvre*, Montréal, Beauchemin, 1930.

BAILLARGEON, Samuel, *Littérature canadienne-française*, Montréal, Fides, 1961.

BALZANO, Flora, *Soigne ta chute*, Montréal, XYZ, «Romanichels Poche», 1992.

BEAUDOIN, Réjean, *Le roman québécois*, Montréal, Boréal, «Boréal express», 1991.

BEAULIEU, Victor-Lévy, *Docteur Ferron*, Montréal, Stanké, 1991.

BEAULIEU, Victor-Lévy, *Monsieur Melville*, Montréal, VLB Éditeur, 1978, Tome III.

BÉRAUD, Jean, *350 ans de théâtre au Canada français*, Montréal, CLF, 1958.

BERSIANIK, Louky, «L'amour lesbien est une splendeur», *La nouvelle barre du jour*, N° 75, Février 1979, p. 70-75.

BESSETTE, Gérard, *Le libraire*, Montréal, CLF, «CLF Poche», 1968.

BESSETTE, Gérard, Lucien GESLIN et Charles PARENT, *Histoire de la littérature canadienne-française par les textes*, Montréal, CEC, 1968, 704 p.

BIENVENUE, Yvan, «Joyeux Noël Julie», *Mœbius*, Hiver 1996, Numéro 66, p. 51-61.

BLAIS, Marie-Claire, *Une saison dans la vie d'Emmanuel*, Montréal, Éditions du Jour, 1965.

BOCK-CÔTÉ, Mathieu, *Exercices politiques*, Montréal, VLB Éditeur, 2013.

BORDUAS, Paul-Émile, *Refus global*, Montréal, Anatole Brochu, 1972.

BOUCHARD, Michel Marc, *Les muses orphelines*, Montréal, Leméac, «Théâtre», 1989.

BOUCHARD, Serge, et Bernard ARCAND, *Du pipi, du gaspillage et sept autres lieux communs*, Montréal, Boréal, «Papiers collés», 2001.

BOUCHER, Denise, *Les fées ont soif*, Montréal, Les éditions Intermède, 1978.

BOUCHER DE BOUCHERVILLE, Georges, *Une de perdue, deux de trouvées*, Présentation de Réginald Hamel, Montréal, Hurtubise HMH, «Cahiers du Québec», 1973.

BOURGAULT, Pierre, *Écrits polémiques 1960-1981. 1. La politique*, Montréal, VLB Éditeur, 1982.

BRITT, Fanny, *Couche avec moi (c'est l'hiver)*, Montréal, Tapuscrit fourni gracieusement par l'auteure, 2006.

BUIES, Arthur, «Décadence d'un peuple», *La lanterne*, N° 7, 1884, p. 77-81.

CARTIER, Jacques, *Relations*, Montréal, PUM, «Bibliothèque du Nouveau Monde», 1986.

CHAMBERLAND, Paul, *Demain les dieux naîtront*, Montréal, L'Hexagone, 1974.

CHAMBERLAND, Paul, *L'afficheur hurle*, Ottawa, Parti pris, Montréal, 1964.

CHAMPLAIN, Samuel de, *Des Sauvages*, Montréal, Typo, «Histoire», 1993.

CHEN, Ying, *Les lettres chinoises*, Montréal, Leméac, «Babel», 1993.

CODERRE, Émile, *J'parle tout seul quand Jean Narrache*, Montréal, Éditions de l'Homme, 1961.

COUTURE, Carole, *Richard Desjardins. La parole est mine d'or*, Montréal, Triptyque, 1998.

CRÉMAZIE, Octave, *Poésies*, Montréal, Beauchemin, «Bibliothèque canadienne», 1910.

DAOUST, Jean-Paul, *L'Amérique*, Montréal, XYZ, «Romanichels Plus», 2003.

DE BILLY, Hélène, *Riopelle*, Montréal, Art global, «Biographies», 1996.

DESBIENS, Jean-Paul, *Les insolences du Frère Untel*, Montréal, Les Éditions de l'Homme, 1960.

DESROCHERS, Alfred, *Œuvres poétiques*, Montréal, Fides, «Nénuphar», 1977.

DOMPIERRE, Stéphane, *Un petit pas pour l'homme*, Montréal, Québec Amérique, «QA compact», 2004.

DORION, Hélène, *Mondes fragiles, choses frêles*, Montréal, L'Hexagone, «Rétrospectives», 2006.

DUBÉ, Marcel, *Un simple soldat*, Montréal, Typo, 1993.

DUCHARME, Réjean, *L'avalée des avalés*, Paris, Gallimard, 1966.

DUMONT, Micheline, et Louise TOUPIN, *La pensée féministe au Québec. Anthologie (1900-1985)*, Montréal, Les Éditions du Remue-ménage, 2003.

FALARDEAU, Jean-Charles, *Étienne Parent 1802-1874*, Montréal, La Presse, «Échanges», 1975.

FALARDEAU, Pierre, *La Liberté n'est pas une marque de yogourt*, Montréal, Stanké, 1995.

FAUCHER DE SAINT-MAURICE, Henri-Édouard, *À la brunante*, Présentation de Serge Provencher, Montréal, Bibliothèque québécoise, 1998.

FERRON, Jacques, *Contes*, Montréal, HMH, «L'arbre HMH», 1968.

FORGUES, Rémi-Paul, *Poèmes du vent et des ombres. Poèmes 1942-1954*, Montréal, L'Hexagone, 1974.

FOURNIER, Pierre, *De lutte en turlutte: une histoire du mouvement ouvrier québécois à travers ses chansons*, Québec, Septentrion, 1998.

FRENETTE, Yves, *Brève histoire des Canadiens français*, Montréal, Boréal, 1998.

GARNEAU, François-Xavier, *Histoire du Canada depuis sa découverte jusqu'à nos jours*, Montréal, Beauchemin & Fils, 1883.

GASQUY-RESH, Yannick, *Gaston Miron: le forcené magnifique*, Montréal, HMH, «América», 2005.

GAUVREAU, Claude, *Les oranges sont vertes*, Montréal, L'Hexagone, 1994.

GÉLINAS, Gratien, *Tit-Coq*, Montréal, Éditions de l'Homme, 1968.

GIGUÈRE, Roland, *L'âge de la parole*, Montréal, L'Hexagone, 1965.

GODIN, Gérald, *Cantouques & Cie*, Montréal, Typo, 2012.

GODIN, Gérald, *Libertés surveillées*, Montréal, Parti pris, «Paroles», 1975.

GRANDBOIS, Alain, *Poèmes*, Montréal, L'Hexagone, 1963.

GRANDPRÉ, Pierre de, *Histoire de la littérature française au Québec*, Montréal, Beauchemin, 1967, Tome I.

GRAVEL, Robert, *La tragédie de l'homme*, Montréal, VLB, 1997.

GROULX, Lionel, *Les rapaillages*, Montréal, Éditions de L'Action canadienne-française, 1916.

GUÉRIN, Marc-Aimé, et Réginald HAMEL, *Dictionnaire Guérin des poètes d'ici*, Montréal, Guérin, 2005.

GUÈVREMONT, Germaine, *Le Survenant*, Montréal, Bibliothèque québécoise, 1990.

HAMEL, Réginald, John HARE et Paul WYCZYNSKI, *Dictionnaire des auteurs de langue française en Amérique du Nord*, Montréal, Fides, 1989.

HÉMON, Louis, *Maria Chapdelaine*, Paris, Bernard Grasset, «Le livre de poche», 1954.

HUOT, Giselle, *Hector de Saint-Denys Garneau. Poèmes et proses (1925-1940)*, Montréal, Éditions de l'Outarde, «Geai bleu», 2001.

LABERGE, Albert, *La Scouine*, Présentation de Jacques Beaudry, Saint-Laurent, Erpi, «Littérature», 2012.

LACOURSIÈRE, Jacques, Jean PROVENCHER et Denis VAUGEOIS, *Canada-Québec*, Sillery, Septentrion, 2000.

LAFERRIÈRE, Dany, *Comment faire l'amour avec un Nègre sans se fatiguer*, Montréal, VLB, 1985.

LAFERRIÈRE, Dany, *J'écris comme je vis. Entretien avec Bernard Magnier*, Montréal, Lanctôt, 2000.

LAFERRIÈRE, Dany, *Le cri des oiseaux fous*, Montréal, Lanctôt, 2000.

LAFOND, Jérôme, *Brigitte des colères*, Montréal, Marchand de feuilles, 2010.

LAFOND, Jérôme, *Poèmes du wah-wah*, Montréal, Marchand de feuilles, «Poésie sauvage», 2003.

LANGEVIN, André, *Poussière sur la ville*, Présentation de Anne-Marie Cousineau, Montréal, Pierre Tisseyre, «Littérature québécoise», 2010.

LANGEVIN, Gilbert, *Griefs*, Montréal, L'Hexagone, 1975.

LAPOINTE, Paul-Marie, *Le réel absolu : poèmes, 1948-1965*, Montréal, L'Hexagone, 1974.

LAROSE, Jean, *L'amour du pauvre*, Montréal, Boréal, «Papiers collés», 1991.

LÉGER, Robert, *La chanson québécoise en question*, Montréal, Québec Amérique, 2003.

LE MAY, Pamphile, *Les gouttelettes*, Québec, L'action catholique, 1937.

LEMELIN, Roger, *Les Plouffe,* Montréal, Stanké, «10/10», 1999.

LEPAGE, Robert, *La face cachée de la lune*, Québec, L'instant même, 2007.

LESAGE, Marc, et Francine TARDIF, *30 ans de Révolution tranquille*, Montréal, Bellarmin, 1989.

LÉVESQUE, Raymond, *Quand les hommes vivront d'amour...*, Montréal, Éditions Typo, 1989.

MAILHOT, Laurent, *La littérature québécoise*, Paris, PUF, «Que sais-je?», 1974.

MARCHESSAULT, Jovette, «Les vaches de nuit», *La nouvelle barre du jour*, N° 75, Février 1979, p. 83-92.

MARIE-VICTORIN, *Récits laurentiens*, Paris/Tournai, Casterman, 2004.

MARTINEAU, Jacques, *Les 100 romans québécois qu'il faut lire*, Québec, Nuit blanche, 1994.

MAVRIKAKIS, Catherine, *Le ciel de Bay City*, Montréal, Héliotrope, 2008.

MIRON, Gaston, *L'homme rapaillé*, Montréal, PUM, «Collection du Prix de la revue Études françaises», 1970.

MORENCY, Pierre, *Au nord constamment de l'amour*, Ottawa, Nouvelles éditions de l'arc, 1973.

MORIN, Paul, *Œuvres poétiques*, Montréal, Fides, «Nénuphar», 1961.

MOUAWAD, Wajdi, *Forêts*, Montréal/Paris, Leméac/Actes Sud, 2006.

MOUTIER, Maxime-Olivier, *Pour une éthique urbaine*, Montréal, L'effet pourpre, 2002.

NELLIGAN, Émile, *Poésies complètes*, Montréal, Fides, «Nénuphar», 1952.

OUELLETTE, Annik-Corona, et Alain VÉZINA, *Contes et légendes du Québec*, Montréal, Beauchemin, «Parcours d'une œuvre», 2006.

PELLERIN, Fred, *Comme une odeur de muscles,* Montréal, Planète rebelle, 2005, 150 p.

PÉLOQUIN, Claude, *Pour la grandeur de l'homme,* Montréal, Les Éditions de l'Homme, 1971.

PÈRES DE LA COMPAGNIE DE JÉSUS, *Relations des jésuites 1611-1672*, Montréal, Éditions du Jour, 1972, Tome 1.

PLAMONDON, Éric, *Mayonnaise*, Montréal, Le quartanier, «Série QR», 2012.

PLANTE, Raymond, *Robert Gravel. Les pistes du cheval indompté*, Montréal, Les 400 coups, 2004.

REEVES, Hubert, *Patience dans l'azur. L'évolution cosmique*, Sillery, PUQ, «Québec Science», 1981.

RHEAULT, Michel, *Les voies parallèles de Pauline Julien*, Montréal, VLB Éditeur, 1993.

ROY, Gabrielle, *Bonheur d'occasion*, Montréal, Stanké, «10/10», 1977.

Hélène SABBAH, *Littérature. Textes et méthode (Édition 1997)*, LaSalle, Hurtubise HMH, 1997.

SAINT-DENYS GARNEAU, Hector de, *Œuvres*, Montréal, PUM, «Bibliothèque des lettres québécoises», 1971.

SAINT-JACQUES, Sylvie, «Tout nu, l'hiver, on gèle», *La Presse*, 122e année, n° 351, Lundi 16 octobre 2006, p. Arts et spectacles-6.

SŒURS DE SAINTE-ANNE, *Précis d'histoire des littératures française, canadienne-française, étrangères et anciennes*, Lachine, Procure des Missions des Sœurs de Sainte-Anne, 1933.

TANGUAY, Bernard, *Bla-bla-bla*, Montréal, Font, 1970.

THÚY, Kim, *Ru,* Montréal, Libre Expression, 2009.

TREMBLAY, Lise, *La héronnière*, Paris, Actes Sud, 2005.

TREMBLAY, Michel, *Les belles-sœurs*, Montréal, Holt, Rinehart et Winston, «Théâtre vivant», 1968.

TRUDEL, Sylvain, *Du mercure sous la langue*, Montréal, Les allusifs, 2001.

UGUAY, Marie, *Poèmes*, Montréal, Boréal, 2005.

VADEBONCOEUR, Pierre, «La ligne du risque», *Situations*, 4e année, N° 1, 1962, p. 22-24.

VIGNEAULT, Gilles, *Tenir paroles,* Montréal, Nouvelles éditions de l'arc, 1983, Tome II.

VIGNEAULT, Gilles, *Contes du coin de l'œil*, Québec, Éditions de l'arc, 1966.

YVON, Josée, *Travesties-kamikaze,* Montréal, Les herbes rouges, 1979.

Sources des illustrations

Page couverture : Photo : MNBAQ, Jean-Guy Kérouac.

Chapitre 1

Page 1 : Photo : UCSS/Pascale Bergeron. *Page 3* : Photo : MNBAQ, Jean-Guy Kérouac. *Page 4* : Photo : MNBAQ, Patrick Altman. *Page 6* : Photo : MNBAQ, Patrick Altman. *Page 8* : Photo : MNBAQ, Jean-Guy Kérouac. *Page 10* : Théophile Hamel (1817-1870). *Jacques Cartier* (détail) (1848). Collection Musée du Château Ramezay (1998.1020). *Page 12* : Théophile Hamel (1817-1870) d'après René Cochon. *Le Père Paul Le Jeune, s.j.* (v. 1865). Huile sur toile, 36,4 x 32,2 cm. Collection : Musée national des beaux-arts du Québec (1980.11)/Photo : MNBAQ, Patrick Altman. *Page 16* : P560,S2,D1,P812/Reproduction interdite sans l'autorisation de BAnQ/Fonds J. E. Livernois Ltée/ François-Marie-Thomas Lorimier/J.E. Livernois Photo, Québec, vers 1830.

Chapitre 2

Page 19 : Photo : MNBAQ, Denis Legendre. *Page 21* : Musée McCord, Montréal (M4777.6). *Page 22* : Photo : MNBAQ, Patrick Altman. *Page 24* : Photo : MNBAQ, Jean-Guy Kérouac. *Page 26* : Université d'Ottawa, CRCCF, Collection Alfred-Garneau (P296), M156-04. *Page 28* : © Université de Montréal, Division de la gestion de documents et des archives. *Page 30* : Inconnu. *Philippe-Joseph Aubert de Gaspé, extrait de l'Histoire des Canadiens-Français, 1608-1880* (entre 1882 et 1884). Eau-forte et roulette, 23,5 x 18,4 cm (papier), 13 x 12,2 cm (image). Collection : Musée national des beaux-arts du Québec (69.624)/Photo : Jean-Guy Kérouac. *Page 32* : Ville de Montréal. Gestion de documents et archives (Fonds BM1). *Page 34* : Musée McCord, Montréal (II-82778). *Page 36* : BAnQ Vieux-Montréal, Collection Édouard-Zotique Massicotte (P750, albums de rues B-85-d) Bibliothèque et archives nationales du Québec. *Page 38* : Bibliothèque et Archives Canada/C-088566. *Page 40* : Ville de Montréal. Gestion de documents et archives (Fonds BM1). *Page 41* : © Succession Adrien Hébert/Bruno Hébert/Photo : MNBAQ, Idra Labrie.

Chapitre 3

Page 43 : Photo : MNBAQ, Idra Labrie. *Page 45* : © Succession Ghitta Caiserman/Photo : MNBAQ, Jean-Guy Kérouac. *Page 46* : © Succession Adrien Hébert/Bruno Hébert. *Page 48* : © Succession Louis Muhlstock/Photo : MNBAQ, Patrick Altman. *Page 50* : Portrait par Ludger Beaudry, Collection de la Société historique du Saguenay (P2-10922). *Page 52* : BAnQ Vieux-Montréal, Fonds Conrad Poirier (P48,S1,P13930). *Page 54* : Reproduction interdite sans l'autorisation de BAnQ/Collection Centre d'archives de Québec (P1000,S4,D83,PM39)/Marie-Victorin, frère/Albert Dumas, vers 1920. *Page 56* : Bibliothèque et Archives nationales du Québec, Direction du Centre de Montréal, Fonds Jean Narrache. *Page 58* : Ronny Jaques/Bibliothèque et Archives Canada (R3133-670-7-F) (détail). *Page 59* : Photo : © Musée des beaux-arts du Canada, acheté en 1974. *Page 60* : Photo : Laprès et Lavergne/Bibliothèque et Archives nationales du Québec, Centre d'archives de Québec. *Page 62 (en haut)* : Bibliothèque et Archives Canada/8389 ; *(en bas)* : Don de Yves La Roque de Roquebrune/ Photo : Ginette Clément. *Page 65* : © Fondation Marc-Aurèle Fortin/SODRAC (2016)/Photo : MNBAQ, Jean-Guy Kérouac.

Chapitre 4

Page 67 : © Succession Marcel Barbeau/Photo : MNBAQ, Jean-Guy Kérouac. *Page 69* : © Succession Jean Paul Riopelle/SODRAC (2016)/Photo : MNBAQ, Idra Labrie. *Page 70* : © Galerie Kastel/Photo : MNBAQ, Jean-Guy Kérouac. *Page 72* : © Succession Marcelle Ferron/SODRAC (2016)/Photo : MNBAQ, Denis Legendre. *Page 74* : Photo : Centre de documentation Yves Boulerice. *Page 76* : Photo : Annette et Basil Zarov/© CSU Archives/Everett Collection/CP Images. *Page 78* : Pierre McCann/La Presse. *Page 80* : Jean-Yves Létourneau/La Presse. *Page 82* : Photo : Gabor Szilasi/BAnQ, Vieux-Montréal, Fonds ministère de la Culture, des Communications et de la Condition féminine, série

Office du Film du Québec (E6,S7,SS1,D652352 à 652357). *Page 84*: Photo: Antoine Désilets/
BAnQ, Vieux-Montréal, Fonds Antoine Désilets (P697,S1,SS1,SSS10,D18). *Page 86*: Photo: Antoine
Désilets/BAnQ, Vieux-Montréal, Fonds Antoine Désilets (P697,S1,SS1,SSS4,D81). *Page 88*: Photo
GABY/BAnQ, Vieux-Montréal, Fonds Gabriel Desmarais (P795,S1,D450).

Chapitre 5
Page 91: © Succession Alfred Pellan/SODRAC (2016)/Don de Pijoco Inc. *Page 92*: Photo: Henri
Rémillard (1967)/BAnQ, Vieux-Montréal, Fonds Henri Rémillard (P685,S2,D106). *Page 93 (en
haut)*: Don de M. Pierre-Léon Tétreault/Photo: Richard-Max Tremblay/© Kittie Bruneau; *(en bas)*:
Pierre Groulx — Agence Québec Presse/Newscom. *Page 94*: © Armand Vaillancourt/SODRAC
(2016)/Don de Mark et Esperanza Schwartz. *Page 96*: © Gaétan Charbonneau, détenteur des
droits d'auteur de Betty Goodwin/Photo: MNBAQ, Denis Legendre. *Page 98*: Don de M. L. Michel
Huart/Photo: Richard-Max Tremblay/© Succession Lise Gervais. *Page 100*: Jean-Yves Létourneau/
La Presse. *Page 102*: Patrick Vinay. *Page 104*: Réal St-Jean/La Presse. *Page 106*: E10,S44,D73-
035,PF5/Reproduction interdite sans l'émission d'une licence par BAnQ, Québec/Fonds ministère
des Communications/Remise du prix littéraire David à Hubert Aquin dans le Salon rouge du Parle-
ment/Auteur inconnu, 1973-01-30. *Page 108*: Roussel/Agence Québec Presse/Newscom. *Page 110*:
CP Images. *Page 112*: E10,D77-780,PD3/Reproduction interdite sans l'émission d'une licence par
BAnQ, Québec/Fonds Ministère des Communications/Jacques Ferron gagnant du Prix David/Jules
Rochon, 1977. *Page 114*: Mathieu Gibeault/CP Images. *Page 116*: Ryan Remiorz/CP Images.
Page 118: © Daniel Kieffer/SODRAC (2016)/BAnQ,Vieux-Montréal, Fonds Daniel Kieffer (P688,S2).
Page 120: Alain Martineau/CP Images. *Page 122*: Denis Beaumont/CP Images. *Page 123*:
Les Films Christal. *Page 124*: Photo: Antoine Désilets/BAnQ, Vieux-Montréal, Fonds Antoine
Désilets (P697,S1,SS1,SSS4,D96). *Page 126*: CP Images. *Page 128*: © Daniel Kieffer/SODRAC
(2016)/Archives de la Cinémathèque québécoise. *Page 129*: © Daniel Kieffer/SODRAC (2016)/
BAnQ, Vieux-Montréal, Fonds Daniel Kieffer (P688,S2_476). *Page 130*: Photo: Antoine Désilets/
BAnQ, Vieux-Montréal, Fonds Antoine Désilets (P697,S1,SS1,SSS4,D96).

Chapitre 6
Page 135: © Corno/SODRAC (2016)/Photo: Galerie AKA. *Page 137*: © Geneviève Cadieux avec
l'aimable permission de Galerie René Blouin/Photo: MNBAQ, Patrick Altman. *Page 138*: © René
Derouin/SODRAC (2016)/Photo: MNBAQ, Idra Labrie. *Page 140*: © Henry Wanton Jones. *Page 142*:
© Violaine Leclerc. *Page 144*: Marie-Reine Mattera. *Page 146*: Images Distribution/Agence Québec
Presse/Newscom. *Page 148*: Agence QMI. *Page 150*: © Le Quartanier/Frédérick Duchesne.
Page 152: Images Distribution/Agence Québec Presse/Newscom. *Page 154*: © Tie-Tin Sue. *Page
156*: Sharifulin Valery Itar-Tass Photos/Newscom. *Page 158*: Agence Québec Presse/Newscom.
Page 159: © Euclide Cormier. *Page 160*: Images Distribution/Agence Québec Presse/Newscom.
Page 162: Denis Beaumont/CP Images. *Page 164*: Pierre Roussel/Agence Québec Presse/Newscom.
Page 166: Denis Beaumont/CP Images. *Page 168*: Denis Beaumont/CP Images. *Page 170*:
© Stéphan Kovacs. *Page 172*: © Robert Houle. *Page 175*: © Christine Major/Photo: Guy L'Heureux.
Page 176: Pierre Dury. *Page 177*: © Maxime Lacourse. *Page 178*: Jean-Yves Létourneau/La Presse.
Page 180: YPBO/Agence Québec Presse/Newscom. *Page 182*: Behar Anthony/SIPA/Newscom.
Page 184: Photo: Julie Perreault. *Page 186*: Sébastien Salom-Gomis/SIPA/Newscom. *Page 188*:
Images Distribution/Agence Québec Presse/Newscom. *Page 190*: © Martine Doyon. *Page 194*:
Hand-out/Radio Vm/Newscom. *Page 196*: Violette Bourget. *Page 198*: Roussel/Agence Québec
Presse/Newscom.

Annexe
Page 203: MNBAQ, Jean-Guy Kérouac.

Sources des textes

Chapitre 3

Page 52: Germaine Guèvremont, *Le Survenant*, Beauchemin, 1990. © Succession Germaine Guèvremont. *Page 56*: Émile Coderre, *J'parle tout seul quand Jean Narrache*, Éditions de l'Homme, 1961. © Succession Émile Coderre. *Page 58*: Alain Grandbois, *Les îles de la nuit*, Typo, 1994.

Chapitre 4

Page 73: Rémi-Paul Forgues, *Poèmes du vent et des ombres. Poèmes 1942-1954*, L'Hexagone, 1974. *Page 75*: Paul-Marie Lapointe, *Le réel absolu: poèmes 1948-1965*, L'Hexagone, 2014. *Page 76*: Gabrielle Roy, *Bonheur d'occasion*, Éditions du Boréal, «Éditions du centenaire», 2009. © Fonds Gabrielle Roy. *Page 78*: Roger Lemelin, *Les Plouffe*, Stanké, 2008. *Page 82*: Roland Giguère, *L'âge de la parole — Poèmes 1940-1960*, Typo, 2013. *Page 84*: Gaston Miron, *L'homme rapaillé*, Typo, 1998. © 1998 Éditions Typo et succession Gaston Miron. *Page 86*: Gratien Gélinas, *Tit-Coq*, Typo, 2010. *Page 88*: Marcel Dubé, *Un simple soldat*, Typo, 2011.

Chapitre 5

Page 100: Jean-Paul Desbiens, *Les insolences du Frère Untel*, © 1998, 2000, Les Éditions de l'Homme, division du Groupe Sogides inc., filiale de Québécor Média inc. (Montréal, Québec, Canada). *Page 102*: Hélène Pelletier-Baillargeon, *Le pays légitime*, Leméac Éditeur, 1979. *Page 104*: Gérard Bessette, *Le libraire*, Éditions Pierre Tisseyre, 1993. Cet extrait a été reproduit aux termes d'une licence accordée par Copibec. *Page 106*: Hubert Aquin, *Prochain épisode*, 1992, Leméac Éditeur. *Page 108*: Marie-Claire Blais, *Une saison dans la vie d'Emmanuel*, Éditions du Boréal, 1991. *Page 110*: Réjean Ducharme, *L'avalée des avalés*, 1966, © Éditions Gallimard. *Page 112*: Jacques Ferron, «Retour à Val d'Or», dans *Contes*, Montréal, Éditions Hurtubise, 1968, p. 11-12. *Page 114*: Denise Boucher, *Les fées ont soif*, Typo, 2008. *Page 116*: Michel Tremblay, *Les Belles-Sœurs*, 2007, Leméac Éditeur. Les Éditions Actes Sud pour la France, la Suisse, la Belgique, le Luxembourg et les DOM-TOM. *Page 118*: Claude Gauvreau, *Les oranges sont vertes*, L'Hexagone, 1994. *Page 120*: Gilles Vigneault, «Les gens de mon pays» (extrait), dans *Tenir paroles*, vol. 2, 1983, Nouvelles éditions de l'arc. *Page 122*: Raymond Lévesque, *Quand les hommes vivront d'amour...*, Typo, 1991. *Page 124*: Pauline Julien, *Eille*. © Succession Pauline Julien. *Page 128*: Gérald Godin, *Cantouques & Cie*, VLB Éditeur, 2012. *Page 130*: Claude Péloquin, *Pour la grandeur de l'homme*, Les Éditions de l'Homme, 1971. *Page 132*: Josée Yvon, *Travesties-Kamikaze*, Les Herbes rouges.

Chapitre 6

Page 144: Sylvain Trudel, *Du mercure sous la langue*, Les Allusifs, 2001. *Page 146*: Nelly Arcand, *Putain*, © Éditions du Seuil, 2001, Points, 2002. *Page 148*: Stéphane Dompierre, *Un petit pas pour l'homme*, Éditions Québec Amérique, 2004. *Page 150*: Éric Plamondon, *Mayonnaise*, Le Quartanier, 2012. *Page 152*: Dany Laferrière, *Comment faire l'amour avec un Nègre sans se fatiguer*, VLB Éditeur, 1990. *Page 154*: Ying Chen, *Les lettres chinoises*, Leméac Éditeur, 1998. Les Éditions Actes Sud pour la France, la Suisse, la Belgique, le Luxembourg et les DOM-TOM. *Page 156*: Wajdi Mouawad, *Forêts*, Leméac Éditeur, 2006. Les Éditions Actes Sud pour la France, la Suisse, la Belgique, le Luxembourg et les DOM-TOM. *Page 158*: Kim Thuy, *Ru*, Libre Expression, 2009. *Page 160*: Richard Desjardins, CD, *Tu m'aimes-tu?*, 1990. © Richard Desjardins/Éditions Foukinic. *Page 162*: Mes Aïeux, «Dégénérations», CD, *En famille*, 2004. © Stéphane Archambault, Éric Duranleau, Marie-Hélène Fortin, Frédéric Giroux, Marc-André Paquet/ Les éditions S. B. *Page 164*: Loco Locass, «Malamalangue», CD, *Manifestif*, 2000. © Sébastien Ricard, Sébastien Fréchette, Mathieu Fahoud-Dionne/Avenue Éditorial. *Page 166*: Pierre Lapointe, «Au bar des suicidés»,

CD, *Pierre Lapointe seul au piano*, 2011. © Pierre Lapointe/Avenue Éditorial, Philippe Bergeron/Bonsound. *Page 168*: Samian, «Plan Nord», Album *Enfant de la terre*, 2014. © 7ieme ciel records. *Page 170*: Marie Uguay, *Poèmes*, Montréal, Éditions du Boréal, 2005. *Page 172*: Jean-Paul Daoust, *L'Amérique*, Montréal, Les Éditions XYZ. *Page 176*: Hélène Dorion, *Mondes fragiles, choses frêles*, L'Hexagone, 2006. *Page 178*: Robert Gravel, *La tragédie de l'homme*, VLB Éditeur, 1997. *Page 180*: Robert Lepage, *La face cachée de la lune*, Québec, L'instant même/Ex Machina, coll. L'instant scène, 2007, p. 55-57. *Page 182*: Evelyne de la Chenelière, *Bashir Lazhar*, Leméac Éditeur, 2011. *Page 184*: Fanny Britt, *Couche avec moi (c'est l'hiver)*, Montréal, Tapuscrit fourni gracieusement par l'auteure, 2006, p. 52-53. *Page 186*: Hubert Reeves, *Patience dans l'azur. L'évolution cosmique*, "Sciences Ouvertes", 1981, "Points Sciences", 2014. *Page 188*: Pierre Falardeau, *La Liberté n'est pas une marque de yogourt*, Typo, 2009. *Page 190*: Jean Larose, *L'amour du pauvre*, Éditions du Boréal, 1991. *Page 192*: Serge Bouchard et Bernard Arcand, *Du pipi, du gaspillage et sept autres lieux communs*, Éditions du Boréal, 2001. *Page 194*: Mathieu Bock-Côté, *Exercices politiques*, VLB Éditeur, 2013. *Page 196*: Yvan Bienvenue, «Joyeux Noël Julie», *Mœbius*, Hiver 1996, Numéro 66, p. 53-54. *Page 198*: Fred Pellerin, *Comme une odeur de muscles*, Montréal, Planète rebelle, 2005.

Index des auteurs

Les folios en caractères gras renvoient à un extrait d'une œuvre de l'auteur.

Index des œuvres

Les folios en caractères gras renvoient à un extrait d'une œuvre de l'auteur.

Index des œuvres par genres

Les folios en caractères gras renvoient à un extrait d'une œuvre de l'auteur.

ROMANS, RÉCITS, CONTES, LÉGENDES ET NOUVELLES

POÉSIE, CHANSON

THÉÂTRE, FILMS, TÉLÉROMANS

ESSAIS, THÉORIE, DOCUMENTAIRES, BIOGRAPHIES

Index des notions